本书获得兰州大学"双一流"建设资金人文社科类图书出版经费资助

结构变动与
中国工业
生产率增长

STRUCTURAL CHANGE AND
THE INDUSTRIAL PRODUCTIVITY GROWTH
IN CHINA

韩国珍 著

社会科学文献出版社
SOCIAL SCIENCES ACADEMIC PRESS (CHINA)

摘　要

生产率是投入转化为产出的绩效指标和衡量经济增长状况的重要工具，与结构变动密切相关。大量经验研究表明，结构变动是生产率增长中重要的组成部分。结构变动是供给因素和需求因素相互作用的结果。但在结构变动影响生产率增长的经验研究中，绝大多数研究都是从要素投入的供给视角展开，从需求视角对此进行研究的较少，而且需求视角的研究仅涉及结构变动对劳动生产率增长的影响。

中国经济在经历了30多年的高速增长之后，进入了中高速增长阶段。工业作为国民经济的重要组成部分，工业增加值的增长速度从2010年的12.6%持续下降到2014年的6.9%。在工业经济增速放缓的形势下，通过转变经济增长方式和调整经济结构打造新的增长动力，成为中国工业经济发展的重要议题。结构调整带来的资源再配置效应是生产率增长的重要来源，优化工业内部结构以提高工业生产率是促进工业增长和挖掘增长潜力的重要途径。

本书以中国工业的结构变动为研究对象，在结构变动与生产率相关理论研究和经验研究的基础上，分别基于供给和需求两个视角，按照"结构变动的特征事实—方法的选择或构建—测度结果及其分析—影响因素分析—政策建议"的研究路线，系统研究了中国工业在1992～2011年结构变动对劳动生产率、资本生产率和全要素生产率增长的影响，以及工业结构变动的影响因素，力求为现阶段工业结构调整的作用、基础、方向和产业调整政策等提供参考。具体而言，本书的主要研究工作和结论如下。

首先，基于供给视角，使用1994～2011年中国36个工业行业的样本数据，分别采用偏离份额法、赛尔奎因多国模型及其扩展模型，测度分析了结构变动对中国工业单要素生产率和全要素生产率增长的影响，结果表明以下3点。第一，1994～2011年，工业劳动生产率持续增长，行业间的劳动投入结构变动对劳动生产率增长的贡献率为12.23%，主要表现为更多的劳动要素转移到劳动生产率增长较快的行业。从时间趋势来看，劳动要素的结构变动对劳动生产率增长的作用不断提高，劳动要素的配置趋向更加合理。第二，1994～2011年，工业资本生产率增长相对较小，行业间的资本投入结构变动对资本生产率增长的贡献率为29.58%，主要表现为更多的资本转移到基期具有较高资本生产率的行业。从时间趋势来看，资本要素的结构变动对资本生产率增长的作用不稳定，具有波动性。第三，1994～2011年，工业全要素生产率（TFP）持续增长，资本和劳动要素在行业间的结构变动对TFP增长具有显著的正影响。具体而言，基于资源再配置角度的研究表明，结构变动对工业TFP增长的贡献率为23.09%；基于资源错配角度的研究表明，结构变动对工业TFP增长的贡献率为31.42%。分行业来看，资本错配对TFP增长影响较大的行业主要分布在资本相对较缺乏的行业；劳动错配对TFP增长影响较大的行业，既分布在劳动投入不足的行业，也分布在劳动使用过量的行业。从时间趋势来看，资本、劳动要素的配置效应对

TFP 增长的作用呈上升趋势。

其次，基于需求视角，使用中国 1992 年、1997 年、2002 年和 2005 年的可比价投入产出表，采用结构分解方法，测度分析了需求结构变动对工业单要素生产率和 TFP 增长率变化的影响，发现以下 3 点。第一，1992~2005 年，工业劳动生产率持续增长，劳动投入的节约是劳动生产率增长的主要因素，而最终需求系数和各类最终需求总量的变动对劳动生产率增长具有较小的负影响。从时间趋势上分析，最终需求系数变动的生产率效应呈上升趋势，各类最终需求总量变动的生产率效应具有波动性。第二，1992~2005 年，工业资本生产率增长较为缓慢，资本投入的节约是资本生产率增长的主要因素；各类最终需求总量的变动对资本生产率增长具有较小的正影响；最终需求系数的变动对资本生产率增长具有较大的负影响。从时间趋势上分析，最终需求系数变动的生产率效应具有波动性，各类最终需求总量变动的生产率效应增强。第三，以 1992 年为基期，1997~2005 年 TFP 的增长率提高了 46.1%，主要原因是各部门内部的 TFP 增长率提高，而总需求结构变动对 TFP 增长率的提高具有较小的负影响。从时间趋势上分析，各类最终需求总量变动的生产率效应增加，最终需求系数变动的生产率效应不稳定。

最后，本书研究了需求、技术和贸易等因素对中国工业结构变动的影响。其中，使用中国 1993~2011 年 31 个省份工业结构变动的相关数据，应用分位数回归模型，重点研究了影响工业总量结构变动的因素，结果表明以下 3 点。第一，在工业结构变动中，存在显著的需求效应和技术效应；对于不同水平的工业产值份额和就业份额，需求效应和技术效应总体上存在显著差异；当同时考虑结构变动的需求和技术效应时，需求效应大于技术效应。第二，在影响工业产值份额的因素中，人均 GDP 对不同水平的工业产值份额均具有显著的正影响；工业劳动生产率的总体影响不显著；进出口总额占 GDP 比重的影响为负。第三，在影响工业就业份额的因素中，人均 GDP 具有显著的正影响；工业劳动生产率对不同水平的工业就业份额均具有显著的负影响；进出口总额占 GDP 比重对不同水平的工业就业份额具有正影响。

Abstract

Productivity is a performance indicator of converting inputs into outputs and an important tool for assessing the state of economic growth. It is closely related to structural change. A large number of empirical studies show that structural change is an important component of productivity growth. And it is the result of the interaction of supply-side and demand-side factors. However, in the empirical studies about structural change, the vast majority of studies have been conducted from the supply side of factor inputs and a small number of studies have been done from the demand side which are only related to structural change effecting labor productivity growth.

The Chinese economy had experienced rapid growth for 30 years and now the gear of growth is shifting from high speed to medium-to-high speed. Industry is an important part of the national economy and the industrial added value growth rate continued to decline from 12.6% in 2010 to 6.9% in 2014. In this situation of industrial economic growth slowdown, it has become an important topic of industrial economic development to create a new growth engine by transforming the pattern of economic growth and economic restructuring. Resource Reallocation effect from restructuring is an important source of productivity growth. So optimizing industrial interior structure is an important way to promote industrial growth and tap the growth potential in order to improve industrial productivity.

In the book, research object is the structural change of Chinese industry. Based on the related theoretical and empirical studies between structural change and productivity, from the supply side and demand side, according to the research design: *the characteristic fact of structural change, selecting or constructing methods, measuring and analyzing the related results, studying factors and policy suggestions*, the book studies the effects of structural change of Chinese industry on the growth of labor productivity, capital productivity and total factor productivity, as well as the factors affecting changes in industrial structure in 1992 – 2011, seeking to provide a useful reference for the role, the basis, the direction and policies of industrial restructure at the present stage. Specifically, the main work and conclusions of this book are as follows.

Firstly, from the supply side, the research uses sample data of 36 industrial sectors from 1994 to 2011 in China, employs the shift share analysis, Syrquin's multi-country method and its extended model respectively, measures and analyses the effect of the structural change on the growth of the partial and total factor productivity. The results show that: ①1994 – 2011, industrial labor productivity continues to grow, the contribution rate of labor input structural change in inter-industry to labor productivity growth is 12.23%, mainly because of more labor forces shifting to the sectors in which labor productivity grows faster than the others. From the time tendency, the effect of the labor structural change on labor productivity growth improve continuously, and labor allocation tend to be more reasonable. ②1994 - 2011, the growth of industrial capital productivity is relatively small, the contribution rate of capital input structural change in inter-industry to capital productivity growth is 29.58%, mainly because more capital is transferred to the sectors with higher capital productivity in the base period. From the time trend, the contribution of the capital structural change on capital productivity growth is unstable and fluctuating. ③1994 - 2011, the total factor productivity (TFP) continued growth, the structural change of capital and labor in inter-industry has a significant positive impact on the industry TFP growth. Specifically, based on the perspective of resource reallocation the findings show: the contribution rate of the structural change to the industry TFP growth rate is 23.09%; based on resource misallocation the research shows the contribution rate of the structural change to the industry TFP growth rate is 31.42%. In the sector level, the effect of capital misallocation on TFP is larger in the industries whose capital is lack of capital and the labor misallocation on TFP is greater in the industries of relative labor redundance or shortage. From the time trend, the reallocation effect of the capital and labor on TFP growth rises.

Secondly, from the demand side, the research uses the Chinese input-output tables at comparable prices in 1992, 1997, 2002 and 2005, and applies structural decomposition analysis method, as well as measures and analyzes the effect of the demand structural change on the growth of the partial and total factor productivity. The findings show that: ①1992 - 2005, industrial labor productivity rises continuously, labor-saving is a major factor in labor productivity growth, while changes in final demand coefficient and total final demand on labor productivity growth have less negative effect. The productivity effect of changes in final demand coefficients rises and the productivity effect of changes of total final demand fluctuates by the time trend analysis. ②1992 – 2005, industrial capital productivity growth is relatively slow, capital-saving is a major factor in capital productivity growth, changes in demand for various types of final total with a small positive impact on capital productivity growth and change of final demand coefficient for capital productivity growth has a greater negative impact. From the analysis of time trends, the change of final demand coefficient for capital productivity growth has a fluctuating impact, and the effect of change of all types of total demand on capital productivity growth rises. ③With 1992 as the base year, the industrial TFP growth rates increase by 46.1%, from 1997 to 2005, mainly due to the TFP growth rates of internal sectors increase in industry, but the structural change of total demand for improving TFP growth rate has less negative effect. From the time trend analysis, the productivity effect of changes of all types of total final demand increases, the impact of final demand coefficient change on TFP growth is unstable.

Lastly, the research studies the factors from the demand, technology and trade that influence the industrial structural change in China. Among them, it uses the data about industrial structural change of 31 provinces and autonomous regions in China from 1993 to 2011 and applies the quantile regression model to focus on the factors that influence changes of the industrial aggregate economic structure. The results show

Abstract

that: ① There exit significant structural demand effects and technical effects in the industrial structural change. Moreover, the structural demand effects and technical effects have the significant differences for the different levels of the proportion of industrial output and employment. When taking into account the demand and technology effect of the structural change, the demand effect arising from income change is greater than the technical effect arising from labor productivity growth. ② Among the factors affecting the share of industrial output, GDP per capita has significant positive impact for the different share of industrial output, industrial labor productivity has not a significant effect on the whole, total export-import volume share of GDP has the negative impact. ③ Among the factors affecting the share of industrial employment, GDP per capita has significant positive impact, industrial labor productivity has a significant negative impact on the different share of industrial employment, total export-import volume share of GDP has a positive impact on the different share of industrial employment.

目 录

第一章 导论 ………………………………………… 1
  第一节 基本概念的界定 ……………………………… 1
  第二节 研究背景及问题的提出 ……………………… 5
  第三节 研究意义 ……………………………………… 9
  第四节 研究方法 ……………………………………… 12
  第五节 研究思路与内容安排 ………………………… 13
  第六节 可能的创新 …………………………………… 17

第二章 理论回顾与文献综述 ……………………… 19
  第一节 结构变动的理论综述 ………………………… 20
  第二节 生产率的含义和测度方法 …………………… 35
  第三节 结构变动对生产率增长影响的经验研究：
         资源配置的角度 ……………………………… 47
  第四节 结构变动对生产率增长的影响：中国的
         经验研究 ……………………………………… 56
  第五节 小结 …………………………………………… 70

第三章 结构变动对生产率增长的影响研究：供给视角 …… 72
  第一节 工业两位数行业的要素投入和产出结构
         变动事实 ……………………………………… 73

第二节　测度结构变动对生产率增长影响的方法 …………… 88
　第三节　结构变动对生产率增长影响的实证分析 …………… 99
　第四节　小结 ………………………………………………… 124

第四章　结构变动对生产率增长的影响研究：需求视角 …… 127
　第一节　需求结构变动对生产率增长影响的研究进展 …… 129
　第二节　测度需求结构变动对生产率增长影响的方法 …… 132
　第三节　工业各部门的需求结构变动事实 ………………… 141
　第四节　需求结构变动对生产率增长影响的实证分析 …… 151
　第五节　小结 ………………………………………………… 179

第五章　结构变动的影响因素分析 ………………………… 183
　第一节　结构变动的影响因素 ……………………………… 183
　第二节　中国工业结构变动的主要影响因素分析 ………… 187
　第三节　工业分行业结构变动的影响因素分析 …………… 209
　第四节　小结 ………………………………………………… 216

第六章　结论与建议 ………………………………………… 219
　第一节　研究结论 …………………………………………… 219
　第二节　政策建议 …………………………………………… 223
　第三节　研究不足及展望 …………………………………… 229

参考文献 ……………………………………………………… 232

附　录 ………………………………………………………… 251

Contents

Chapter 1 Introduction 1
  1.1 Definitions of Basic Concepts 1
  1.2 Study Background and Problems 5
  1.3 Study Significance 9
  1.4 Study Methods 12
  1.5 Study Ideas and Structure of the Book 13
  1.6 Possible Innovations 17

Chapter 2 Theoretical Retrospect and Literature Review 19
  2.1 Literature Review of Structural Change 20
  2.2 The Meaning and Measurement Methods of Productivity 35
  2.3 Empirical Study about the Effect of Structural Change on Productivity Growth: A Perspective of Resource Allocation 47
  2.4 The Effect of Structural Change on Productivity Growth: An Empirical Study in China 56
  2.5 Summary 70

Chapter 3　The Effect of Structural Change on Productivity Growth: Supply-side Perspective …………… 72

 3.1 The Facts of Structural Change on Input Factors and Output of Two-digit Industries …………………… 73

 3.2 Measurement Methods of the Effect of Structural Change on Productivity Growth …………………… 88

 3.3 An Empirical Analysis of the Effect of Structural Change on Productivity Growth …………………… 99

 3.4 Summary ……………………………………………… 124

Chapter 4　The Effect of Structural Change on Productivity Growth: Demand-side Perspective …………… 127

 4.1 Research Progress about the Effect of Demand-side Structural Change on Productivity Growth ………… 129

 4.2 Measurement Methods of the Effect of Demand-side Structural Change on Productivity Growth ………… 132

 4.3 The Facts of Demand-side Structural Change in Various Sectors of Industry …………………………… 141

 4.4 An Empirical Analysis of the Effect of Demand-side Structural Change on Productivity Growth ………… 151

 4.5 Summary ……………………………………………… 179

Chapter 5　Analysis of Influencing Factors of Structural Change …………………………………… 183

 5.1 Influencing Factors of Structural Change ……………… 183

 5.2 Analysis of the Main Influencing Factors of Industrial Structural Change in China ……………………… 187

 5.3 Analysis of Influencing Factors of Structural Change in Some Industrial Branches …………………… 209

5.4　Summary ·· 216

Chapter 6　Conclusions and Suggestions ······················· 219
　6.1　Conclusions ··· 219
　6.2　Policy Suggestions ·· 223
　6.3　Insufficiencies in the Book and Aspects of
　　　 Further Research ·· 229

References ·· 232

Appendix ··· 251

图目录

图1-1 本书的研究思路及逻辑结构 ·················· 15
图3-1 1994~2011年平均就业份额最高的10个行业的就业结构变化 ·················· 78
图3-2 1994~2011年平均就业份额最低的10个行业的就业结构变化 ·················· 79
图3-3 1994~2011年平均资本份额最高的10个行业的资本结构变化 ·················· 80
图3-4 1994~2011年平均资本份额最低的10个行业的资本结构变化 ·················· 81
图3-5 1994~2011年平均产出份额最高的10个行业的产出结构变化 ·················· 82
图3-6 1994~2011年平均产出份额最低的10个行业的产出结构变化 ·················· 83
图3-7 1994~2011年工业两位数行业的劳动产出弹性变化 ·················· 110
图3-8 1994~2011年两位数工业劳动配置扭曲系数分阶段变化趋势 ·················· 116
图3-9 1994~2011年两位数工业资本配置扭曲系数分阶段变化趋势 ·················· 117

图目录

图 3-10　1994~2011年两位数工业行业 TFP 增长率的均值和标准差 …… 118

图 3-11　1994~2011年资本配置扭曲变动对工业 TFP 变动的平均贡献率 …… 123

图 3-12　1994~2011年劳动配置扭曲变动对工业 TFP 变动的平均贡献率 …… 123

图 4-1　1992~2005年工业各类最终需求占经济总最终需求比重 …… 146

图 4-2　1992~2005年工业各部门最终需求占总产出的比重变化 …… 146

图 4-3　1992~2005年工业各部门农村居民消费占最终需求的比重 …… 147

图 4-4　1992~2005年工业各部门城镇居民消费占最终需求的比重 …… 148

图 4-5　1992~2005年工业各部门固定资本形成总额占最终需求的比重 …… 149

图 4-6　1992~2005年工业各部门存货增加占最终需求的比重 …… 150

图 4-7　1992~2005年工业各部门净出口占最终需求的比重 …… 151

图 4-8　1992~2005年工业各部门劳动从业人员的年均变化率 …… 158

图 4-9　1992~2005年工业各部门资本—劳动比的年均变化率 …… 159

图 4-10　1992~2005年工业各部门的增加值系数 …… 160

图 4-11　1992~2005年工业各部门资本存量和资本—增加值比的年均变化率 …… 168

图 4-12　1997年、2002年和2005年工业各部门全要素生产率的增长率（以1992年为基期） …… 173

图 4-13 1997~2005 年各类最终需求占总需求的比重 …… 179
图 5-1   第三章、第四章和第五章研究内容的逻辑关系 …… 186
图 5-2   工业产值份额 GDPS（%）与各个解释变量
         对数的散点图 ………………………………………… 191
图 5-3   工业就业份额 LS（%）与各个解释变量
         对数的散点图 ………………………………………… 192
图 5-4   被解释变量 GDPS 和 LS 的分位数 ………………… 195
图 5-5   工业产值份额 GDPS 不同分位数下 C 和 LOG（GDPPC）
         回归系数的估计值及其置信区间（95%）………… 198
图 5-6   工业就业份额 LS 不同分位数下 C 和 LOG（GDPPC）
         回归系数的估计值及其置信区间（95%）………… 198
图 5-7   工业产值份额 GDPS 不同分位数下 C 和 LOG（INDULP）
         回归系数的估计值及其置信区间（95%）………… 202
图 5-8   工业就业份额 LS 不同分位数下 C 和 LOG（INDULP）
         回归系数的估计值及其置信区间（95%）………… 203
图 5-9   工业产值份额 GDPS 不同分位数下解释变量回归
         系数的估计值及其置信区间（95%）……………… 206
图 5-10 工业就业份额 LS 不同分位数下解释变量回归
         系数的估计值及其置信区间（95%）……………… 208
图 5-11 36 个工业行业增加值份额的增长率与基期
         增加值份额分布 ……………………………………… 210
图 5-12 1994~2011 年全国各地区居民食品消费支出份额
         变动率与食品工业增加值份额变动率散点图 …… 213
图 5-13 1994~2011 年全国各地区居民衣着消费支出份额
         变动率与纺织服装工业增加值份额
         变动率散点图 ………………………………………… 214
图 5-14 1992~2007 年各部门增加值份额变动率与基期
         外贸依存度散点图 …………………………………… 215

表目录

表 3-1　中国工业两位数行业代码和名称
　　　　（GB/T4754-2002）……………………………… 76
表 3-2　1994~2011 年工业劳动生产率增长率的分解……… 101
表 3-3　1994~2011 年工业资本生产率增长率的分解……… 103
表 3-4　对资本静态转移效应贡献最大的 10 个行业的
　　　　有关数据 ………………………………………… 105
表 3-5　1994~2011 年工业全要素生产率增长率的分解…… 110
表 3-6　1994~2011 年工业总 TFP 变动（$\Delta \ln TFP_t$）的
　　　　分解结果 ………………………………………… 119
附表 3-1　1994~2011 年 36 个工业行业的分阶段就业
　　　　　份额变动率 …………………………………… 251
附表 3-2　1994~2011 年 36 个工业行业的分阶段资本
　　　　　份额变动率 …………………………………… 252
附表 3-3　1994~2011 年 36 个工业行业的分阶段产出
　　　　　份额变动率 …………………………………… 254
附表 3-4　1994~2011 年 36 个工业行业劳动生产率的
　　　　　年均增长率 …………………………………… 255
附表 3-5　1994~2011 年 36 个工业行业资本生产率的
　　　　　年均增长率 …………………………………… 256

附表3-6	1994~2011年36个工业行业劳动生产率增长率的详细分解	258
附表3-7	1994~2011年36个工业行业资本生产率增长率的详细分解	261
附表3-8	2001~2011年36个工业行业产出的年均增长率和资本的年均增长率	264
附表3-9	1994~2011年工业TFP增长率中资本转移效应的详细分解	266
附表3-10	1994~2011年工业TFP增长率中劳动转移效应的详细分解	268
表4-1	归并的部门分类对应关系	142
表4-2	工业及其各部门的劳动生产率水平及年均增长率（2000年可比价）	153
表4-3	各时段工业劳动生产率（LP）增长的分解结果和各因素对劳动生产率增长的贡献率	155
表4-4	工业及其各部门的资本生产率水平及年均增长率（2000年可比价）	164
表4-5	各时段工业资本生产率（CP）增长的分解结果和各因素对资本生产率增长的贡献率	167
表4-6	各时段工业全要素生产率增长率（ρ）变化的分解结果和各因素对全要素生产率增长率变化的贡献率	178
表5-1	变量和样本数据的统计描述	190
表5-2	工业产值份额GDPS（%）和就业份额LS（%）的不同分位数值	194
表5-3	GDPS和LS与LOG（GDPPC）的分位数回归结果	197
表5-4	GDPS和LS与LOG（INDULP）的分位数回归结果	200

表 5-5　GDPS 和 LS 与 LOG（GDPPC）、LOG（INDULP）、
　　　　LOG（IMS）的分位数回归结果 ·················· 204
附表 5-1　分位数回归的斜率相等性检验 1 ············· 269
附表 5-2　分位数回归的斜率相等性检验 2 ············· 270
附表 5-3　分位数回归的斜率相等性检验 3 ············· 270
附表 5-4　分位数回归的斜率相等性检验 4 ············· 270
附表 5-5　GDPS 和 LS 与 LOG（AGRILP）的
　　　　　分位数回归结果 ····························· 271
附表 5-6　分位数回归的斜率相等性检验 5 ············· 272
附表 5-7　分位数回归的斜率相等性检验 6 ············· 272
附表 5-8　GDPS 和 LS 与 LOG（SERVLP）的
　　　　　分位数回归结果 ····························· 273
附表 5-9　分位数回归的斜率相等性检验 7 ············· 273
附表 5-10　分位数回归的斜率相等性检验 8 ············ 274
附表 5-11　分位数回归的斜率相等性检验 9 ············ 274
附表 5-12　分位数回归的斜率相等性检验 10 ··········· 274

第一章
导　论

第一节　基本概念的界定

经济发展的过程，既伴随着经济的增长和波动，又伴随着经济中一系列的结构变动。同时，各种经济思想史都强调结构变动的过程既是经济发展过程的一个基本特征，又是考虑总体生产率速度和方向的一个关键因素（Montobbio，2002）。因此，结构变动是经济学研究中一个悠久而宏大的主题，相关文献浩如烟海，具体研究对象和重点千差万别，结构变动的含义极为宽泛。在此背景下，开篇界定本书研究主题中的两个关键词——结构变动和生产率的含义显得非常重要，是进行研究的第一步。

一　结构变动

经济学中对"结构"（Structure）和"结构变动"（Structural Change）的使用有非常多的含义。其中，有些使用具有明确的含义，有些则是模棱两可的。其定义和分析的对象依赖于所研究的问题。Machlup 在 *Economic Semantics* 一书中，根据"结构"与"结构变动"含义的清晰程度，列举了经济学在各种情况下使用这两个术语的大量例子。如果仅考虑对"结构"与"结构变动"比较清晰的定义，它们就至少有 9 种不同的含义（Silva and Teixeira, 2008）。

经过分析对比，与本研究联系最密切、较权威的对结构和结构变动进行解释的有如下几种。

Kuznets and Goldsmith（1959）认为，结构是指相互关联的各部分之间比较一致的框架，其每一部分都有特定作用，但都控制着一系列共同的目标。家庭、企业、行业和国家在经济活动中都有结构，结构中各部门相互联系和影响。持续的增长必然伴随着相互依赖的各组成部分的结构变动。

Syrquin（1988）指出，结构主要是指与经济增长相关联的总量上的构成，或反映技术、行为关系的比率；在经济增长分析中，结构变动的主要方面包括物质和人力资本的积累以及需求、贸易、产出、劳动投入的构成变化。结构变动是现代经济增长的中心。

H. 钱纳里等（1989）将经济结构定义为"不同部门中劳动、资本和自然资源等生产要素的供给及使用"；而"结构转变[①]范畴是指经济结构的各个方面所发生的变化"。

[①] 此处为了不改变引用文献的原用术语，使用"结构转变"，但所表达的含义和本书中的结构变动含义同。因为引用文献对应的篇章中，结构转变是由对应文献的英文原版中"Structural Change"或者"Structural Transformation"翻译而来的，二者在该文献中的含义是相同的。具体可参见〔美〕H. 钱纳里、S. 鲁宾逊、M. 塞尔奎因《工业化和经济增长的比较研究》，吴奇、王松宝等译，上海三联书店，1989，第 56~114 页；Chenery, H., Robinson, S., Syrquin, M., *Industrialization and Growth: A Comparative Study* (Washington D. C.: The Worldbank, 1986), pp. 37-83。

石川秀（1996）对结构变动的定义是："总量经济指标（如国民产值和支出，出口和进口，人口和劳动力）的重要组成部分的相对权值的变化。"他指出结构变动是一种复杂的现象，仅限定论述由经济增长直接或间接所引起的结构变动过程。[①]

Matsuyama（2008）认为经济发展中的结构变动，涉及产出和就业的部门构成、产业组织、金融系统、收入和财富分布、人口构成、政治制度，甚至社会价值系统等方面的变化。同时，指出结构变动是一个复杂且互相紧密联系的现象，与经济增长关系密切。

综上可见，经济活动中的结构反映了组成整体的各部分的某种比例关系，结构变动就是组成整体的各部分比例关系的变化。整体中各部分相互依赖、相互影响，结构的具体状况因研究的整体而不同。结构变动的内容因研究对象、研究视角、研究方法和研究重点的不同而迥然不同，且具有复杂性。另外，经济结构变动经常与经济增长相联系，最普遍的是研究产出结构、就业结构、需求结构等方面的变化。本书根据研究对象，将结构变动的含义限定为：中国工业各行业产出份额、投入要素份额、最终需求份额及其构成的变化。

二 生产率

对生产率（Productivity）的通用定义是：一组产出指标与一组投入指标的比率（OECD，2001b）[②]。由于产出指标与投入指标

[①] 在《新帕尔格雷夫经济学大辞典》（第四卷）中，译者将"Structural Change"翻译为"结构变化"，在此结合本书研究，全书统一为"结构变动"。

[②] 本书在研究中，只讨论一种产出的情况。一是因为实践中，经常是将多种产出按指数方法累加成单产出；二是因为如果要考虑多产出的全要素生产率测度，就要在贝叶斯框架下考虑前沿模型的估计问题，涉及更复杂的技术问题，不属于本书研究的内容。

的分类众多，以及对产出和投入指标的处理方法不同，生产率的类型很多。按生产率测度中所包括的投入要素是一种还是多种，可以分为单要素生产率（或偏要素生产率）和全要素生产率（或多要素生产率）两类[①]。

单要素生产率，只涉及一种投入和一种产出的比较。常用的是劳动生产率和资本生产率，分别用产出与劳动投入的比率和产出与资本投入的比率表示。

全要素生产率（TFP），涉及多种投入和一种产出的比较，可以反映所有投入要素转化为产出的效率。它是对整个经济生产机制效率的一种测度（Baumol et al.，1989）。可供选择的测度方法有许多种，目前最常见的方法有增长核算方法、指数方法、距离函数方法。对全要素生产率测度结果的具体解释，与测度方法密切相关。因为"这样一种度量的意义和性质依赖于它的成分的定义和性质，并且依赖于具体的公式和把各个分量加总成一个产出或一个投入指数所用的有关权数"（兹维·格里利切斯，1996）。在增长核算方法中，全要素生产率表示产出中不能由投入所解释的部分，可以从测度结果中分解出多种投入和全要素生产率对经济增长的直接贡献。不管采用何种方法，经济学家对全要素生产率都有几种互相矛盾的解释[②]。尽管如此，不可否认的是，全要素生产率作为衡量多种投入转化为产出的绩效指标虽然不完美，但在没有新的更好的替代指标出现之前，学术界在经验研究中仍然在广泛地使用它。从这点出发，本书将全要素生产率理解为对

[①] 事实上，按生产率的测算状况，多要素生产率 MFP（Multifactor Productivity）比全要素生产率 TFP（Total Factor Productivity）的概念更加科学。本书根据使用习惯，依然使用全要素生产率的概念。

[②] Carlaw and Lipsey（2004）讨论了经济学家对全要素生产率的几种解释。

生产能力的一种度量,其结果可以反映投入转化为产出的绩效状况,是衡量经济增长状况的一种重要工具。

本书在具体的生产率测算中,涵盖中国工业及其两位数分行业的劳动生产率、资本生产率和全要素生产率增长率三种。而且,在生产函数和投入产出表两种核算框架中对全要素生产率的增长分别进行了测度。

第二节 研究背景及问题的提出

一 研究背景

1. 结构变动是经济增长的重要特征

经济的中期和长期增长必然伴随着结构的变动,这是经济增长和发展中一个最突出的典型化事实。早期研究结构变动与经济增长相互影响的文献主要有两个分支。一个分支是传统的新古典增长理论,在研究中大量使用平衡增长模型,而不考虑经济增长中所经历的各种结构变动,认为结构变动只是经济增长的副产品。因为沿着平衡增长路径,不会发生结构变动,而且这类模型可以与经济增长中著名的卡尔多事实[①]保持一致(Kongsamut et al., 2001; Meckl, 2002; Buera and Kaboski, 2009; Solow, 1956; Cass, 1965; Lucas, 1988; Romer, 1986, 1990)。另一个分支则认为结构变动是影响经济增长的重要因素,甚至认为结构变动是现代经济增长理论的核心,如 Kuznets(1971)、Rostow(1971)、Chenery

---

① 卡尔多事实,是指经济增长中产出增长率、资本产出比、资本的利息率、劳动收入份额等随时间大体保持不变的经验规律。

and Syrquin（1975）、Baumol et al.（1989）等。近年来的研究试图整合这两方面的研究，一是在新古典增长理论框架中，通过采用非位似偏好和有差异的技术进步将结构变动与增长理论相融合，如 Laitner（2000）、Kongsamut et al.（2001）、Meckl（2002）、Ngai and Pissarides（2007）、Foellmi and Zweimuller（2008）、Acemoglu and Guerrieri（2008）、Bonatti and Felice（2008）、Buera and Kaboski（2009）等；二是以现代演化增长理论为基础，从创新、报酬递增和知识的非均衡增长等方面分析结构变动的原因，强调结构变动是经济增长的动力，如 Pasinetti（1981，1993）、Montobbio（2002）、Metcalfe et al.（2006）等。

2. 结构变动是影响生产率增长的重要因素

一方面，生产率作为反映投入转化为产出的绩效指标和衡量经济增长状况的重要工具，与结构变动密切相关。Baumol et al.（1989）强调结构变动不仅是一个长期的现象，而且与生产率增长有着密切的关系。Montobbio（2002）指出，各种经济思想史都强调结构变动既是经济发展过程的一个基本特征，又是考虑总体生产率速度和方向的一个关键因素。Eberhardt（2008）使用跨国数据库的数据，通过一个校准模型，说明了在二元经济体中即使不存在技术进步，结构变动也会引起全要素生产率正的变化。

另一方面，结构变动必然伴随着资源的再配置，资源再配置的过程也是结构变动的过程。基于此，通过从生产率增长中分离出要素再配置对生产率增长的影响，可以考察结构变动对生产率增长的影响。这方面的大量经验研究也证实了结构变动是生产率增长中非常重要的一个部分，如 Maddison（1952）、M. 赛尔奎因（1989）、Baily et al.（1992）、Bartelsman and Doms（2000）、Foster et al.（2001）等。近十几年兴起的资源错配理论及研究，也证实了资源错配是影响全要素生产率增长的重要因素（Jones，2011；Hsieh and Klenow，2009；Restuccia，2008；Aoki，2012）。

3. 中国工业增长经历了剧烈的结构变动

自改革开放以来，伴随中国总量经济的快速增长，工业经济结构发生了剧烈的变化。工业增加值占总 GDP 的比重 1978 年为 44.09%，1994 年为 40.42%，2013 年为 37.04%。第二产业就业人员占总就业人员的比重 1978 年为 17.3%，1994 年为 22.7%，2013 年为 30.1%。工业最终需求占总需求的比重，1987 年为 34.91%，1992 年为 33.30%，2007 年为 48.09%。在工业最终需求中，消费所占比重 1987 年为 68.10%，1992 年为 60.36%，2007 年为 39.82%；固定资本形成总额所占比重 1987 年为 39.90%，1992 年为 28.83%，2007 年为 44.13%；净出口所占比重 1987 年为 -8.00%，1992 年为 8.17%，2007 年为 16.04%。[①]

在工业总量经济结构变动的同时，工业内部各行业的生产结构和需求结构经历了更加显著的变动。1994～2011 年，36 个两位数工业行业的就业份额平均变动率为 10.45%，资本存量份额的平均变动率为 68.65%，增加值份额的平均变动率为 6.16%[②]。需求结构以行业总产出占工业总产出比重最高的化学工业为例：最终需求中，消费所占比重 1992 年为 141.89%，2007 年为 240.87%；资本形成总额所占比重 1992 年为 36.29%，2007 年为 50.43%；净出口所占比重 1992 年为 -78.18%，2007 年为 -191.30%[③]。

[①] 根据《中国统计年鉴（2014）》和 1987 年、1992 年、2007 年《中国投入产出表》相关数据计算。2007 年投入产出表结构发生了变化，调整为与其他年度相同的结构。1992 年，消费比重、固定资本形成总额比重和净出口比重之和不等于 1，因为最终需求中还包括其他项。

[②] 数据来源：附表 3 - 1、3 - 2 和 3 - 3。

[③] 根据 1987 年、1992 年、2007 年《中国投入产出表》的相关数据计算。2007 年投入产出表结构调整为与其他年度相同的结构。

4. 优化工业内部结构是提高工业生产率的重要途径

中国经济在经历过去 30 多年的持续高速增长之后,已经进入中高速增长阶段。GDP 增长速度从 2010 年的 10.6% 持续下降到 2014 年的 7.3%,工业增加值增长速度从 2010 年的 12.6% 持续下降到 2014 年的 6.9%[①]。在中国总量经济和工业经济增长速度放缓的形势下,转变经济增长方式和调整经济结构成为中国经济发展的重要议题。

经济增长方式由粗放式向集约式转变的过程,就是要素驱动型的增长模式向生产率不断提高的集约型增长模式转变的过程。驱动生产率提高的两种途径是技术进步和结构调整。其中,结构调整所带来的资源再配置效应是生产率增长中重要的一个组成部分。尤其是在要素成本上升和能源资源约束日益增强的条件下,优化工业内部结构以提高工业生产率是促进工业增长和挖掘增长潜力的重要途径。

二 问题的提出

基于以上研究背景,提出如下 5 个问题。第一,结构变动的理论基础是什么?如何测度单要素生产率和全要素生产率增长?关于结构变动对生产率增长的影响研究有哪些,主要的分析框架是什么,采用了何种研究假设和模型方法?针对中国工业结构变动对生产率增长影响的研究有哪些,具体的研究对象、方法和结论是什么?本书在已有研究的基础上,要解决哪几个问题,有无研究的价值?第二,1992~2011 年中国工业内部各行业的产出和

---

① 数据来源:《中国统计年鉴(2015)》表 3-4。

要素投入的结构变动特征是什么？工业要素投入的结构变动对劳动生产率和资本生产率增长的影响如何？劳动和资本要素的再配置效应对工业全要素生产率增长的影响如何？劳动和资本要素的错配对工业全要素生产率增长的影响如何？第三，在已有研究的基础上，如何选择和构建测度工业需求结构对单要素生产率和全要素生产率增长影响的方法？1992～2007年工业需求结构变动的经验特征是什么？工业需求结构变动对单要素生产率和全要素生产率增长的影响如何，说明了什么？第四，如果工业的要素投入结构和需求结构变动对单要素生产率和全要素生产率增长都有显著的影响，那么主要是什么因素影响了工业的结构变动，影响怎么样？第五，所有的实证分析结论可以为当前工业结构变动提供什么样的建议？

本书聚焦于1992～2011年中国工业及其各行业结构变动的现实，试图通过对如下内容的研究来回答上述问题：理论回顾和文献综述；结构变动对生产率增长的影响研究：供给视角；结构变动对生产率增长的影响研究：需求视角；结构变动的影响因素分析。

第三节　研究意义

一　理论意义

结构变动是经济增长过程中不可缺少的一部分，是经济增长和发展中最突出的典型化事实之一。生产率作为反映投入转化为产出的绩效指标和衡量经济增长状况的重要工具，与结构变动密切相关。近年来，关于结构变动与经济增长的理论研究进展是试图融合结构变动与增长理论。在经验研究方面，一方面，以各种经济增长核算方法、计量经济方法，考察伴随结构变动的资源再配置对经济增长、生产率增长的作用一直是经济增长研究的重要领域。其中，近10年来兴起的资源错配研究是经验研究的新进展。另一方面，结构变动是供给方有差异的技术水平和需求因素相互作用的结果。但在结构变动影响生产率增长的经验研究中，绝大多数研究都是从要素投入的供给视角展开，从需求视角对此进行研究的比较少，而且需求视角的研究仅涉及结构变动对劳动生产率增长的影响。目前国内对这一领域的理论研究相对少，比较重要的研究有陈晓光、龚六堂（2005）和陈体标（2012）等。在经验研究方面，从资源错配角度研究结构变动对生产率增长的影响研究是这几年研究的前沿和热点，杨凌（2010）基于需求视角以三次产业为研究对象，研究了结构变动对劳动生产率增长的影响。

本书在结构变动与生产率的理论研究和经验研究基础上，以中国工业的结构变动为研究对象，从经验研究的角度，分别基于供给和需求两个视角，对中国工业在1992~2011年结构变动对劳动生产率、资本生产率和全要素生产率增长的影响做了系统的分析。其理论意义在于：一是通过研究1992~2011年工业要素投入结构和需求结构变动对生产率增长的贡献，从经验分析上丰富了结构变动与生产率研究的成果；二是基于需求视角，在投入产出分析框架下推导出测度结构变动对全要素生产率增长效应的一种方法，是在研究方法上的一种探索性尝试和补充。

二 现实意义

工业增长是国民经济的重要基础。工业增长的过程，既是工业总量和地位变化的过程，又是工业结构变动和升级的过程。中国工业 GDP 占总 GDP 的比重，1978 年为 44.09%，1994 年为 40.42%，2013 年为 37.04%。国际经验表明，工业内部结构一般会依次经历由轻工业向重化工业，再向高加工度工业升级的过程。工业结构变动的过程是资源、要素和产出在行业间转移的过程，是工业生产率提高的原因之一。中国工业逐步实现了从轻型加工业的率先快速增长，到重化工业的更快增长：轻工业总产值占比由 1978 年的 42.7% 下降为 2011 年的 28.15%；重工业总产值占比由 1978 年为 57.3% 上升为 2011 年的 71.85%[①]。多年来，工业的增长和结构变动对总量经济的增长和结构变动发挥了重要的作用。

2008 年国际金融危机爆发，中国工业中的低端制造业最先受到冲击，随后整个工业和总量经济都受到了冲击和影响，进一步凸显了要素驱动型经济增长方式的弊端和结构调整的迫切性。自此，转变经济增长方式和调整经济结构成为中国经济增长和发展的重要内容。从 2012 年开始，中国 GDP 的增长速度连续多年低于 8.0%，2014 年 GDP 增长速度为 7.3%，工业增加值增长速度为 6.9%。同时，工业增长面临着日益增强的要素成本上升和能源资源约束。在中国总量经济和工业经济增长速度放缓的形势下，中国工业结构变动的内容和重要性都发生了很大的变化。但

---

① 根据对应年度的《中国工业经济统计年鉴》相关数据计算。其中，1978 年的计算口径为全部工业企业，2011 年的计算口径为规模以上工业企业。

是，不可忽视的是当前工业结构调整的对象大部分是过去业已形成的工业结构。

本书基于供给、需求两个视角研究了中国工业结构变动对生产率增长的贡献，以及影响中国工业结构变动的因素。其现实意义在于可以为政府制定工业结构调整政策提供一定的借鉴和参考。具体而言：一是对1992~2011年结构变动的生产率效应做了全面评估，为现阶段工业结构调整的作用、基础、方向和采取的措施等提供参考；二是通过对比研究生产结构变动和需求结构变动对生产率增长的不同贡献，有助于对结构变动作用的全面理解；三是应用分位数回归模型，研究影响工业结构变动的主要因素，为针对不同的工业结构状况、采取不同的产业调整政策提供了经验证据。

第四节　研究方法

本书采用的研究方法主要是比较和归纳方法、统计分析方法和经济模型分析方法。

（1）比较和归纳方法。在理论综述和文献回顾部分，通过比较分析相关文献，归纳出该领域研究的发展脉络、理论基础、分析框架、研究假设和重要结论，为本书的研究奠定理论基础，并提供研究视角和方法依据。

（2）统计分析方法。在收集、整理、处理各类适合研究目标和口径的样本数据时，主要应用统计分析方法，数据的统计处理方法决定了数据的质量，数据质量对经验分析的结论有着重要影响。在此基础上，应用统计分析方法，根据研究对象构造反映工业产出结构、要素投入结构和需求结构变动的相关指标，并对此进行描述性分析，以揭示工业各行业结构变动的特征事实，为进一步的相关实证分析奠定基础。

（3）经济模型分析方法。经济模型是反映经济活动中变量之间关系的一类方法，根据各种模型所采用的数学方法和所要揭示变量之间关系的不同，可以分为侧重分析经济变量之间理论关系的数理模型和针对特定研究对象侧重研究经济变量之间经验关系的经验模型。本书在实证研究中，主要关注的是特定研究对象所涉及的具体变量之间的经验关系，故使用的经济模型是经验模型。并且，在选择何种经济模型时，要综合考虑研究对象的特点、数据的可获得性和模型的假设条件等因素。具体而言，基于供给视角，分析结构变动对单要素生产率增长的影响时，采用了偏离份额法；分析资源再配置和资源错配对全要素生产率增长的影响时，采用的是赛尔奎因多国模型及其扩展模型。基于需求视角，测度结构变动对单要素生产率和全要素生产率增长的影响时，采用的是结构分解方法；在分析影响工业结构变动的主要因素时，应用了分位数回归模型。

最后值得指出的是，对统计分析方法、经济模型分析方法的选择和结论的解释，都离不开对相关经济理论、方法和研究对象所涉及经济现实的充分理解，这三者是有机的统一，不能孤立存在，三者的有机结合才能使得研究过程和结论有理有据。

第五节 研究思路与内容安排

一 研究思路及逻辑结构

本书总的研究思路是在已有研究的基础上，厘清研究的理论基础和现状;针对工业经济增长和结构变动的现实,提出有价值的研究目标;寻找可借鉴的方法和构建新方法的思路;完成研究目标。具体而言:一是通过对结构变动理论的综述,论证结构变动是生产率增长中重要的组成部分,是供给因素和需求因素相互作用的结果,为本研究提供了坚实的理论基础;二是分析生产率的主要测度方法,为选择合适的生产率测度方法和解释生产率变化提供方法论基础;三是梳理结构变动对生产率增长影响的两类重要经验研究,为使用何种具体的经验方法来测度结构变动的生产率效应提供参考和借鉴;四是从研究视角、采用的模型框架、对生产率变动的具体分解方法等方面,综合评价目前国内有关结构变动对生产率增长影响的研究,进而提出本书的具体研究目标及意义;五是按照"结构变动的特征事实—方法的选择或构建—测度结果及其分析—影响因素分析—政策建议"的研究路线,完成设定的研究目标。本书的研究思路及逻辑结构可用图1-1表示。

二 研究内容

本书由6个部分构成,具体结构与内容安排如下。

第一章,导论。首先,界定结构变动与生产率的含义,确定研究对象;其次,基于结构变动与生产率的理论研究,中国工业增长和结构变动的现实状况,提出拟要研究的问题;再次,阐述本研究的理论、现实意义和采用的研究方法;最后,介绍研究思路、内容安排和可能的创新。

第二章,理论回顾与文献综述。围绕结构变动与经济增长、生产率的关系这一主线,首先,综述与此密切相关的结构变动理论,为研究提供理论基础和研究视角;其次,分析生产率的含

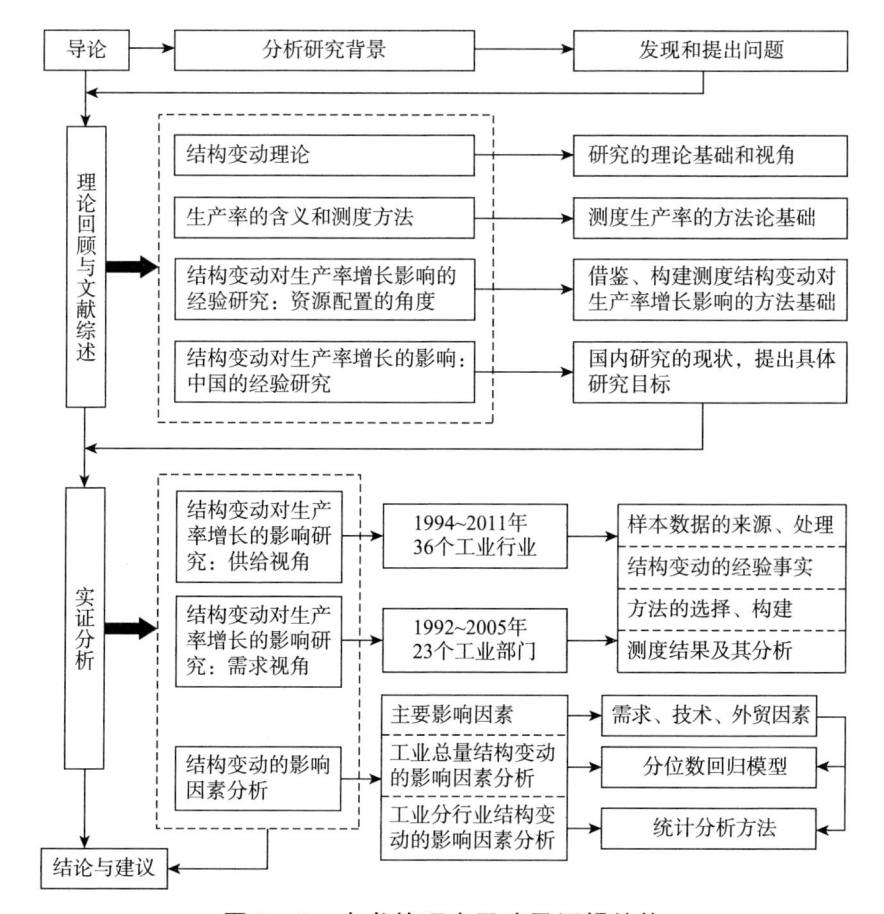

图 1-1 本书的研究思路及逻辑结构

义、主要的测度方法，为如何测度生产率提供方法论基础；再次，从资源配置的角度，回顾结构变动对生产率增长影响的两大类经验研究，为选择和构建合适的实证分析方法提供借鉴；最后，梳理了国内学者关于结构变动对生产率增长影响的两大类经验研究，并从多个角度进行了综合评价，在此基础上，提出了本研究欲解决的具体研究目标。

第三章，结构变动对生产率增长的影响研究：供给视角。首先，对两位数工业行业进行行业归并和样本数据的收集，在此基础上统计分析36个工业分行业的结构变动事实；其次，讨论了测度结构变动对单要素生产率增长影响的偏离份额法，以及资源再配置和资源错配对全要素生产率增长影响的赛尔奎因多国模型及其扩展模型；最后，使用样本数据，按照所采用的具体测度方法，实证分析了中国工业在1994~2011年及其3个子阶段的结构变动对单要素生产率和全要素生产率增长的影响。

第四章，结构变动对生产率增长的影响研究：需求视角。首先，回顾了需求结构变动对生产率增长影响的研究进展，并厘清了与现有研究的联系与创新之处；其次，讨论了如何在投入产出分析框架下，应用结构分解方法，来测度需求结构变动对单要素生产率和TFP增长率变化的影响；再次，根据所使用的方法，说明了样本数据的来源及行业归并等信息，并从多个角度对工业及其各部门的需求结构变动进行了统计描述分析；最后，利用样本数据，按照对应的测度方法，实证分析了工业在1992~2005年及其子阶段的结构变动对单要素生产率和全要素生产率增长的影响。

第五章，结构变动的影响因素分析。首先，从理论上简要分析了影响结构变动的主要因素；其次，选择表征影响结构变动主要因素的替代变量，采用对数到线性模型，应用分位数回归模型，使用中国1993~2011年31个省份工业增长及其相关数据，实证研究了这些因素对工业结构变动的影响；最后，从工业分行业的角度，应用统计分析方法，验证了技术进步、需求因素和外贸中比较优势的改变对工业内部结构变动所产生的影响。

第六章，结论与建议。首先，归纳和整理了本书的主要研究结论；其次，在相关结论的基础上，提出有针对性的关于工业结构调整的政策建议；最后，指出研究的不足和未来需要进一步研究的问题。

第六节 可能的创新

本研究的创新主要体现在以下 4 个方面。

第一，从供给和需求两个视角，研究了结构变动对生产率增长的影响。在结构变动影响生产率增长的经验研究中，绝大多数研究都是从要素投入的供给视角展开，从需求视角对此进行研究的比较少。目前国内的经验研究中，仅有少数研究，如杨凌（2010）基于需求视角，以三次产业为研究对象，采用结构分解方法，研究了结构变动对劳动生产率增长的影响。本书基于需求视角，以中国工业各行业的结构变动为对象，研究结构变动对劳动生产率、资本生产率和全要素生产率增长的影响，具有一定的创新性。

第二，全面分析了结构变动对工业劳动生产率、资本生产率和全要素生产率增长的影响。劳动生产率和资本生产率属于单要素生产率，测算相对简单、便于理解，但不能全面地反映经济的增长绩效。全要素生产率，在全面性上要优于单要素生产率，是衡量、评估经济增长绩效的重要工具，但测算繁杂。目前国内关于结构变动对生产率增长的影响研究中，一般都是以劳动生产率或（和）全要素生产率增长为主，针对资本生产率增长的研究较少，部分原因在于资本投入测算的复杂性。本书在基于供给和需求视角的两部分研究中，都同时实证分析了结构变动对劳动生产率、资本生产率和全要素生产率增长的影响，在研究内容上更加全面充实，可以进行对比分析。

第三，在借鉴已有方法的基础上，对已有方法进行了拓展。具体而言，基于需求视角，在投入产出分析框架下，根据结构分解方法的原理，一是推导出了测度结构变动对全要素生产率增长影响的一种方法；二是将测度结构变动对劳动生产率增长影响的方法，拓展到了对资本生产率增长的结构效应测度中。其中，结构变动对全要素生产率增长影响的测度方法，是本书的探索性研究，是方法上的一种尝试，有待后续研究和同类研究的检验修正。

第四，应用分位数回归模型，研究了需求、技术和贸易3个方面的因素对中国工业结构变动的影响。传统的线性回归模型，只关注被解释变量的条件均值。与此相比，分位数回归模型可以分析解释变量的变化对被解释变量条件分布中各种不同的分位数的影响。在国内相关研究中，解栋栋（2010）应用分位数回归模型，采用国际劳工组织（KILM）第5版软件数据库中118个国家和地区的数据，研究了需求、技术因素对服务业结构变动的影响。本书应用分位数回归模型，使用中国1993~2011年31个省份工业增长及其相关数据，研究了需求、技术和贸易3个方面的因素变化，对不同水平的工业增加值份额和工业就业份额的影响差异性，进而深化了对工业结构变动过程和机制的理解。

第二章
理论回顾与文献综述

　　结构变动与生产率研究是经济学研究中的两大分支，各有其复杂性。到目前为止，还不存在结构变动的一般理论和统一方法。本章首先围绕结构变动对生产率的影响这一主线，综述了与此相关的 3 个方面的结构变动理论，为研究提供了坚实的理论基础；其次，对生产率的测度是研究结构变动对生产率增长影响的一个重要环节，于是本章深入分析了单要素生产率和全要素生产率的含义、主要的测度方法及其适用条件，为本书测度生产率提供了方法论基础；再次，从资源配置的角度，回顾了资源再配置对生产率增长的影响和资源错配对生产率增长的影响这两大类经验研究，为本书选择何种经验方法测度结构变动对生产率增长的影响提供了参考和借鉴；最后，梳理了国内学者关于资源再配置对生产率增长的影响和资源错配对生产率增长影响的两类经验研究。在此基础上，对已有研究从多个角度进行了综合评价，引出了本书所要解决的具体问题和研究目标。

第一节 结构变动的理论综述

结构变动的现象与经济发展的问题一样古老[①],结构变动是经济增长过程中不可缺少的一部分。尽管如此,无可否认,到目前为止,不存在结构变动的一般理论,但存在解释三大部门之间以及与这些部门内部行业间结构转移有关的各种各样的理论方法(Krüger,2008)。因为这个领域中研究的多样性,内在地是与这个问题的复杂性联系在一起,这无助于形成统一的方法(Silva and Teixeira,2008)。本章紧紧围绕结构变动与经济增长、生产率的关系这一研究主题,梳理了与此相关的各种分析结构变动的理论,这些理论基本源于早期关于结构变动的非正式理论、新古典增长理论和现代演化增长理论。

不同理论的分析框架,其分析方法和分析角度都迥然不同,但在阐述影响结构变动的因素方面还是比较一致的,认为主要包括需求(偏好)因素和供给(技术)因素两类。从需求因素来看,消费者对各种商品的偏好是不一样的,随着收入变化,需求的变化幅度也不同,进而引起结构变动;从供给因素来看,各种产品的生产技术进步不同,导致生产成本变化不成比例,进而影响产量,最终引起结构的变动(陈体标,2012)。当然,不同的

[①] 最早观察到产业结构变动规律的是威廉·配第,他1667年在《政治算数》中,发现了产业间相对收入的差距,会导致劳动力的转移规律,即配第定理。第一位明确提出并分析经济结构的是古典经济学家魁奈(Quesnay),1758年他在《经济表》中探讨了经济部门之间普遍的相互依赖。

理论，在分析这两类因素对结构变动的影响机制、影响作用等方面都是不同的。

下面分别综述与本书研究主题密切相关的三大理论分支：早期关于结构变动一般规律的研究；考虑结构变动的新古典增长理论；考虑结构变动的现代演化增长理论。在理论综述过程中，重点关注各个理论的内容、分析方法、影响结构变动的因素，以及结构变动与经济增长、生产率的关系，以期为本书的研究提供坚实的理论基础。

一 早期关于结构变动一般规律的研究

早期关于结构变动的系统研究主要包括两方面的内容：一是研究农业、工业和服务业三大部门间结构变动的一般规律；二是研究工业部门结构变动的一般规律。

1. 三大部门结构变动的一般规律

将经济部门划分为农业、工业和服务业三大部门或三次产业，始于 Fisher（1939）。他在对新西兰、澳大利亚第一产业和第二产业统计的基础上，根据需求层次的不同首次提出了第三产业的概念，并观察到了三大产业的结构转移模式。

Clark（1940）根据 Fisher 的三次产业划分方法，在配第有关产业结构观察结论的基础上，提出了关于劳动力在三次产业间转移的一般规律，即"配第一克拉克定理"：随着经济的发展和人均国民收入水平的提高，劳动力首先由第一产业向第二产业转移；当人均国民收入水平进一步提高时，劳动力便向第三产业转移。Clark 认为，劳动力从第一产业转向第二、第三产业是经济发展中各产业间出现收入的相对差异造成的。

西蒙·库兹涅茨（1985，1989）继承了 Clark 的研究成果，将经济系统分成三大产业,以美国和其他发达国家为主要研究对象,对国民总收入及其组成成分等从截面和时序两个方面进行了统计分析、估量和系统研究,总结了现代各国经济增长在总量、内部结构变动方面的数量特征和规律。其中,从截面分析来看,在三大部门的总量层面,国民生产总值结构变动的一般规律是:农业部门所占份额随人均产值提高而显著下降,工业和服务业部门的份额迅速上升;当人均产值提高到300~1000美元时,工业和服务业部门的份额进一步提高,工业和服务业之间的结构变动较为显著。劳动力就业结构变动的一般规律是:农业部门劳动力份额随人均产值的提高大幅度下降;工业和服务业劳动力份额则不断上升。根据时序分析得出的结论,与截面分析的结论存在一些差别,但一般趋势基本相同。

西蒙·库兹涅茨根据人均国内生产总值从截面和时序考察总产值和劳动力部门份额的变动,总结其数量特征,验证了配第一克拉克定理。而且库兹涅茨发现了人均产出的高增长率、生产率和生产结构的高转换率之间的历史联系。结构变动和增长之间的强联系被解释为三大因素相互作用的结果:消费需求结构的变化、技术的变化和相对优势的变化(Kuznets,1973)。

H.钱纳里等(1989)和Syrquin(1988)采用多个国家的截面和时间序列,应用比较研究的方法和多部门模型的技术(包括投入产出分析、计量回归方法和可计算一般均衡模型),提出了一系列有关结构变动的多国模型,以寻求长期经济发展和经济结构之间的发展模式,如结构变动和增长之间的关系、结构变动的基本特征、生产率和结构变动等。他们深入分析了三大部门结构变动过程中的工业化过程,强调了需求结构变动、要素投入结构变动和生产率增长方面的相互关系,其中多国模型中关于三大部门结构转换的标准模式和资源再配置对生产率增长的贡献模型，成为分析结构变动的主要参考基准和定量分析工具。H. 钱纳里和 Syrquin 等从分析方法、分析对象的细化和分析深度等方面，进一步推进了库兹涅茨的相关研究。

2. 工业部门结构变动的一般规律

结构变动不仅发生在农业、工业和服务业三大部门之间，而且工业部门内部也经历着明显和重要的结构变动。学者们对工业部门内部的结构变动也进行了不少研究，其中有代表性的学者主要是霍夫曼（Hoffman）、盐野谷祐一（Y. Shionoya）、西蒙·库兹涅茨（S. Kuznets）和 H. 钱纳里（H. Chenery）。

霍夫曼根据 20 多个国家的时间序列数据，分析了消费品工业和资本品工业的增长模式，提出了霍夫曼定理，即所有工业化的过程都可被描述为这两类产业相对比重的演化，随着工业化的发展，资本品工业的重要性不断提升（Silva and Teixeira, 2008）。消费品工业与资本品工业的净产值之比，就是霍夫曼比例。霍夫曼根据其数值的不同，归纳了工业化的经验法则，将工业化进程分为 4 个不同的发展阶段。霍夫曼认为，工业内部的这种结构变动，是由于各工业部门的成长率并不相同。而不同的成长率又是由生产要素的相对数量、国内市场与国际市场的资源配置、技术进步以及劳动者的技术熟练程度等因素的相互作用引起的（方甲，1997）。霍夫曼将工业分为资本品和消费品两类，研究两者之间的结构变动规律，得出了一系列的重要结论。虽然其中有些结论在后来各国的工业化过程中并未得到验证，但他对工业内部结构变动的经验分析方法具有开创性的意义。

Shionoya（1964，1970）质疑霍夫曼的工业分类标准，借鉴商品流量统计（Commodity Flow Statistics）和投入产出分析方法，采用了新的分类方法，根据新的统计口径重新计算了霍夫曼比例，并使用美国、瑞典制造业的长期时间序列数据，重新验证了霍夫曼的工业化经验法则。他指出霍夫曼根据产出的用途进行的工业分类，事实上排除了生产过程中的中间产品。据此，他根据产品的使用情况，将制造业分为消费品和投资品两类，采用总产值重新计算了霍夫曼比例，发现瑞典的投资品比重有轻微上升，美国的投资品比重大体处于稳定状态。并且认为制造业产出中，投资品比重的变化受到两个因素的影响：对外贸易的模式和资本形成的比例。

西蒙·库兹涅茨（1985，1989）不仅研究了50多个国家三大产业的结构变动，而且对13个发达国家的制造业和服务业各细分行业的总产值份额和劳动力份额变动进行了统计分析和估算。西蒙·库兹涅茨（1989）还区分并统计了产值的三种主要使用方式——居民消费、政府消费和资本形成，并讨论了其变化趋势。通过这些统计比较分析，库兹涅茨在部门水平上，深入讨论了现代经济增长与生产结构变动之间的相互联系，认为技术创新和人均产值、生产率的高增长等可引起生产结构的高变动率。

H. 钱纳里等（1989）以9个准工业国家（地区）为主要研究对象，在著名的《工业化和经济增长的比较研究》一书中，不仅研究了工业化过程中三大部门的结构变动问题，而且特别分析了工业部门内部各种层次的结构变动：工业中轻工业和重工业的结构变动，制造业中食品、消费品、生产品和机械4个组成部分的结构变动，制造业中14个行业间的结构变动。具体而言，该研究应用多国模型等实证分析方法，定量研究了这些不同层次的结构组成在工业结构转换的标准模式中的比重，以及这些结构变动与增长、生产率的关系，强调了供给因素、需求因素和比较优势对结构变动的共同影响。

二 考虑结构变动的新古典增长理论

研究结构变动与经济增长相互关系的经济文献主要有两个分支。一是新古典经济学，认为结构变动相对不重要，结构变动只是增长的副产品，大多使用平衡增长模型，力求与卡尔多事实保持一致；二是以 Kuznets（1971）、Chenery and Syrquin（1975）、西蒙·库兹涅茨（1985）、Baumol et al.（1989）等为代表的一类文献，认为结构变动影响经济增长。近年来的研究试图整合这两方面，目的是在保持与卡尔多事实大体一致的同时，发展与结构变动一致的增长模型，实现结构变动与新古典增长理论的融合，以论证结构变动与经济增长的关系。

在分析结构变动与经济增长的模型中，从影响结构变动的因素角度，存在3种研究结构变动的方法：仅考虑需求因素对结构变动的影响，仅分析供给因素对结构变动的影响，综合考虑需求和供给因素对结构变动的影响。

1. 从需求角度研究结构变动的增长模型

Laitner（2000）构建了包含农业和制造业的两部门模型，说明结构变动由于恩格尔定律的作用，系统地影响了估算的总量储蓄率，认为外生的技术进步提高了收入，恩格尔定律使得需求从农业转向制造业。

Kongsamut et al.（2001）考察了美国在长期经济增长中，就业和消费支出比重在三大产业间变动的经验规律，并类似于卡尔多事实，将这些经验规律称为库兹涅茨事实①，进而提出了一个融合卡尔多事实和库兹涅茨事实的模型，开创了结构变动与增长理论融合研究的新局面。该研究提出了一个包括农业、工业和服务业的二部门模型，假设各部门的生产函数是一次齐次的，技术增长率都相同；各部门的产品效用函数为 Stone - Geary 形式，即农产品的需求收入弹性小于1，工业品的需求收入弹性等于1，服务业产品的需求收入弹性大于1。根据该效用函数或偏好的设定，各种产品的边际效用随经济增长不成比例变化，进而引起产品的边际技术替代率发生改变。于是，随着收入的增长，农产品的需求增长比例下降，服务业产品的需求增长比例上升。这种需求变化最终将导致各部门就业和产值份额的变动，即经济中的结构变动随之发生。换言之，反映恩格尔定律的非位似偏好引起了经济中的结构变动。但是，他们的模型存在一个刀锋条件：当总产出的增长率保持不变，且最终产品的技术水平为常数时，才会出现结构变动过程。而且，结构变动只能沿着平衡增长路径进行，进而引起结构变动和部分卡尔多事实不相容。

Meckl（2002）采用了类似于 Romer（1990）、Grossman and Helpman（1991）所提出的由研发驱动的增长模型，在非位似偏好等假设下，将技术进步内生化，建立了一个多部门内生增长模型，扩展了 Kongsamut et al.（2001）所提出的一般平衡增长路径框架，认为这个更广义的平衡增长路径（GBGP）在部门或行业层面可以和结构变动相融合。但是，要求在 GBGP 上，所有商品、要素的相对价格以及配置到研究、制造中的资源比例均保持固

---

① 事实上，Kongsamut et al.（2001）所提出的库兹涅茨事实，并不能局限地理解为他们在文中所提到的就业和消费支出比重在三大产业间的变动规律，其在内涵上包含结构变动的一系列特征事实。

定，且结构变动的形式仅限于资源在生产最终产品的部门内部进行再配置。沿着 GBGP，解释结构变动的决定性前提条件是对于给定的产品价格和要素禀赋，生产部门的均衡不是唯一的[①]。更为重要的是，在此模型中，结构变动仅是经济增长过程的副产品，与增长过程之间没有反馈作用。

Foellmi and Zweimüller（2008）聚焦于需求方面所引起的结构变动，扩展了产品创新驱动的内生增长模型。该模型与卡尔多事实保持一致，表明总量增长和部门增长的互补性可以产生多重均衡。在模型中，根据恩格尔需求等级设定消费偏好，依序引入产品，以使需求与技术进步保持一致。具体而言，开始新产品是具有较高收入弹性的奢侈品，最后逐渐成为只有较低收入弹性的必需品，进而引起部门就业份额的变化，产生结构变动，即消费品的非线性恩格尔曲线引起了连续的结构变动。该研究与 Kongsamut et al.（2001）一样，结构变动是由部门间需求收入弹性的差异驱动的。所不同的是：新产品是被连续不断地引入；层级需要的引入能够解释制造业中的驼峰形演化规律；将基础模型扩展为内生增长模型时，在结构变动和增长之间存在双向的因果关系。

2. 从供给角度研究结构变动的增长模型

Baumol（1967）通过建立一个宏观模型，将经济分成两个部门——使用技术的进步部门（类似于制造业）和仅使用劳动投入的停滞部门（类似于服务业）。由于要素自由流动，停滞部门的生产成本和价格将无限提高。如果停滞部门产品的需求收入富有弹性，价格无弹性，则消费者对该部门产品的需求将随收入和价

[①] 这一结论不同于 Echevarria（1997）和 Kongsamut et al.（2001）的模型结论，详细请参见 Meckl（2002）中第 243~244 页的对比说明。

格的上升而增加，更多的劳动将转移到停滞部门以满足消费者需求的增长，经济增长率将下降，甚至趋于零，这个过程被称为"Baumol 成本病"。反之，如果停滞部门产品的需求收入弹性小，需求价格富有弹性，则消费者对该部门产品的需求将随收入和价格的上升而减少，更多的劳动将转移到进步部门，经济增长率将上升，停滞部门最终消失。Baumol（1967）强调了部门间不均衡的技术冲击，以此来解释结构变动阶段的不平衡状况，从理论上分析了制造业和服务业的劳动重置过程，是最早从供给角度，即从部门间有差异的技术进步率与结构变动和经济增长关系进行的研究，对后来在新古典框架中融入结构变动因素的研究产生了富有启发性的重要影响，但该研究在当时引起的关注度很低。随后，Baumol et al.（1985，1989）又以美国的数据为其理论提供了经验证据。

Ngai and Pissarides（2007）受 Baumol（1967）的启发，构建了一个多部门增长模型，假定经济中有 $m-1$ 个消费品部门，以及 1 个生产最终消费品和资本存量的制造业部门，并且所有部门具有相同的 Cobb - Douglas 生产函数，但各部门的外生 TFP 增长率不同。模型表明，当最终产品之间的替代率小于 1 时，部门间全要素生产率的差异可以引起就业份额的变化。沿着总量平衡增长路径，劳动力将从高技术进步率的部门转向低技术进步率的部门；在部门内部的子行业间也会发生这种结构变动。这种结构变动规律的关键必要条件是最终产品间的低替代率。其直观的经济解释是对于技术进步快的部门，价格变化的幅度小于产品数量变化的幅度，所以生产要素就更多地流动到技术进步慢的部门。Kongsamut et al.（2001）对生产函数的参数施加了 Stone - Geary 效用函数的一些约束，进而抛弃了宏观经济学中最有用的两个约定：偏好和技术的独立性。而在 Ngai 和 Pissarides（2007）的研究中，每个部门通过引入常替代效用函数生产一种有差异的产品，只是对传统的常替代效用函数施加了某些数量约束，保持了偏好和技术的独立性。

Acemoglu and Guerrieri（2008）基于要素比例和资本深化方面的差异，建立了一个非平衡增长模型，目标是对结构变动提供一个供给面的解释。资本深化提高了资本密集行业的相对产出，同时引起了资本和劳动力向其他部门重新配置，引起结构变动。这种作用机制不用强加非位似偏好的条件，该模型假定两个部门具有固定的替代弹性，部门内部具有 Cobb – Douglas 生产函数。在利息率和国民收入中资本份额固定的条件下，他们采用一个两部门一般均衡模型证明非平衡增长与渐进均衡是一致的。

3. 从供给和需求角度研究结构变动的增长模型

Echevarria（1997）基于索洛增长模型，在非位似偏好等假设条件下，构建了一个要素密集度和技术进步率在三部门间显著不同的动态一般均衡模型，检验了部门构成和增长之间的关系。对校准模型的模拟表明部门构成影响经济增长，反之，经济增长也影响部门构成。由于模型中三大部门产品的需求收入弹性和技术进步率都不同，因此，该研究从需求和供给两个角度考虑了影响经济结构变动的因素，较全面地考察了偏好和技术对结构变动的影响。但由于数学技术上的难度，该研究并没有给出理论上的考察和严格的数理推理论证，只是通过参数校准的方式对模型进行了模拟，得出了经济结构和增长之间的关系。

Bonatti and Felice（2008）构建了一个两部门内生增长模型，从供给和需求两方面，研究了就业、产出的部门构成变化对总体经济增长的影响。在供给方面，模型假定存在一个技术进步部门和一个技术停滞部门，前者采用 AK 型技术生产消费品和投资品，后者只生产消费品。在需求方面，模型分别研究了位似和非位似消费偏好条件下的两种增长过程。结果表明，TFP 的不平衡提升和最终需求构成的变化相互作用，塑造了增长过程。具体而言，"干中学"和技术溢出在部门间是不均衡的，两者是经济持久增长的必要条件而非充分条件，最终需求的构成才是决定经济长期增长的决定性因素。因此，该模型一方面通过允许内生增长和引入投资调整成本，扩展了 Echevarria（1997）和 Kongsamut et al.（2001）关于平衡增长路径和结构变动的研究；另一方面通过设定部门具体的技术进步率，扩展了 Meckl（2002）、Foellmi and Zweimüller（2008）的研究。

Buera and Kaboski（2009）应用一个标准的新古典增长模型，将结构变动的两种传统解释——偏向部门的技术进步和非位似偏好，整合在一起，并从数量上评估了结构变动的供给和需求解释的相对优势，解答了标准增长模型难以回答的一些难题，并指出部门间人力资本积累的差异是修正新古典增长理论的途径。该研究将结构变动与要素扭曲、人力资本等联系起来进行分析，说明了结构变动更基本的作用，为结构变迁提供了一个新的思路。

三　考虑结构变动的现代演化增长理论

以 Nelson 和 Winter 等为代表所发展的现代演化理论，不赞成新古典综合派 Solow 等用生产函数解释经济增长。在演化增长模型中，不用生产函数，而是使用决策规则（惯例）、搜寻、创新和选择环境等这些演化理论的组成部分来分析经济增长，认为经济增长是一种选择过程，强调增长过程的动态竞争，把微观过程与宏观现象结合起来（理查德·R. 纳尔逊等，1997）。在微观基础方面，采用个体异质性假设，关注非最优化的选择结果；在宏观增长方面，演化增长模型以模仿者方程模拟选择过程，选择过程导致经济结构的变动，而经济结构变动则是经济增长的动力（孙晓华，2012）。在经济结构变动的过程中，创新起着非常重要的作用。熊彼特将创新视作经济变化过程的实质，把不断毁灭旧产业、创造新产业称为"产业突变"，激烈的创新会开创出一种发展的新范式（约瑟夫·熊彼特，1990）。创新以不同的强度影响不同的行业，因此演化视角的经济发展不可避免地与结构变动联系在一起（Krüger，2008）。其中，有代表性的研究是 Pasinetti（1981，1993）的模型和模仿者动态演化模型。

一方面，Pasinetti（1981，1993）在研究结构变动和动态增长时，明确地将部门间技术和需求变化的不均衡影响纳入分析框架。他认为结构变动是长期经济发展不可避免的产物，其主要驱动力量是生产过程中的学习和新消费方式的学习，它们引起了有差异的生产率变化、新产品的出现和消费行为的改变。具体而言，从技术角度来看，学习提高了生产率，引起了新技术和新产品的出现；从需求角度来看，人均收入的提高影响了消费需求。但生产过程中的学习即创新，对消费结构的影响比对部门生产率差异的影响更为重要，结构变动最终由部门间有差异的消费增长率所决定。因此，Pasinetti 模型中的结构变动最终是由需求因素驱动的。

另一方面，Pasinetti 模型中的技术变化和消费偏好是外生的，且只研究了均衡条件下的结构变动，隐含着每个行业中只有一个代表性企业的假设（Krüger，2008；Silva and Teixeira，2008）。鉴于此，后来的学者如 Metcalfe 和 Montobbio 等则应用演化理论中的模仿者动态模型，对结构变动进行了进一步的深入研究。

Metcalfe（1994）在模仿者动态系统中，以单个产业内各竞争企业市场份额的变动为研究对象，探究了报酬递增和结构变化的关系，认为各种各样的报酬递增是阐述经济结构变动理论的中心。因为报酬递增会影响竞争性企业的动态选择过程，动态选择过程促使企业改变其行为，企业行为的改变又带来市场结构的改变。

Montobbio（2002）将 Metcalfe（1994）的单部门模仿者动态演化模型扩展为多部门模型，分析了结构转变的决定因素，以及微观上的异质性与部门、总体生产率之间的联系。结果表明以下4点。第一，结构变化和非均衡增长是供给和需求因素两方面共同作用的结果，即依赖于基于单位成本的选择过程和基于需求收入弹性的分类过程，而哪个方面起决定性作用则与部门间的替代程度有关。第二，总体生产率和部门生产率是一般演化过程的结果，选择机制在其中发挥作用，企业的多样性即异质性是其微观基础。换言之，当选择过程和分类过程发生，多样性主导着生产率增长的模式。第三，在该演化模型中，企业、部门的异质性和相互替代性假设，对于说明部门间的结构变动非常重要。第四，即使在企业层面不存在技术进步，由于异质性企业的竞争和选择过程，总生产率也可以是正的。所以，索洛残差的一部分可以解释为结构变动，而这种过程是总量生产函数所不能解释的。

Metcalfe et al.（2006）结合内生增长理论，发展了一个适应增长的演化理论，在产业层面探讨了宏观生产率增长与技术进步函数多样性和需求收入弹性的关系，说明宏观结构的变动来源于微观上的多样性，两者通过市场过程进行协调，产业之间的不均衡增长产生了结构变动。该模型从3个方面对产业之间的相互作用进行了分析，即通过技术进步函数代表的劳动生产率的变化、以需求收入弹性为基础的分类过程，以及两者通过市场的协调作用于总体经济的过程。在该演化模型中，因为增长问题是一个适应问题，所以资源配置和需求构成的变化是对知识增长所带来机会的响应过程，因而结构变动的根本原因是知识的不均衡增长。因此，该模型的理论框架既结合了内生增长理论，又结合了演化增长理论，是典型的内生经济演化理论。而且 Metcalfe et al. (2006) 也认为产出增长、生产率增长和需求增长之间存在反馈作用。

Montobbio (2002) 与 Metcalfe et al. (2006) 应用模仿者动态演化模型，在解释结构变动时，同时考虑了需求方面的因素和供给因素，但他们的模型假定部门或行业的数量是固定的。按照模仿者动态机制，在极限情况下，大多数部门或行业将不可避免地消失，但从现实的统计资料观察不到这种趋势。而且从结构变动的长期演化过程来看，新部门或企业的产生是支撑演化过程的关键因素。例如，Saviotti 和 Pyka (2004) 在 Pasinetti (1981, 1993) 的基础上，将企业的进入、退出纳入模型，使结构变化内生化，建立了一个由新产业部门的出现所驱动的模型，认为从长期来看，经济系统中的部门构成影响经济总量水平。

四 述评

早期对结构变动的研究，主要试图通过历史经验的统计比较研究，识别长期经济发展中三大产业和工业内部结构变动的一般规律，以期归纳出大多数国家所遵从的一般结构变动模式。在研究方法上，很少有正式和复杂的数理推理过程，除 H. 钱纳里、Syrquin 等的研究借助了各种现代模型方法外，大多数采用的是统计描述分析和对比研究的方法。在研究内容上，只有钱纳里等将结构变动和经济增长、生产率密切地联系在了一起,并开始讨论它们之间的相互关系。其中,库兹涅茨和钱纳里等的研究是具有里程碑式的研究,他们所开创的研究方法对后期的研究影响深远,至今仍然被广泛使用,并且他们的研究都触及影响结构变动的需求和供给因素。

从中长期来看,各种层次的结构都发生了明显的变动,结构变动是经济增长过程中必不可少的部分。但是,除 Baumol et al. (1967,1985,1989) 的研究外,传统的新古典增长理论一般很少涉及结构变动,常常将结构变动视作长期不变。新近兴起的将结构变动与增长理论融合的新古典增长理论,试图在最优行为和均衡路径的框架下,从需求角度或供给角度或两者的综合角度,将结构变动纳入传统的新古典增长模型,寻求卡尔多事实与库兹涅茨事实的融合,以期更真实地解释经济增长的过程,注重严格的数学推理过程和对宏观现象的解释。

考虑结构变动的现代演化增长理论,把企业的异质性和非最大化作为分析的基础,考虑有限理性和决策过程的不确定性,注重分析结构变动和经济增长的微观基础,将企业行为、市场过程和总量增长联系在一起,有助于更好地理解结构变动的微观基础。并且,演化增长理论强调结构变动是经济增长的动力,从创新、报酬递增和知识的非均衡增长等方面分析结构变动的原因,通常认为结构变动是供给和需求因素共同作用的结果,即依赖于基于单位成本的选择过程和基于需求收入弹性的分类过程。现代演化增长理论特别重视结构变动发生的内在机理,有着诱人的解释力。但由于演化增长模型比新古典增长模型更复杂,并且大多数模型只能通过计算机模拟进行探讨,难以得出一般化的结论,也无法对理论假说进行实际的检验,削弱了其在经验分析中的吸引力。

考虑结构变动的新古典增长理论和现代演化增长理论,新近的研究趋势都试图在统一的分析框架中同时融入供给和需求因素。但如何用可操作的经验分析方法来验证这些理论结论,还有待进一步研究。

第二节 生产率的含义和测度方法

生产率是一个相对概念,经济学家常常把生产率的各种测度结果,作为衡量、评估经济增长状况和国际竞争力的重要因素。然而,对产出和投入的合适测度不是唯一的,如何具体处理所选择的产出和投入指标的方法也不是唯一的。因此,生产率的类型很多,具体的选择取决于测算的目的和数据的可获得性。按生产率测度中所包括的投入要素是一种还是多种,可以分为单要素生产率(或偏要素生产率)和全要素生产率(或多要素生产率)两类。

一 单要素生产率

单要素生产率,只涉及一种投入和一种产出的比较,常用的是劳动生产率和资本生产率。第二次世界大战以前的生产率概念,本质上是单要素生产率,常用的是劳动生产率。最早规范测算生产率的政府部门是美国劳工统计局,它从1926年起按"人时产出量"测算各产业部门的年度生产率指数(李京文等,1989)。

1. 劳动生产率

劳动生产率，就是产出与劳动投入的比率，表示单位劳动投入的产出。在具体的测算中，可供选择的产出和劳动投入指标不是唯一的。在总量经济中，产出可以选择国内生产总值、国民生产总值、国民净收入等；劳动投入可以选择职工人数、就业人员、工作时间等。

根据劳动生产率的测算方法，可以看出其并不能完全反映劳动投入转化为产出的效率，或者说并不能将劳动生产率的变化完全看作劳动投入对产出增长的贡献。因为即使是在劳动投入不发生变化的前提下，产出也会因为技术进步、资本存量的增加等因素而增加，进而提高劳动生产率。在这种情况下，劳动生产率的提高与劳动投入在生产中的作用没有关系，反映的是技术进步和资本等对产出的贡献。可见，劳动生产率的变化，不仅依赖于劳动投入本身，而且还依赖于其他投入。因此，劳动生产率变化只能部分反映劳动投入差异对产出的影响，不能将其变化完全归结为劳动投入效率的变化。从这点来看，劳动生产率不是反映未来增长潜力的一个全面指标。尽管如此，在总量水平上，基于总产出的劳动生产率可以考察单位产出所需要的劳动量，反映各行业劳动投入系数的变化，有助于分析各行业的劳动需求；基于增加值的劳动生产率又直接同衡量生活水平的指标（如人均收入）联系在一起，通过调整工作时间、失业人数、劳动力参与率和人口结构，生产率可直接转化为衡量生活水平的指标（OECD，2001b）。一个国家的高劳动生产率，不管是由何种原因造成的，都表示单位劳动投入有潜在的高回报，高劳动生产率是普遍繁荣的必要条件（Baumol，1989）。因而，劳动生产率虽然不是衡量劳动投入绩效的全面指标，但其作为生产率测算的一部分，与最重要的生产要素相关，测算简单、容易理解，仍是一个具有重要政策意义的测度指标。

2. 资本生产率

资本生产率等于产出与资本投入的比率，表示单位资本投入的产出。但测度资本投入比测度劳动投入要复杂得多。资本的本质及其对生产的贡献长期以来一直是经济研究中有所争议的问题之一[①]。对资本的统计和测算，不仅是国民账户的一个重要组成部分，而且是经济的定量研究中不可避免的问题。为此，联合国统计委员会和OECD等对资本核算的关键问题进行了研究，并逐步达成比较一致的测算指导方案。1993年版国民账户体系（SNA）对固定资本资产存量和固定资本消耗的定义达成了一致，2001年正式出版的《OECD资本测算手册》进一步澄清了SNA中关于固定资本存量、流量的概念问题，解决了资本服务的定义和测算问题（OECD，2001a）。从理论上讲，资本对生产的贡献应根据资本所生产的服务流量进行测算。但在实践中，资本投入经常使用资本存量进行测算。而且对资本存量的测算，通常可以选择永续盘存法、调查方法和固定资产平衡表等方法。仅就最常使用的永续盘存法而言，就包括初始资本存量估算、历年固定资本形成总额、资产的价格指数、折旧率的确定和不同资产的平均使用年限等关键资料。因此，在测度资本生产率时，首要的问题是对资本投入进行合适的测算。对产出的选择，既可以选择增加值，也可以选择总产出。

与劳动生产率一样，资本生产率不仅反映了资本投入对产出

---

① 琼·罗宾逊（Joan Robinson）1953年发表了"The Production Function and the Theory of Capital"，引起了著名的"双剑桥之争"，即英国剑桥学派和美国新古典经济学家之间关于资本理论的争论。这场争论从20世纪50年代中期一直持续到80年代。

的影响，而且隐含劳动、中间投入、技术进步、效率变化、规模经济、产能利用率和测量误差等的共同影响。因此，不能将资本生产率的变化完全理解为资本投入对产出的贡献。但资本生产率的变化，可以反映出通过放弃当前消费、降低福利成本所带来的产出增长程度（OECD，2001b）。资本生产率作为生产率测算的一部分，仍具有重要的参考价值。

总的来说，劳动生产率和资本生产率是分析其他问题的起点。但作为单要素生产率，它们既不能将其他因素对产出的贡献从测算中分离出去，又不能全面反映所有投入要素对产出的贡献。这就需要寻找一个更好的、可以综合反映所有投入要素转化为产出的效率指标，这个指标就是全要素生产率。

二 全要素生产率

全要素生产率，涉及多种投入和一种产出的比较，反映了所有投入转化为产出的能力。它是对整个经济生产机制效率的一种测度（Baumol，1989），是对产业生产能力的一个衡量指标（OECD，2001b）。

由于全要素生产率考虑了所有的投入要素，在全面性上要优于单要素生产率。而且，对全要素生产率的测度是许多经验研究的必要条件（Del Gatto et al.，2011）。因此，对全要素生产率的测度是近50年来经济理论和实证研究的一个焦点领域，研究的目的是在数量上确定不同因素对经济增长的贡献（任若恩等，2013）。最早提出全要素生产率概念的有 Copeland（1937）、Copeland and Martin（1938）和 Stigler（1947）。但将全要素生产率与经济增长分析联系起来的是 Tinbergen（1942）和 Solow（1957），他们在生产函数的基础上发展形成了生产率测度方法。

尤其是 Solow 的研究具有里程碑意义，他建立了测算全要素生产率增长率的可操作模型，掀起了全要素生产率理论与方法的研究热潮。自此，对全要素生产率的理论与方法研究取得了巨大进展。在这方面做出重要贡献的经济学家有 John Kendrick、Edward Denison、Dale Jorgenson、Zvi Griliches 和 Erwin Diewert 等。目前，生产理论、厂商理论、指数理论和国民核算理论为全要素生产率测度提供了一致的、有说服力的理论基础（OECD，2001b）。

全要素生产率的测度中关键的两大问题是：投入要素的测度和方法的选择。关于投入要素的合适测度问题，与测度单要素生产率面临的问题基本一样，不再赘述。可供选择的测度全要素生产率的方法有许多种，目前最常见的方法有增长核算方法、指数方法、距离函数方法。

1. 增长核算方法

增长核算（Growth Accounting）方法，是最早用来测度全要素生产率的方法，也是使用最为普遍的方法。Solow（1957）提出了增长核算的分析框架，随后得到广泛应用，并出现了很多对此框架的修正、扩展研究。

Solow（1957）假设存在一个带有时间变量的加总生产函数，具有希克斯中性的技术进步：

$$Y = A(t)F(K,L) \quad (2-1)$$

其中，Y 是产出，K 是资本投入，L 是劳动投入。对函数的设定经常为规模报酬不变的 Cobb – Douglas 型。

对式（2-1）两边取对数并对时间求全微分，有：

$$\frac{\dot{Y}}{Y} = \frac{\dot{A}}{A} + \alpha \frac{\dot{K}}{K} + \beta \frac{\dot{L}}{L} \quad (2-2)$$

α、β 分别是资本和劳动的产出弹性，X/X 表示变量 X 的增长率，由式（2-2）可以推导出测度 TFP 增长的公式：

$$TFP 增长率 = SR = \frac{\dot{A}}{A} = \frac{\dot{Y}}{Y} - \alpha \frac{\dot{K}}{K} - \beta \frac{\dot{L}}{L} \qquad (2-3)$$

SR 就是著名的测算 TFP 增长率的索罗残差（Solow Residual），表示产出增长中不能由投入所解释的部分。

由此可见，增长核算方法是从剩余角度来测算 TFP 增长率，并可分解出劳动、资本、TFP 对增长的直接贡献。

Solow（1957）的研究表明，美国 1909~1949 年的经济增长中，全要素生产率增长可解释 87.5%。后来 Denison（1985）、乔根森等（1989）、Maddison（1995）、Klenow and Rodriguez - Clare（1997）、Hall and Jones（1999）等都对 Solow（1957）的基本分析框架进行了修正和扩展，提出了更广义的总量生产函数，经验分析发现 TFP 增长只能解释 GDP 增长相对小的一部分。尤其是 Jorgenson and Griliches（1967）的研究认为，如果产出和投入的数量是精确测量的，那么总产出的增长基本上可由总投入的增长来解释，全要素生产率的增长是微不足道的。

增长核算方法所依赖的基本假设，一般不可能完全满足。对此，不少学者都对这些假设提出了质疑，如 Carlaw and Lipsey（2004）。但尽管如此，由于全要素生产率的理论和测度方法本身比较复杂，目前也没有发展出新的核算方法。增长核算方法仍是使用最为普遍的方法，其重要标志就是 OECD（2001b）的《生产率测算手册》中使用的就是该方法。

2. 指数方法

生产率是产出与投入的比较结果。如果只有一种投入和产出，

第二章 理论回顾与文献综述

测度生产率就会容易得多。在现实中，生产过程基本上是多投入、多产出的情形。于是，对生产率的测度就需要借助指数的形式将不同的商品和服务加以某种形式的汇总。测度生产率水平的指数方法就是产出指数除以投入指数，可用公式简单地表示为：

$$A_t = \frac{Y_t}{X_t} \qquad (2-4)$$

式（2-4）中，A_t 表示全要素生产率的水平，Y_t 是产出指数，X_t 是投入指数。如果知道产出和投入的指数，这种测度全要素生产率水平的方法是非常直接明了的。在计算产出和投入指数时需要的数据包括投入的数量、价格和产出的数量、价格。指数方法的关键在于如何选择合适的价格指数和数量指数，将投入和产出的数据分别汇总成一个单一的量，即产出和投入指数。

在全要素生产率的测度中，经常使用的指数主要有 4 种，分别是拉氏（Laspeyres）指数、派氏（Paasche）指数、费希尔（Fisher）指数和特恩奎斯特（Törnqvist）指数。拉氏指数是用基期的值作为权重，派氏指数是用现期的值作为权重，费希尔指数是拉氏指数和派氏指数的几何平均数，特恩奎斯特指数是用基期和现期的平均份额做权重的加权几何平均数。

在具体的指数计算中到底该选择哪一个指数公式，依赖于指数的经济理论方法和公理化方法。在全要素生产率测度中，指数的经济理论方法主要与厂商的微观经济理论有关，如生产函数或成本函数，公理化方法依赖于一系列定义良好的性质、检验和公理[1]，尤其是要评价一个具体指数公式是否来自有意义的经济关

---

[1] 关于指数选择的这两种方法的具体讨论，可参见 Coelli et al.（2005）中第 95～113 页。

系。基于这些选择标准，费希尔指数和特恩奎斯特指数在选择中得到更多的青睐。Diewert（1992）在测度投入、产出和生产率时，对费希尔指数和特恩奎斯特指数进行了比较，表明从经济学的角度来看，这两个指数都有充分的根据，具体的选择只需根据研究者的偏好。但由于特恩奎斯特指数可以从超越对数函数中得出，所以在计量经济分析中得到了广泛的应用。

指数方法可被视作增长核算方法的扩展和补充。增长核算方法是在特定的总量生产函数下得到的一种生产率指数。许多生产率的指数方法都明显或隐含地假定：厂商的行为既是技术有效的，也是配置有效的；生产过程是规模报酬不变的（OECD，2001b；Coelli et al.，2005）。但事实上，厂商的行为不总是有效的。因此，放松有效性的假设，为了测算这些生产单位的相对有效性，就出现了基于距离函数方法的全要素生产率指数。

3. 距离函数方法

在特定的技术下，并非所有生产者都能在最小投入下生产出既定的产量，或者在既定投入下获得最大产量。基于生产过程中的这一事实，测度全要素生产率的距离函数方法，使用距离函数来度量一个经济或部门的实际生产与其生产效率前沿的距离。根据这种方法，全要素生产率的变化可以分解为两个部分：技术进步改变的部分和技术效率变化的部分。

距离函数的概念是由Malmquist（1953）和Shephard（1953）分别独立提出的，和生产前沿密切相关。生产前沿的特征，就是在给定的技术水平下，生产不同产出量所需要的最小投入组合，或不同的投入组合所能生产的最大产出（Kumbhakar and Lovell，2000）。生产前沿给出了生产可能性的上部边界，且每个生产者的投入产出组合都落在生产前沿上或内部。处在生产前沿上的生产者是技术有效的，低于生产前沿的生产者是技术无效的。衡量技术有效性的核心问题就是衡量每个生产者投入产出组合到生产前沿的距离。生产可能性前沿可用投入距离函数和产出距离函数更好地描述。

投入距离函数可表示为：

$$D_I(Y,X) = \max\{\lambda : X/\lambda \in L(Y)\} \tag{2-5}$$

其中，Y、X 分别为非负的产出向量和投入向量；$L(X)$ 为可行的投入集合，代表所有能生产产出向量 Y 的投入向量 X 的集合。λ 就表示在既定的产出向量下，投入向量呈径向收缩时所能缩小的最大比例。

产出距离函数可表示为：

$$D_o(Y,X) = \min\{\mu : Y/\mu \in P(X)\} \tag{2-6}$$

其中，Y、X 分别为非负的产出向量和投入向量；$P(X)$ 为可行的生产可能集合，代表利用投入向量 X 所能生产的所有产出向量 Y 的集合。μ 表示在既定的投入向量下，产出向量所能增加的最大比例的倒数。

一般来说，技术有效性是指在产出既定的情况下缩小投入的能力，或在投入既定的条件下扩大产出的能力（Kumbhakar and Lovell，2000）。那么，基于距离函数，度量技术有效性有两种方法：一是投入导向型，若投入不可等比例收缩，那么投入向量就被称为技术有效；二是产出导向型，若产出不可等比例扩张，那么产出向量就被称为技术有效。

估计技术有效性的模型有确定性生产前沿模型和随机生产前沿模型，下面以产出导向型方法为例进行说明。

以横截面数据为例，确定性生产前沿模型可表示为：

$$Y_i = f(X_i; \beta) \cdot \exp\{-\mu_i\} \qquad (2-7)$$

其中，Y_i 代表第 i 个生产单元的产出向量，X_i 代表投入向量，$f(X_i; \beta)$ 是确定性生产前沿，β 是待估的技术参数向量，$\mu_i \geq 0$。

则技术有效性 $TE_i = \exp\{-\mu_i\}$。

因为 $\exp\{-\mu_i\} = Y_i/f(X_i; \beta) = D_o(Y, X; \beta)$。如果假设 $f(X_i; \beta)$ 为 Cobb-Douglas 型生产函数，则确定性生产前沿模型可表示为：

$$\ln Y_i = \beta_0 + \sum_n \beta_n \ln X_{ni} - \mu_i \qquad (2-8)$$

确定性生产前沿的参数估计目标是获得 β 和 μ_i 的值。估计方法通常有 3 种：目标规划法、修正的普通最小二乘法（Corrected OLS，COLS）和改进的普通最小二乘法（Modified OLS，MOLS）[①]。其中，目标规划法现在一般使用数据包络分析——DEA。DEA 是应用线性规划方法构建观测数据的非参数分段曲面（或前沿）（Coelli et al., 2005）。然后，用相对于这个前沿面来计算技术有效性。DEA 方法在计算上简单，并且不用知道投入与产出之间的关系，即生产函数的具体形式。因此，在本质上，参数是通过已知数据计算出来的，而不是用计量经济方法估计出来的，这就使参数的统计推论复杂化。

确定性生产前沿模型未考虑随机干扰项，将与投入无关的产出变化均归因于技术无效性，或者说将所有偏离前沿的因素都假定成来自技术无效。而随机生产前沿模型在讨论技术无效性的同时，也承认随机干扰对产出的影响。如果仍然假设为 Cobb-

---

① MOLS 方法是在 COLS 方法基础之上的修正方法，为了区分这两种修正方法，在此将 MOLS 方法翻译为"改进的 OLS 法"。

第二章　理论回顾与文献综述

Douglas 型生产函数，则随机生产前沿模型可表示为：

$$\ln Y_i = \beta_0 + \sum_n \beta_n \ln X_{ni} + v_i - \mu_i \qquad (2-9)$$

其中，v_i 是随机干扰项，μ_i 是非负的技术无效项。并且，v_i 满足独立同分布和对称性的假设，与 μ_i 的分布独立。因为产出量以随机变量 $\exp\{\beta_0 + \sum_n \beta_n \ln X_{ni} + v_i\}$ 为上限，所以生产前沿是随机的。

技术有效性 $TE_i = \exp\{v_i - \mu_i\} = D_o(Y, X; \beta)$。如何获得随机生产前沿的参数 β 和 μ_i 的值，依赖于对 v_i 和 μ_i 分布的不同假设，然后采用不同的计量经济方法。

根据全要素生产率等于产出与投入的比率，仍然以产出导向型度量技术有效性，可以推导出全要素生产率的增长指数：

$$\frac{TFP_{t+1}}{TFP_t} = \frac{A_{t+1}}{A_t} \cdot \frac{TE_{t+1}}{TE_t} \qquad (2-10)$$

因此，当存在技术无效时，全要素生产率增长分解为两部分：来自技术进步的部分 A_{t+1}/A_t 和来自技术效率变化的部分 TE_{t+1}/TE_t。如果不存在技术无效，式（2-10）中所测度的全要素生产率的增长等同于增长核算法中的 TFP 增长。

目前，基于距离函数的全要素生产率测度方法中，Malmquist 生产率指数是非常有影响力的生产率指数[1]。

全要素生产率的测度方法，除得到广泛应用的增长核算方法、指数方法和距离函数方法外，还有增长回归方法、自由排列

---

[1] Malmquist 生产率指数是由 Caves、Christiensen and Deiwert（1982a，1982b）写的两篇很有影响力的文章所提出。后来 Färe et al.（1994）定义了一个作为这两个指数的几何平均数的 Malmquist 指数，并将此指数分解为两项：一是效率的变化（向前沿的运动），二是技术的变化（前沿的移动）。

包法（Free Disposal Hull）等。在全要素生产率测度方法的发展动态中，值得一提的是基于微观数据对原有方法的修正和新方法，正得到越来越多的重视和应用[①]。

三　述评

作为单要素生产率，劳动生产率和资本生产率不仅反映了劳动、资本各自对产出的影响，而且还隐含其他投入因素对产出的贡献。因此，单要素生产率的变化不是衡量要素投入对产出贡献的精确指标，也不能全面地反映经济的未来增长潜力。但由于单要素生产率的测算相对简单、便于理解，其变化还是能在一定程度上反映要素投入对产出的影响，可以释放出与生产要素相关的重要经济信息。总体上，劳动生产率和资本生产率是分析全要素生产率和其他问题的起点。

全要素生产率考虑了所有的投入要素，可以综合反映所有投入要素转化为产出的效率，是对整个经济生产机制效率的一种测度，在全面性上要优于单要素生产率。而且在很多测度全要素生产率的方法中，可以分解出劳动、资本、技术、效率等因素对产出的贡献。因此，全要素生产率是衡量、评估过去经济增长绩效和未来经济增长潜力的重要工具。

在全要素生产率的测度中，投入要素的测度和方法的选择是其核心问题。投入要素的测度中，资本投入的测度是重点。测度方法，通常使用增长核算方法、指数方法和距离函数方法。增长核算方法是目前使用最为广泛的测度全要素生产率的方法，模型

[①] Van Beveren（2012）对采用微观数据估计全要素生产率的经验方法做了全面而精彩的综述。

的数学技术简单、容易理解，可以分解出劳动、资本等要素对产出的贡献，要素投入的测度和产出弹性的确定是影响测度结果的重要因素。指数方法不需要假定技术进步的平滑模式，测度全要素生产率的变化时，不需要任何中间计量估计的步骤，仅需要两个观测样本的投入和产出的数量、价格数据，易于计算。指数方法的关键在于如何选择合适的价格指数和数量指数；不足是既要求数量信息，又需要价格信息，有时不易同时获得。增长核算方法和指数方法都假定厂商行为是技术有效的，距离函数方法放松了这个假定，在测度全要素生产率的变化时，考虑了技术效率的变化。距离函数方法，目前应用最多的是 DEA 方法和随机前沿方法（SFA），DEA 方法不用知道生产函数的具体形式，计算简单，但难以对参数做进一步的统计推断。与 DEA 方法不同，SFA 方法在考虑技术有效时，一方面进一步将影响产出变化的随机因素分离出来，另一方面通过假定具体的生产函数形式，借助计量经济方法对参数进行估计，可以对参数进行假设检验等统计推断。但距离函数方法在确定生产前沿时需要每个时期的一系列截面数据，且生产前沿是由样本中表现最优的生产单位决定的。对生产率的测度方法选择，更多地取决于研究的目的和数据的可获得性。

第三节　结构变动对生产率增长影响的经验研究：资源配置的角度

结构变动必然伴随着资源的再配置，资源再配置的过程也是结构变动的过程。结构变动与资源再配置是一个硬币的两面。因此，在结构变动与经济增长的研究中，另一个研究分支主要是从经验研究的角度，来研究伴随结构变动的资源再配置对生产率增长的影响。在这个领域，又可以根据企业所面临的市场状态，根据研究的假设条件分为两大类：一类是基于"瓦尔拉斯"假设进行的资源配置与生产率的研究；另一类是基于"摩擦性市场"的假设，对资源错配（Misallocation）与生产率的研究[1]。

一 "瓦尔拉斯"假设下的经验研究：资源再配置对生产率增长的影响

在"瓦尔拉斯"假设下，研究资源再配置对生产率增长的研究，主要着眼于用不同的方法从生产率增长中分解出资源再配置对生产率的影响部分，进而达到考察结构变动对经济增长、生产率增长影响的目的，而并不特别关注结构变动与生产率增长之间的内在理论机制。其中，聚焦于如何从生产率增长中分解出资源再配置效应或结构效应的重要研究有 Maddison（1952）、Wolff（1985，1994）、M. 赛尔奎因（1989）、Baily et al.（1992）、Griliches and Regev（1995）、Timmer and Szirmai（2000）、Dietzenbacher et al.（2000）、Foster et al.（2001）、Nordhaus（2001）and Jacob（2003）[2]。

Maddison（1952）提出了测度劳动投入在部门间的结构变动对劳动生产率变化的贡献模型——偏离份额法，并以加拿大 1931 ~

---

[1] "瓦尔拉斯"条件下的市场是信息完备的完全竞争市场，生产要素、产品和价格会自动调节达到供给等于需求的理想状态，而且在市场"出清"的同时，资源能够达到最理想的和最有效率的配置状态。"摩擦性市场"是指现实的市场是不完全的市场，不仅存在交易成本，而且任何对市场自由运作的介入都会引起资源的非效率配置（楼东伟，2013）。

[2] 此处仅列出重要且具有代表性的不同方法，不包括对这些方法的扩展研究。

1949年8个部门的数据为样本进行测度，结果发现，劳动投入在部门间的流动对劳动生产率增长的贡献约为36%。

Wolff（1985，1994）将里昂惕夫的投入产出分析框架和增长核算框架结合起来，将全要素生产率增长率变化分解为三部分，即技术进步效应、产业间的结构效应和产出构成效应。该研究在方法论上具有重要的创新意义，以投入产出分析为基础，从全要素生产率增长率变化中所分离出的结构效应，与单纯的在增长核算框架中分解出的结构效应相比，包含更多的产业间相互联系和产出构成的信息，丰富了结构变动与生产率关系的研究。Wolff（1985）应用此框架，分析了美国在1947~1967年和1967~1976年生产率增长的下降趋势，研究表明测算的构成效应很高，能够解释1967年和1976年全要素生产率增长下降的大约一半。

M. 赛尔奎因（1989）设计了反映结构变动效应的模型，即多国模型中的资源总配置效应模型，并采用样本国家的数据测度了资源再配置对总生产率增长的影响。测算结果表明，总配置效应是TFP增长的一个巨大的组成部分，尤其是在工业化阶段。而且工业国相比于非工业国，资源再配置对TFP增长的贡献要小得多。

Baily et al.（1992）研究了资源的流动、企业的进入和退出对生产率增长的影响，并借鉴偏离份额法对生产率增长进行了新的分解，后来将此分解方法称为BHC方法。他们采用美国制造业的不平衡面板样本数据对此进行了测度，发现20世纪80年代美国制造业生产率增长的一半左右，可由要素从低生产率企业向高生产率企业的重新配置解释。

Griliches and Regev（1995）使用以色列1979~1988年工业企业的面板数据，对生产率增长进行分析，得到的结论是总生产率增长的大部分来自企业内部的生产率提高,而不是企业的进入和退出。

Timmer and Szirmai(2000)采用偏离份额法、结构转换模型①和考虑需求结构的结构转换模型,以4个亚洲国家13个制造业行业在1963~1993年的数据为样本,对劳动生产率和TFP的增长进行了分解。分解结果均说明,生产率的提高主要是来自行业内部生产率的提高,而要素在行业间的转移对生产率提高均没有显著的作用,否定了"结构红利"假说。

Dietzenbacher et al.(2000)以国家间投入产出表为基础,应用投入产出分析中的结构分解方法,将劳动生产率增长分解为6个来源:各产业增加值系数变化效应、各产业单位产出的劳动需求变化效应、产业间的结构变化效应、作为中间投入的商品和服务的贸易结构变化效应、最终需求构成的变化效应和作为最终需求的商品和服务的贸易结构变化效应。并且,他们应用该分解方法,分析了6个西欧国家在1975~1985年的劳动生产率增长的各部分效应,发现大部分结构效应不太显著。Jacob(2003)采用类似Dietzenbacher et al.(2000)的方法,将劳动生产率增长也分解为6个部分,分析了1971~1995年印度尼西亚的结构变动对劳动生产率增长的影响,发现单位产出中劳动需求变化的生产率效应最为显著,尤其是对制造业而言。

Dietzenbacher et al.(2000)与Wolff(1985,1994)相比,共同点都是在投入产出分析框架下对生产率进行分解。不同之处在于,从分解对象看,前者针对单要素生产率增长,后者针对全

---

① Timmer和Szirmai(2000)所采用的对TFP增长的分解方法,非常类似于M.赛尔奎因(1989)的多国结构转换模型,故本书将此模型称为结构转换模型。

要素生产率增长；从分解所涉及的结构信息，前者更加丰富，不仅包括在传统增长核算框架中经常考虑的要素投入结构、产出结构，而且从需求角度考察了需求结构对生产率的影响，大大拓展了生产率增长中结构效应的范围。因此，Dietzenbacher et al. (2000) 与 Wolff（1985，1994）在研究生产率增长的结构效应中，在分析方法上都具有明显的创新，是不同于增长核算方法的一种新视角。

Foster et al.（2001）使用美国制造业和部分服务业的企业层面的微观数据，研究了企业生产率的动态变化和总量生产率增长之间的关系。结果表明，产出和投入从低生产率企业向高生产率企业的重新配置对总生产率增长的贡献很大，并且这种贡献大小随时间和行业变化。

Nordhaus（2001）将生产率增长分解为纯生产率效应、Baumol 效应和 Denison 效应三部分，对美国 1978~1998 年的劳动生产率进行了具体的测算，表明纯生产率效应对劳动生产率的提高起主导作用，反映结构变动效应的 Baumol 效应和 Denison 效应对劳动生产率有负的贡献。

Bartelsman and Doms（2000）评述了十多年来利用微观面板数据研究工业化国家生产率特别是制造业生产率的文献，得出了一些重要的共同结论。其中与本书研究主题相关的有：生产率在企业间的散布范围非常大；总生产率增长的很大一部分归功于资源的重新配置；制造业的就业和产出在企业间发生着巨大的转移；任何禁止资源重置的规章都对生产率增长具有不利的影响。Bartelsman and Doms 从更微观的研究角度，说明伴随结构变动所发生的要素再配置对生产率的重要影响，为认识结构变动与生产率之间的关系提供了更加全面可信的经验证据。

二 "摩擦性市场"假设下的经验研究：资源错配对生产率的影响

从资源错配的角度理解跨国收入差异，是十多年来增长文献最重要的发展之一。在理解国别间收入差异时，加强了对资源错配所扮演角色的认识，定量研究该效应是引领增长研究的新方向。微观上的资源错配通常降低了宏观上的全要素生产率（Jones，2011）。这类文献强调资源在各种生产机会上不是有效配置的。这一观点受到了经验或数量研究上的很多关注（Restuccia，2013）。

Chari et al.（2002，2007）的开创性研究是确立资源错配这个新方向的重要基础，他们从商业周期核算理论出发，将劳动、资本市场等的摩擦或价格扭曲用不同的楔子（wedges）或税收（tax）来表示，并将此引入增长模型，推导出了各种楔子的表示形式。这使以纳入各种楔子或税收的形式，将扭曲资源配置的各种不同摩擦或政策一般化、抽象化成为可能，为测算资源错配对产出和全要素生产率的影响指明了新的思路。沿着该思路，在增长和发展文献中，涌现出不少重要研究。

Banerjee and Duflo（2005）认为在一个单一经济体内相同要素的回报率有巨大异质性，把资源错配的可能性引入标准增长模型，分析了微观上影响资源配置的各种扭曲是否能引起宏观上的生产率损失。他们对美国和印度进行比较，发现印度企业间的资本边际产出存在很大差异，这潜在地降低了总产出。

Dollar and Wei（2007）采用中国 2002~2004 年 120 个城市 12400 个企业的调查数据，研究表明中国的资本配置存在系统性扭曲，认为如果中国能够更有效地配置资本，在不影响经济增长的前提下能够减少8%的资本存量。

Restuccia and Rogerson（2008）构造了一个研究异质性企业资源错配的增长模型，以此量化资源错配对全要素生产率的影响。其用美国数据，论证了生产率具有差异的企业在资源配置上的差异可能是考察跨国人均产出差异的一个重要因素。

Guner et al.（2008）通过将生产单位的规模分布内生化的一个简单增长模型，研究了与企业规模有关的政府政策是如何损害生产率的，并量化了该效应。

Hsieh and Klenow（2009）用一个包含异质性企业垄断竞争的模型，阐述了资本和劳动的错误配置如何降低总TFP，并采用中国和印度制造业的微观数据，在假设中印两国的资本和劳动均以美国的相应边际产出重新配置的条件下，测算出中国的TFP将提高30%～50%，印度的TFP将提高40%～60%，为资源错配对总TFP具有潜在冲击提供了非常重要的数量证据，对这方面的后续研究产生了很大的影响。例如，Kalemli–Ozcan and Sorensen（2012）应用Hsieh and Klenow（2009）的方法，以10个非洲国家的制造业为研究对象，测度了资本的错配程度；Busso et al.（2013）沿着Hsieh and Klenow（2009）的框架，以10个拉丁美洲国家的企业微观数据为样本，量化了国家间企业生产率的异质性和资源错配程度。

Vollrath（2009）发现在很多发展中国家相似要素的边际产出有很大差异，并应用一个两部门（农业和工业）生产函数，估计了资源错配对跨国人均收入分布的作用。估计结果表明：跨国资源错配程度的差异，可以解释人均收入变动的30%～40%和全要素生产率变异的80%。

Aoki（2012）基于多部门均衡模型，提出了一个能够测度资源错配对总生产率影响的简单核算框架，并采用美国、日本、英国、澳大利亚、德国等13个发达国家的部门数据进行了实证分析，发现对于所选取的国家，资源错配一般可以解释国家全要素生产率差异的18%。该模型框架是对赛尔奎因多国结构转换模型中要素再配置效应的进一步分解，将结构变动对生产率影响的微观因素纳入了模型。

Bartelsman et al.（2013）应用Olley and Pakes（1996）的分解方法，以OECD的10个国家的企业数据为样本，对劳动生产率、全要素生产率与企业规模之间的协方差进行了测度，并将此作为测度资源错配的一个关键统计量。研究表明，资源错配对这些OECD国家间的总生产率差异发挥着重要的作用。

三 述评

在"瓦尔拉斯"假设下，资源再配置对生产率影响的经验研究，主要关注于用不同的方法从生产率增长或生产率水平中分解出反映资源再配置或结构变动的组成部分，然后给予其合理的经济解释。在这些分解方法中，既有针对单要素生产率的，也有针对全要素生产率的；既有在宏观总量层面和在中观行业层面的生产率分解，也有在微观企业层面的生产率分解。分解方法所依赖的模型框架，主要有偏离份额法，以生产函数为基础的增长核算框架和基于投入产出表的结构分解方法。前两种方法都是从生产的供给因素即要素投入方面研究资源再配置对生产率的影响，只有结构分解方法可以从生产率增长中分解出有关需求的结构变动（如最终需求结构和水平等）对生产率的效应。目前，这方面经验研究的大多数是从供给方面对生产率进行分解。但是，这类从生产率增长中分解出资源再配置效应或结构效应的重要研究，关注的都是结构变动对生产率增长的数量效应,并不关注结构变动与生产率增长之间的内在理论机制,因而最终并未形成一致的理论解释框架。

在"摩擦性市场"的假设下,从资源错配的角度研究要素配置对生产率的影响,是十多年来增长文献最重要的发展之一。最重要的研究思路是在模型中,以各种楔子或税收的形式,表示扭曲资源配置的各种不同摩擦或政策,强调扭曲的异质性和企业的异质性。资源错配的研究对象,既可以是一个部门内各个微观单位,也可以是部门间、区域间等所对应的子组成部分。这类研究,根据研究的侧重点,可以分为间接方法和直接方法两类(Restuccia,2013)。间接方法提供了错配的证据并从数量上评估了错配对全要素生产率的影响,但对错配是通过何种途径发生的保持沉默,如 Hsieh and Klenow(2009)的研究。直接方法分析一些特别的政策和制度,并对这些政策和制度对错配和全要素生产率的影响做了定量分析,如 Restuccia and Rogerson(2008)的研究。已有的研究验证了资源错配对全要素生产率差异的影响,并且大多数是在新古典主义的模型框架中进行。梳理目前关于资源错配的分析框架,发现它们都强调资源错配对生产率影响的传导机制,从不同角度构建了要素配置对生产率影响的理论基础,在一定程度上增强了对生产率差异的解释力。但由于资源错配是近10年才兴起的一个新领域,还处于与传统的经济理论相融合的阶段,还未形成一个公认的、一致的分析框架。

在"瓦尔拉斯"和"摩擦性市场"两种假设下,分别研究资源再配置对生产率的影响,是视角完全不同的两大类研究方法。从采用的分析框架、模型假设、研究角度等方面考虑,即使对应于相同的样本数据,结论也不具有可比性。但这两类方法为理解伴随结构变动的资源再配置提供了两种不同的视角，可以丰富和加深对结构变动与生产率之间关系的经验认识。

第四节　结构变动对生产率增长的影响：中国的经验研究

国内学者对结构变动与生产率的研究，主要是借鉴国外学者的理论框架和研究方法，采用中国的数据，从经验的角度进行实证分析[①]。在研究对象上，主要聚焦于三大部门间的结构变动和部门内部各行业间的结构变动。对研究对象所面临市场状态的假设，根据新近的研究趋势，可分为两大类：一是关于资源再配置与生产率的研究，二是关于资源错配与生产率的研究。按照研究的角度，下文分两类对中国的经验研究进行综述，综述过程中，主要关注各类研究的对象、区间、方法和重要的研究结论。

一　资源再配置对生产率增长的影响研究

在"瓦尔拉斯"假设下，认为市场是信息完备的，资源能够在部门间自由流动，不存在资源的误置。由资源再配置所引起的结构变动对生产率增长的正向影响，被称为结构变动红利假说：资源由生产率低的部门向生产率高的部门流动，优化了资源的配

---

① 国内从理论角度研究结构变动与经济增长关系的文献主要是：陈晓光和龚六堂（2005）从技术进步和城市化的角度研究了结构变化和经济总量之间的相互影响；陈体标（2012）从各种产品生产技术对经济结构变动的影响角度，构建了一个三部门增长模型，较好地解释了经济增长中的卡尔多事实和库兹涅茨事实。

第二章 理论回顾与文献综述

置，可提高总量经济的生产率，促进经济增长[①]。国内在这方面的研究，大多数是验证中国的各种结构变动是否存在结构红利。围绕研究主题，分别综述具有代表性的针对三大产业间和工业内部结构变动的研究。

1. 三大产业间的结构变动对生产率增长的影响研究

郭克莎（1992b）采用赛尔奎因多国模型中的资源总配置效应模型，以中国 1979～1990 年三次产业的结构变动为对象，研究了全要素生产率、劳动生产率和资本生产率增长中的资源总配置效应，结果表明：资源总配置效应对全要素生产率增长的贡献率较低，只有 5.5%；劳动再配置对劳动生产率增长的贡献率较高，为 26.9%；资金再配置对资金生产率增长的贡献率为负。这是国内学者首次定量研究要素再配置和结构变动对生产率增长影响的重要成果。

胡永泰（1998）采用了一个考虑劳动力再配置效应的总量 Cobb – Douglas 生产函数，使用两套产出数据和 3 个不同的劳动产出弹性值，对中国 1979～1993 年劳动力在三大产业间的再配置效应进行了系统的对比研究，认为从中期来看，劳动力再配置对 TFP 增长起着支撑性的作用。

蔡昉和王德文（1999）在一个包含劳动投入和人力资本存量的 Cobb – Douglas 生产函数框架中，推导出一个根据劳动力在三大部门的不同边际产品价值所表示的劳动力配置模型，使用 1982～1997 年的样本数据，测度了劳动力的再配置效应，研究表明劳动要素的重新配置对全要素生产率的增长发挥着非常显著的作用。

---

① Timmer and Szirmai（2000）首次将结构变动对生产率增长的正向效应称为结构变动红利假说，随后这一术语被广泛使用。

徐现祥和舒元（2001）采用一个测度劳动结构效应的模型，即劳动结构效应的增长率等于经济增长率减去劳动增长率以及各部门劳动生产率增长率的加权平均数的差，使用1978~1998年的数据，测度了劳动的结构效应，认为总劳动效应呈倒U形变动，并且指出了劳动结构变动与经济增长之间的相互作用。但是，该研究并未研究劳动的结构变动对经济增长和生产率增长的具体效应。

刘伟和张辉（2008）首先应用偏离份额法，以三次产业为研究对象，测算了1978~2006年劳动生产率变化中的结构效应，贡献率为38.5%，其中第三产业中的结构效应最为显著。他们发现结构变动效应的贡献率受到宏观经济的影响而呈现明显的波动性，从长期来看，具有下降的趋势。其次，采用赛尔奎因多国模型中的资源总配置效应模型，使用1990~2002年的数据，测算了由要素再配置引起的结构变动对全要素生产率增长的贡献率，结果表明：结构变动效应对全要素生产率增长的贡献逐渐下降。结构变动对劳动生产率和全要素生产率增长贡献的这种变化趋势，主要与市场化改革的阶段性和阻碍资源有效率配置的体制因素有关。

干春晖和郑若谷（2009）分阶段测度了中国1978~2007年生产要素构成的变化、产出结构的变动、资本和劳动生产率的变动，并应用偏离份额法分解了单要素生产率增长率的变动。研究发现单要素生产率的增长主要来自产业内部，尤其是第二产业内部；劳动力要素的产业间流动具有"结构红利"现象，资本的产业间转移存在"结构负利"，所有这些特点都呈现阶段性特征。

温杰和张建华（2010）应用赛尔奎因多国模型中的资源总配置效应模型，在考虑三次产业要素产出弹性可变的基础上，使用中国1978~2007年28个省份三次产业的面板数据，重新测算了三大产业结构变动中的资源再配置效应：对全要素生产率增长的贡献率为21.53%，其中资本再配置的贡献率为14.89%，劳动再配置的贡献率为5.12%。研究表明，由于产业间要素边际生产率存在较大差异，资源再配置效应是改革开放以来经济增长的重要源泉，未来依然对经济增长有不可忽视的贡献。

杨凌（2010）从供给和需求两个角度，研究了中国三次产业间的结构变动对区域经济增长差异的影响。从供给角度，该研究采用偏离份额方法，对1978~2008年相对于全国的区域劳动生产率差异进行了分解，发现1978~2002年结构配置因素是区域劳动生产率差异的主要原因，2002年之后结构配置因素的影响作用逐渐减弱。从需求角度，该研究使用1987年和1997年的区域投入产出表，采用结构分解方法将全国和区域的劳动生产率增长分解为5个因素，发现对于全国、分区域或者分部门的劳动生产率增长，最主要的两个影响因素是劳动力的节约和增加值份额的减少，最终需求的影响次之，投入结构以及中间产品的区域贸易具有较小的影响。

2. 工业部门（制造业）内部的结构变动对生产率增长的影响研究

郭克莎（1992a）采用赛尔奎因多国模型中的资源总配置效应模型，将工业分为轻工业和重工业两部分，使用1981~1990年的样本数据，研究了中国工业中轻、重工业结构的变动对生产率增长的影响：对全要素生产率增长的贡献率较高，为29.6%；对劳动生产率增长的贡献率为10.9%；对资金生产率增长的贡献率为负。

郑玉歆（1993）通过构建制造业的总量生产函数和各子行业

的生产函数，推导出一个可以衡量产出结构的变动和要素投入在行业间再配置的变动对总生产率效应的模型，使用1980~1990年的数据，分析了制造业内部37个子行业的产出结构和要素投入结构的变动对产出增长和全要素生产率增长的影响。结果表明：部门间产出结构的变动和投入要素重新配置对产出增长的影响均不大，但对总生产率增长的贡献不容忽视。

吕铁（2002）采用偏离份额法，使用1980~1997年中国制造业26个分行业的全国总量数据和28个省份的数据，测度了制造业行业间的结构变动对劳动生产率的影响，发现总体上结构变动并没有产生明显的结构红利，原因在于劳动投入的平均结构变化并没有明显地向高劳动生产率和劳动生产率高增长的行业倾斜。

李小平和卢现祥（2007）采用偏离份额法，对中国制造业内部劳动生产率的结构变动效应进行了测度，发现劳动重新配置的结构效应较小：结构变动对劳动生产率增长的贡献率在1985~1997年为7.62%，1998~2003年为负。同时，他们采用类似赛尔奎因多国模型中的资源总配置效应模型，测度了结构变动对全要素生产率增长的影响：在1985~1997年结构变动对全要素生产率增长的贡献率为19.53%，主要是资本再配置的贡献；在1998~2003年结构变动对全要素生产率增长的贡献率为负。研究结果显示，在1985~2003年制造业的结构变动并没有导致显著的"结构红利"，主要是因为在制造业中劳动和资本要素并没有向高生产率增长率的行业流动。之后，李小平和陈勇（2007）、李小平（2008）采用了相同的方法、不同的样本数据，分别研究了制造业中省际和行业间的要素结构变动对劳动生产率和全要素生产率增长的贡献，结构变动效应在同时段内的趋势与李小平和卢现祥（2007）基本保持一致。

张军等（2009）应用随机前沿生产函数，将全要素生产率增长率分解为技术进步、技术效率、规模效应和要素重置效应的变化率，并采用中国工业 38 个两位数行业 1980~2006 年的面板数据，估算了全要素生产率增长中各个分解部分的贡献，发现要素配置效率对全要素生产率增长的平均贡献率为 38%，说明在中国工业结构改革中存在显著的结构红利。随后，张军等（2010）又采用相同的方法，使用 1993~2006 年中国 35 个两位数行业的面板数据，对全要素生产率增长进行了重新估算和分解，发现要素配置效应对 TFP 增长的贡献明显受到宏观经济周期的影响：1999年之前，有积极的促进作用；1999 年之后，要素的配置效应就不太显著了，甚至抑制了全行业 TFP 的增长。

李玉红等（2008）从企业动态演化的视角，使用中国 2000~2005 年工业企业的微观统计数据，采用分解生产率变化的 BHC 方法，对工业全要素生产率变动来源进行了研究。结果表明：在工业生产率增长中，存活企业的技术进步贡献占近一半，企业演化导致的资源重新配置贡献占另外一半，说明企业演化带来的资源重新配置是中国工业生产率增长的重要途径。

徐建荣（2008）应用偏离份额法，研究了 1995~2007 年中国不同要素密集型制造业（劳动密集型、资本密集型和技术密集型）及其内部各行业的结构变动，结果表明要素流动导致的结构变动是制造业增长的主要动力，而不同要素密集型制造业内部的结构变动尚未成为制造业结构调整的主要推动力。

白重恩和张琼（2014）基于增长核算分析框架，分别从技术效率、要素有效使用和配置效率 3 个维度，考察了我国 1978~2012 年生产率的地区差异及其随时间变化的内在影响机制。其中，对要素配置效率的考察方法是：分析影响要素配置效率的一些指标（如"政府规模""国有经济比重""投资结构""产业结构"等）对 TFP 增长率的影响，发现其中有些因素对 TFP 增长率起了积极正向的作用，有些因素起了负向作用，即要素配置效率是 TFP 增长率的重要影响因素。

姚战琪（2009）使用中国工业 1985~2007 年 34 个分行业的面板数据，应用随机前沿生产函数方法测算了工业行业的全要素生产率增长率。在此基础上，采用赛尔奎因多国模型中的资源总配置效应模型，测度了劳动生产率、资本生产率和全要素生产率的总配置效应。研究结果显示：由于工业内部劳动、资本配置结构不合理，劳动生产率、资本生产率和全要素生产率的总配置效应均为负，要素再配置对生产率的贡献效应仍有较大的提升空间。

舒元等（2010）利用 1999~2007 年的工业企业数据库，在测算中国工业资本收益率的基础上，基于"资本边际收益均一化"理论，测算了资本配置效率，并且采用偏离份额法对工业资本收益率进行了分解，结果表明：中国资本配置效率在样本期内有所提高，但工业资本效率的改善更多地体现在总量效率上，行业间的配置效率对资本收益率的贡献很小，投资结构缺乏效率。

姚战琪（2011）使用中国制造业 26 个分行业在 1985~2007 年的面板数据，将非参数前沿生产面的技术效率指数作为全要素生产率水平的替代指标，对要素结构、产出结构与全要素生产率增长的关系进行了协整分析和格兰杰检验。研究发现，要素配置结构与全要素生产率之间不存在长期的稳定关系，产出结构与全要素生产率之间具有长期的稳定关系。这说明在改革后，生产要素配置结构与部门生产率之间的偏离是持久的,生产要素配置对生产率的贡献效应在未来仍有较大的提升空间。

曾先峰和李国平(2011)通过添加人力资本变量的方式,对赛尔奎因多国模型中的资源总配置效应模型进行了扩展,并使用中国 1985~2007 年 36 个两位数工业行业的样本数据,研究了行业间的结构变动对全要素生产率增长的影响。结果显示:资源再配置对工业生产率增长的贡献率为 7%,结构变动对生产率的影响效应并不显著。"资源配置弱效应"的直接原因是资本和劳动力的配置不合理,深层原因在于投融资体制、劳动力市场及收入分配制度不合理。

二 资源错配对生产率影响的经验研究

在"摩擦性市场"假设下,现实中的市场不是完全竞争的市场,市场信息是不完备的,不仅存在交易成本,而且很多政策因素会阻碍资源的自由流动,进而影响资源的有效配置。市场存在摩擦,资源存在某种程度的错配。资源错配通常降低了生产率的增长。基于国外近 10 年来对资源错配与生产率的研究,自 2011 年开始,出现了国内学者关于资源错配与生产率研究的一些重要成果。

朱喜等(2011)在拓展 Hsieh and Klenow(2009)模型的基础上,采用 2003~2007 年中国各地区的农户数据进行分析,发现各地区农户要素配置的扭曲程度存在显著差异,要素配置扭曲对农业 TFP 存在显著影响。即使不考虑技术因素,如果能够有效消除资本和劳动配置的扭曲,农户的农业 TFP 也有望再增长 20% 以上,其中东部和西部地区的改进空间也能超过 30%。

聂辉华和贾瑞雪(2011)使用 1999~2007 年中国全部国有

及规模以上制造业企业的数据,以 Cobb – Douglas 生产函数为基础,采用 Olley – Pakes 方法计算了企业全要素生产率的增长及其离散程度,并对 TFP 增长率进行了 3 种方式的分解,分年份、分所有制、分行业和分地区刻画了中国制造业资源错配的程度。研究发现总体上中国制造业的资源错配现象非常严重,其中国有企业的资源错配程度最严重,行业内部的资源重置效应近似于 0,企业的进入和退出效应没有发挥作用,但资源错配的程度在时间趋势上是逐步缓解的。

陈永伟和胡伟民(2011)通过在 Cobb – Douglas 生产函数中引入中间投入,对 Aoki(2008)的核算框架进行扩展,提出了测度要素价格扭曲引起的资源错配对产出和 TFP 影响的方法,并用 2001～2007 年中国制造业的企业微观数据进行实证分析,发现中国制造业内部各子行业间的资源错配大约造成了实际产出和潜在产出之间 15% 的缺口。

袁志刚和解栋栋(2011)在借鉴 Aoki(2008)等方法的基础上,利用一个资源错配对 TFP 影响的核算框架和中国改革开放 30 年的宏观经济、产业相关数据,估算了中国农业部门就业份额过大对全要素生产率产生的影响。研究发现,劳动力错配对 TFP 有明显的负效应,以不同的指标计算,效率损失区间为 2%～18%,并呈逐渐扩大趋势。这种负的效应随着发展和改革的历程有明显的波动趋势。

罗德明等(2012)采用异质性动态随机一般均衡模型,使用中国 2000～2004 年规模以上制造业企业的微观数据进行模型校准,探讨了在资源再配置过程中,各种扭曲政策如何导致不同经济部门之间的资源错配,以及资源错配与全要素生产率之间的关系。结果显示,国有部门受益于要素市场的政策扭曲,政策扭曲通过保护那些生产率变化遵循较劣路径的企业，既压抑了私有部门的扩张，也使整个经济的 TFP 增长下降。如果去掉扭曲后，人均 GDP 将增长 115.61%，加总的全要素生产率将增长 9.15%。

柏培文（2012）在借鉴 Aoki（2008）、袁志刚和解栋栋（2011）方法的基础上，构建了多行业存在情况下劳动要素配置扭曲的测度方法及其分解方法，使用中国和东、中、西部 1978~2010 三次产业的数据，测算了中国及省际劳动力资源配置的扭曲程度。结果表明，全国总体劳动力配置扭曲程度、城乡劳动力配置扭曲程度大致呈波浪式下降，城市内劳动力配置扭曲程度则呈阶段性增加的态势，城乡劳动力配置扭曲是导致劳动力配置扭曲的主要因素。

曹玉书和楼东玮（2012）通过在传统的增长核算框架内引入错配系数的方法，使用中国 1979~2010 年三次产业数据和东、中、西部区域的三次产业数据，重新测算了中国在资源错配条件下的经济增长，并对 TFP 增长率进行了分解，得到了资源错配、结构变迁和经济转型间的关系。研究发现：要素流动障碍和资源错配因素的存在，不仅影响经济短期的产出总量及其产出比例，也影响经济的长期产出组合方式。若消除所有错配年份的错配因素，则在这些年份中，可使中国 GDP 增长率平均每年提高 0.90 个百分点。

楼东伟（2013）通过在已有的多部门增长模型中引入资源错配因素的方法，构建了"资源错配—产业结构失衡—非均衡增长"的系统性理论分析框架，并进行了细致的实证检验，主要从封闭和开放双维度的视角，探讨了资源错配对产业结构、需求结构、产出结构、收入分配和地区差异的经济影响效应。研究结果表明资源配置状态的变化与经济结构改变有相当强的相关性，政府干预和特殊制度安排是影响资源有效配置的重要原因，资源错配的经济影响效应具有系统性和持续性特征，消除资源错配能使中国的经济增长获得质的提升。

王颂吉和白永秀（2013）借鉴曹玉书和楼东玮（2012）关于资源错配系数的测度方法，使用1995~2011年的相关数据，计算了中国各省份农业与非农业部门的资源错配系数。在此基础上，建立了农业部门、非农业部门生产要素错配系数与城乡二元对比系数的双对数计量经济模型，并采用省际面板数据进行了实证分析。实证结果表明，城乡部门生产要素配置与二元经济结构转化密切相关；全国和省际层面的非农部门配置了过多资本和过少劳动力，农业部门则配置了过多劳动力和过少资本，城乡要素错配显著阻碍了中国城乡二元经济结构转化。

三 对已有研究的述评和本书所要研究的具体问题

综观国内关于资源再配置对生产率影响的各项经验研究，可以得出以下几点结论。第一，在单要素生产率的研究中，分析资源再配置对劳动生产率影响的较多。相对而言，针对资本生产率的研究较少，部分原因在于资本投入测算具有复杂性。第二，从单要素生产率增长中分解出结构变动效应，最主要的两种方法是偏离份额法和赛尔奎因多国模型中的资源总配置效应模型。少数研究采取了将要素配置因素纳入生产函数的方法，如胡永泰（1998）等；杨凌（2010）则采用投入产出分析中的结构分解技术对劳动生产率变动进行了分解。第三，研究资源再配置对全要素生产率影响的方法，最主要的是赛尔奎因多国模型中的资源总配置效应模型。少数研究则按照TFP增长率的定义，基于不同的生产函数，推导出包含结构变动效应的全要素生产率增长模型，如郑玉歆（1993）和张军等（2009）。第四，从研究生产率增长的供给角度和需求角度来看，杨凌（2010）从需求角度，采用结构分解方法将全国和区域劳动生产率的增长分解为5个因素，其中包含需求结构的影响。其余研究都是从生产的供给因素即要素投入方面，研究资源再配置对生产率增长的影响。第五，从各项研究的结论来看，不管是针对三大产业间的结构变动，还是针对工业内部的结构变动，研究结论都因研究方法、研究数据和研究区间而不一致：部分研究认为资源再配置对生产率增长具有积极正向的显著影响；部分研究认为其影响不显著；部分研究认为结构变动对生产率增长有负的影响。因而，研究结论不具有可比性。但所有研究都认为：改革以来，资源再配置所引起的结构变动是中国生产率增长中一个不可忽视的组成部分，结构变动对生产率增长有着重要影响，其影响程度受到各种因素的制约。

在"摩擦性市场"的假设下，从资源错配的角度，研究要素配置对生产率的影响，考虑了资源错配对生产率影响的传导机制，在一定程度上增强了对生产率差异的解释力。梳理国内关于资源错配与生产率的已有研究，可以发现以下几点。第一，大多数研究是基于国外的研究前沿和经验实证展开分析，少数研究如楼东伟（2013）构建了"资源错配—产业结构失衡—非均衡增长"的系统性理论分析框架，对资源错配的形成机制、理论基础进行了较为详细的理论分析。第二，所采用的模型方法，主要是借鉴 Hsieh 和 Klenow（2009）、Aoki（2008，2012）的模型框架，以及采用动态随机一般均衡模型或者在传统的增长核算框架引入资源错配系数的方法。第三，采用的样本数据，既有宏观数据，也有微观数据。第四，不管研究对象是农业、制造业，还是总量或者区域三次产业，所有研究的一个共同结论是：中国农业、制造业或者三次产业都存在显著的不同程度的资源错配，错配的主要来源和程度因研究对象、样本数据而不同。

通过对已有研究的综述，说明伴随结构变动的资源再配置是影响中国生产率增长的一个不可忽视的重要因素。在不同的市场假设下，研究资源再配置对生产率的影响，为理解伴随结构变动的资源再配置提供了两种不同的视角，是完全不同的两类研究方法。其中，在资源再配置对生产率增长的研究中，国内的研究中杨凌（2010）是从需求角度对三次产业的劳动生产率变动进行了实证研究；其余的研究都是从生产的供给因素即要素投入的角度，研究资源再配置对劳动生产率、资本生产率的变动或全要素生产率增长的影响效应。因此，从需求的角度，研究资源再配置对生产率增长的影响相对薄弱，这在很大程度上源于结构分解技术在国内的应用还比较少。目前，还没有学者从需求的角度研究结构变动对中国工业生产率增长的影响。

杨凌（2010）采用结构分解技术，仅对三次产业的劳动生产率变动进行了分解。国内目前还没有采用结构分解技术，研究结构变动对资本生产率、全要素生产率增长影响的文献。鉴于此，本书不仅试图从需求的角度，而且还力求全面地研究结构变动对劳动生产率、资本生产率和全要素生产率增长的影响。其中，在投入产出分析框架下，应用结构分解技术，推导出全要素生产率变动的表达式，是本书在方法上的重要尝试。

影响要素投入结构、产出结构和需求结构变动的因素有供给和需求两方面。具体而言，主要是技术进步和收入水平影响着结

第二章　理论回顾与文献综述

构变动。那么，这些因素是如何影响具体的结构变动，影响程度如何？在国内已有的对结构变动与生产率的经验研究中，较少考虑和研究结构变动的影响因素问题[①]，部分原因在于获得相关数据存在困难。正如西蒙·库兹涅茨（1985）指出的，其关于人均产值、生产率的增长率和生产结构的变动率之间的见解是无法加以直接"证明"的，只能通过讨论间接地表明。本书将尝试对影响中国工业结构变动的主要因素进行分析，以期更深入地研究中国工业中的结构变动。并且，对此的研究在一定程度上也反映了生产率对结构变动的反馈效应。

综上所述，本书以中国工业各行业的结构变动为研究对象，围绕结构变动对生产率增长的影响这一主题，在借鉴已有研究的基础上力求有所创新，以体现本研究的价值。具体而言，本书研究的具体问题包括以下方面：①中国工业各行业要素投入结构、产出结构和最终需求结构变动的特征事实；②从生产的供给因素即要素投入的角度，研究结构变动对劳动生产率和资本生产率增长的影响；③从生产的供给角度，分别采用资源再配置和资源错配两种分析框架，研究结构变动对全要素生产率增长的影响；④从需求的角度，研究需求结构变动对劳动生产率、资本生产率和全要素生产率增长的影响；⑤研究需求、技术和贸易3个方面的因素对中国工业结构变动的影响。

---

① 张军等（2009）通过建立计量回归模型，将从全要素生产率增长率中分解出来的要素重置效应的变化率作为被解释变量，反映要素资源禀赋、结构改革和时间变化的替代变量作为解释变量，研究了影响结构红利效应的因素。朱喜等（2011）分别以资本和劳动要素的配置扭曲程度作为被解释变量，建立了计量回归模型，研究了资源配置扭曲的决定因素。但这两项研究均不是直接研究影响结构变动的因素，而是分析了影响要素配置或错配的因素。

第五节 小结

本章围绕结构变动与经济增长、生产率的关系这一研究主题，首先，综述了与此密切相关的结构变动理论：三大部门结构变动的一般规律、考虑结构变动的新古典增长理论和考虑结构变动的现代演化增长理论。综述中重点关注各项研究如何理解结构变动的过程，采用的分析方法及其假设条件，关于结构变动与经济增长、生产率关系的重要结论，影响结构变动的因素阐述等。理论综述的目的是全面把握结构变动理论的发展脉络、各种分析方法的特点、对结构变动认识的深化过程、理论发展的趋势，以期为本研究提供坚实的理论基础，为借鉴和采用何种经验方法提供理论支持和思路。

其次，比较深入地阐述了单要素生产率和全要素生产率的含义及主要的测度方法。在此基础上，重点对比了各种测度方法的假设、适用条件及测度中需要注意的问题。要研究结构变动对生产率增长的影响，一个重要的研究环节就是生产率的测算。不同的测算方法，测算结果的含义不同，且不同测算方法所对应的结果也不具有可比性。因此，这部分内容为本书选择何种方法测度生产率及其增长提供了方法论基础，并为解释和分析生产率的具体测算结果提供理论基础。

再次，从资源配置的角度，回顾了结构变动对生产率影响的两大类经验研究——在"瓦尔拉斯"假设下资源再配置对生产率增长的影响研究和在"摩擦性市场"假设下资源错配对生产率影响的研究，并对这两类研究的分析框架、方法和特点进行了深入的对比分析。在梳理资源再配置对生产率增长影响的经验研究中，重点聚焦于如何用不同的方法从生产率增长中分解出反映资源再配置或结构变动的组成部分，然后给予其合理的经济解释。在分析资源错配对生产率影响的各类研究中，重点关注表示资源错配的方法、资源错配对生产率影响的传导机制和对生产率差异的不同解释。通过对比分析这两类不同的研究方法，为本书采用资源再配置和资源错配两种分析框架，使用何种具体的经验方法来测度结构变动对生产率增长的效应提供了参考和借鉴。

最后，梳理了国内学者有关结构变动对生产率影响的两类经验研究——资源再配置对生产率增长的影响研究和资源错配对生产率影响的研究，重点列举各类研究的对象、区间、方法和研究结论。并且，在对国内学者经验研究的回顾中，从研究视角、采用的模型框架、对生产率变动的具体分解方法、侧重研究的内容等方面综合评价了目前国内的研究。在此基础上，引出了本书所要研究的几个具体问题，凸显其研究价值、基础和创新所在。

第三章
结构变动对生产率增长的影响研究：供给视角

自改革开放以来，伴随经济总量的高速增长，中国工业化进程不断推进。在"十一五"时期，中国总体上进入了工业化的中期阶段。工业化时期的显著特征之一就是经济结构的剧烈变动，工业结构体系从工业化初期的体系向适应工业化中后期的结构体系转变（金碚，2011）。轻工业产值占工业总产值的比重：1978年为42.7%，1992年为47.2%，2001年为39.4%，2006年为29.96%，2011年为28.15%。重工业产值占工业总产值的比重：1978年为57.3%，1992年为52.8%，2001年为60.6%，2006年为70.04%，2011年为71.85%[①]。由此可见，中国工业逐步从轻型加工业的快速增长过渡到了重化工业的更快增长。2011年按人口平均的不变价计算，轻工业总产值增长10%，重工业总产值增

[①] 根据对应年度《中国工业经济统计年鉴》的相关数据进行计算。其中，1978年和1992年的计算口径为全部工业企业，2001年、2006年和2011年的计算口径为规模以上工业企业。

长12.7%①。在工业化过程中，工业增长是国民经济的重要基础。工业增加值对GDP的贡献率：1992年为57.6%，2001年为42.1%，2003年为51.9%，2006年为42.4%，2013年为39.9%②。

中国在工业化过程中，一方面取得了骄人的发展成就，另一方面也造成了经济结构的不合理和对环境资源的过度消耗。工业的重要性，使其增长速度和结构变动直接决定了整个社会能否持续健康发展和国民经济能否稳定运行。工业转型升级是当前转变经济发展方式的重中之重，具有关键意义。因此，分阶段对中国工业中各行业的要素投入和产出结构变动进行详细分析，从供给角度归纳工业内部的结构变动特征，并在此基础上定量研究工业增长中结构变动对劳动生产率、资本生产率和全要素生产率增长的影响，是深入认识和理解结构变动事实、结构变动作用以及工业增长机制的基础。

第一节 工业两位数行业的要素投入和产出结构变动事实

一 行业归并和样本数据的来源及处理

中国工业的行业分类以《国民经济行业分类》为标准。《国

---

① 根据《中国工业经济统计年鉴（2012）》的数据计算，不变价以工业总产值指数1978年=100计算。
② 贡献率指工业增加值增量与GDP增量之比，数据来源于《中国工业统计年鉴（2013）》表3-12。

民经济行业分类与代码》（GB/T4754）于1984年发布，1994年进行了第一次修订，即GB/T4754-94；2002年进行了第二次修订，并将标准的名称改为《国民经济行业分类》，即GB/T4754-2002；2011年进行了第三次修订，即GB/T4754-2011。随着GB/T4754的三次修订，中国工业的行业分类标准和统计范围都发生了很大的变化。在进行统计分析和对比研究时，首先需要将所研究的工业各行业归并到统一的标准。最新的《中国工业统计年鉴（2013）》首次采用了第三次的行业分类修订标准GB/T4754-2011。由于采用最新行业分类标准的工业数据只有一个年度，所以本书在行业归并中仍以GB/T4754-2002为标准①。并且，GB/T4754标准与1994年和2002年的修订标准衔接得不是很好，数据报告也不完整，很多缺失数据需要插补。鉴于此，本章的研究时段主要考虑GB/T4754-94实施后的时间区间。《中国工业统计年鉴（1994）》首次采用了GB/T4754-94标准，可能因为这一年是新旧标准的过渡期，该年度的统计数据与后续的数据相比，波动很大，所以本章的研究时段最终确定为1994~2011年。

依据GB/T4754-2002标准，中国工业分为3个大类（采矿业、制造业、电力煤气及水的生产和供应业）、39个中类和191个小类。本章以中国工业的39个中类——两位数行业为基础，分析1994~2011年各行业要素投入和产出的结构变动。因此，首先需要将1994~2002年的两位数工业行业数据按照GB/T4754-2002标准进行行业归并处理。在行业归并处理的过程中，由于其

---

① 完成本部分书稿时，最新出版的《中国工业统计年鉴》是2013年度。

他采矿业、工艺品及其他制造业、废弃资源和废旧材料回收加工业这3个两位数行业数值很小、序列较短或者归并困难，无法合并成与其余两位数行业分类一致的时间序列，故在研究中将这3个两位数行业合并为其他工业，不做具体的分析，实际的研究对象为其余36个两位数工业行业（见表3-1）。其中包括5个采矿业（代码为6、7、8、9、10），28个制造业，3个电热力、燃气及水的生产和供应业（代码为44、45、46）。

在对中国工业各行业数据的整理分析中，面临的另一个难题是统计口径的前后不一致。1997年以前，相关统计年鉴主要报告各行业乡及乡以上工业企业的数据；1998年以后，则主要报告各行业规模以上工业企业的数据。而且，1998~2011年工业企业的规模标准也发生了3次变化[①]。这给工业生产率的跨期比较带来了困难。本章将两位数工业行业的统计口径统一调整为全部工业口径。在此口径内，1994~2011年，可获得的两位数行业的样本数据，只有1995年、2004年和2008年的数据，分别来自《1995年第三次全国工业普查资料汇编》、2004年和2008年《中国经济普查年鉴》。其余年度全部工业口径的两位数行业数据，在参考陈诗一（2011）方法的基础上，进行了估算和更新。具体而言，两位数行业的工业增加值（单位：亿元）和从业人员（单位：万人），1994~2004年数据采用陈诗一（2011）的数据；2005~2011年的数据，则根据2004年、2008年《中国经济普查年鉴》中规模以上工业占全部工业的分行业比例，借鉴陈诗一（2011）

---

① 1998~2006年，规模以上工业是指全部国有及年主营业务收入达到500万元及以上的非国有工业企业；2007~2010年，规模以上工业是指年主营业务收入达到500万元及以上的工业企业；2011年至今，规模以上工业是指年主营业务收入达到2000万元及以上的工业企业。

的方法，构建了一组规模以上工业占全部工业的分行业比例调整数据，经过调整得到[1]。工业两位数行业的资本存量数据（单位：亿元），1994~2008年采用陈诗一（2011）第二套资本存量的估算数据，2009~2011年按照陈诗一（2011）的方法延长得到。2005~2011年的工业增加值和2009~2011年的资本存量数据，分别采用与陈诗一（2011）相同的价格平减指数（1990年=100）进行缩减。

表3-1 中国工业两位数行业代码和名称
（GB/T4754-2002）[2]

代码	工业分行业全称	代码	工业分行业全称
6	煤炭开采和洗选业	16	烟草制品业
7	石油和天然气开采业	17	纺织业
8	黑色金属矿采选业	18	纺织服装、鞋、帽制造业
9	有色金属矿采选业	19	皮革、毛皮、羽毛（绒）及其制品业
10	非金属矿采选业	20	木材加工及木、竹、藤、棕、草制品业
13	农副食品加工业	21	家具制造业
14	食品制造业	22	造纸及纸制品业
15	饮料制造业	23	印刷业和记录媒介的复制

---

[1] 统计年鉴中没有2008~2011年任何口径的分行业工业增加值数据。估算方法如下。2008年分行业工业增加值，等于全部工业分行业总产值乘以2005年、2006年、2007年规模以上工业分行业增加值率的平均值。2009~2011年，先通过规模以上工业分行业总产值和分行业比例调整数据，得到全部工业口径的分行业总产值数据。然后，假定各行业工业增加值与总产值的增长率相同，估算出全部工业口径的两位数行业增加值。

[2] 在后续分析中，出于制作图表等方面简便性的考虑，对有些名称太长的行业采用简称。

续表

代码	工业分行业全称	代码	工业分行业全称
24	文教体育用品制造业	34	金属制品业
25	石油加工、炼焦及核燃料加工业	35	通用设备制造业
26	化学原料及化学制品制造业	36	专用设备制造业
27	医药制造业	37	交通运输设备制造业
28	化学纤维制造业	39	电气机械及器材制造业
29	橡胶制品业	40	通信设备、计算机及其他电子设备制造业
30	塑料制品业	41	仪器仪表及文化、办公用机械制造业
31	非金属矿物制品业	44	电热力的生产和供应业
32	黑色金属冶炼及压延加工业	45	燃气的生产和供应业
33	有色金属冶炼及压延加工业	46	水的生产和供应业

二 要素投入和产出结构变动的经验事实

根据两位数行业各年度的资本存量、从业人员和增加值数据，可以计算出1994~2011年各年度各行业的劳动投入、资本投入和产出在工业中所占的份额，即要素投入和产出的结构。以此为基础，可以从多个角度对工业内部各行业的要素投入和产出结构变动进行分析。

1. 要素份额和产出份额最高和最低的10个行业的结构变动

为了更加直观和鲜明地反映工业内部的结构变动趋势，将1994~2011年中国工业中平均就业份额、平均资本份额、平均产出份额最高和最低的10个行业的结构变动趋势用图示的方式表示出来，分别对应图3－1、图3－2、图3－3、图3－4、图3－5和图3－6。

1994~2011年平均就业份额最高的10个行业，在工业中的就业份额合计达到56.06%。如图3-1所示，非金属矿制品业、通信设备制造业、纺织业、煤炭开采和洗选业的就业份额变动较为剧烈。非金属矿制品业的就业份额从1996的12.3%一直下降到2008年的7.88%，之后呈现比较平稳的态势。结合该行业在此期间资本份额的大幅上升和产出份额较平缓的变动趋势，可以发现就业份额的剧烈变动主要是由于其资本密集度提高，致使劳动需求迅速降低，多余劳动力从该行业撤出。与非金属矿制品业形成对比的是，通信设备制造业的就业份额从1994的2.1%一直攀升到2011年的7.37%，这与该行业在1994~2011年由于技术进步和强劲的需求增加所引起的行业不断扩张的发展趋势相一致。纺织业作为典型的劳动密集型行业，就业份额从1994的9.4%下降至2011年的6.1%，结合纺织业的发展历程和图3-3、图3-5，说明纺织业在产业结构升级转型的过程中有大量的多余劳动力转出。煤炭开采和洗选业的就业份额从1994年的6.4%下

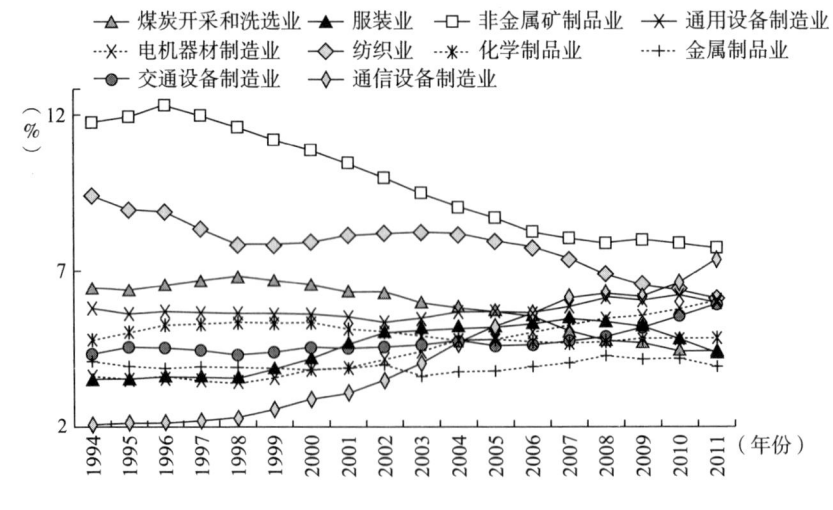

图3-1 1994~2011年平均就业份额最高的10个行业的就业结构变化

第三章　结构变动对生产率增长的影响研究：供给视角

降到2011年的4.4%，这种下降与煤炭开采技术的提升、机械化程度的提高以及产业结构转型中煤炭企业的整合重组等行业发展趋势相吻合。其余6个平均就业份额较高的行业，就业份额在此期间的变动较为平缓。

1994~2011年平均就业份额最低的10个行业，在工业中就业份额合计仅为6.95%。由图3-2可以看出，这些行业由于其本身就业份额较低，劳动力需求的变化空间相对较小，所以其就业结构的变动也相对较小。家具制造业的就业份额从1996年的0.8%上升至2008年的1.3%，这与1994~2011年的城市化发展和人们的消费结构转变密切相关。石油天然气开采业的就业份额波动较大，总体上呈现下降的趋势。该行业资本密集度高，随着行业技术的进步，对高素质劳动力的需求提高，可能降低了行业劳动力的绝对数量。其他行业与整个工业对劳动力的需求变动基本相一致：就业份额下降或保持稳定。

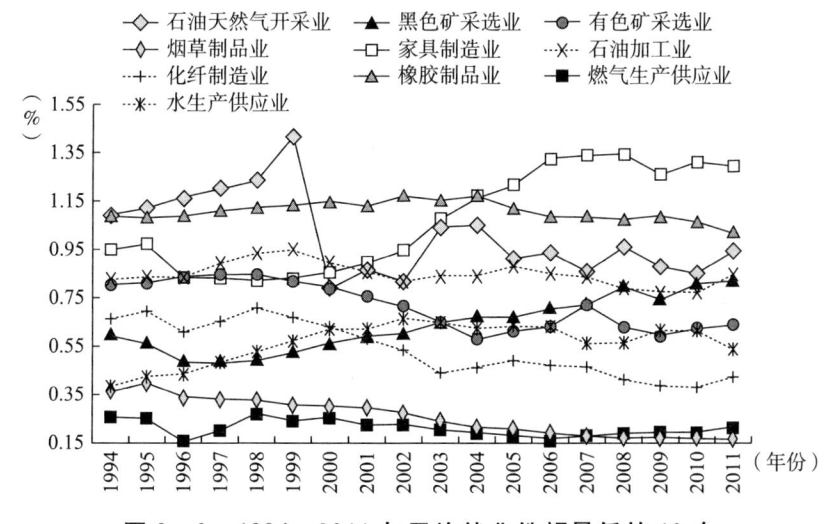

图3-2　1994~2011年平均就业份额最低的10个行业的就业结构变化

— 79 —

图 3-3 显示了 1994～2011 年平均资本份额最高的 10 个行业的资本结构变化情况。这 10 个行业在工业中平均资本份额达到 68.33%。其中，电热力生产供应业的资本存量份额一直遥遥领先，并且其结构变动以 2002 年为分界线：资本份额从 1994 年的 16.5% 上升到 2002 年的 25.8%，随后一直下降，2011 年为 16.8%。电热力生产供应业是典型的资本密集型自然垄断行业，具有一次性投入高、生产和消费不可分割和网络性的特点。因此，1994～2002 年电热力生产供应业的资本存量一直上涨，主要是由于改革开放后为缓解长期的缺电状况，该行业平均每年以 10% 以上的速度增长，平均每年新增装机容量约 1930 万千瓦。2002 年之后，该行业逐步完成了供电、供热网络的全面铺设，固定投资减少。另外 9 个行业中，化学制品业、石油天然气开采业、黑色金属冶炼业和煤炭开采和洗选业的资本份额出现了一定程度的下降，其余 5 个行业的资本份额有较温和的上升趋势。

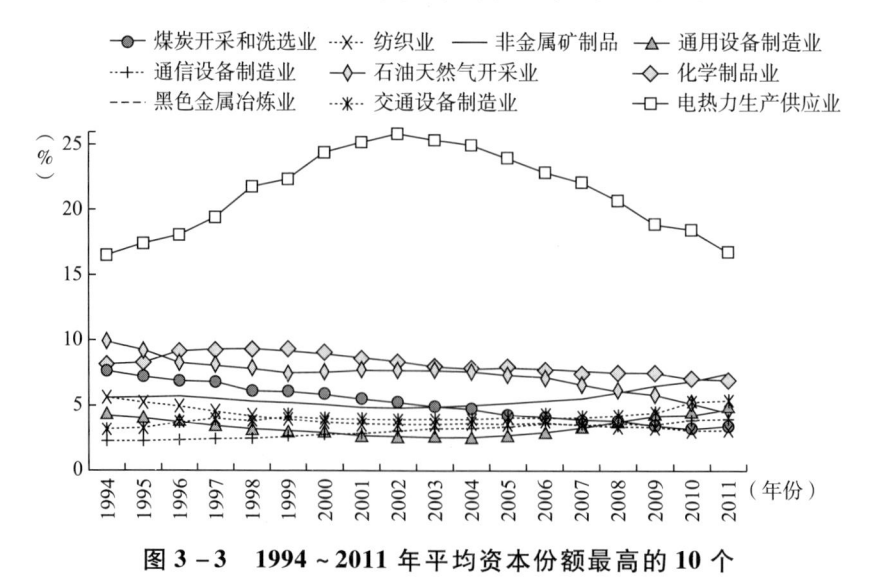

图 3-3 1994～2011 年平均资本份额最高的 10 个行业的资本结构变化

1994～2011年平均资本份额最低的10个行业，平均资本份额合计仅为4.96%。这10个行业的资本结构变化状况如图3-4所示。其中，非金属矿采选业和黑色矿采选业的资本份额在1994～2003年出现了下降，随后稳步上升。这两个行业作为传统的采掘业，资本份额的发展轨迹也体现了其产业结构调整和产品升级换代的发展过程。其余8个行业的资本份额总体上都显示出稳步上升的趋势，尤其是服装业和木材加工业的资本份额上升趋势迅猛，前者从1994的0.19%增加到2011年的1.41%，后者从1994年的0.45%上升到2011年的1.2%。服装业作为传统的劳动密集型行业，1994年以来随着该行业附加值的不断提升和行业集中度的提高，资本投入也在不断增加。木材加工业的资本份额上升，部分原因是该行业加工工艺的革新推动了资本构成的增加。

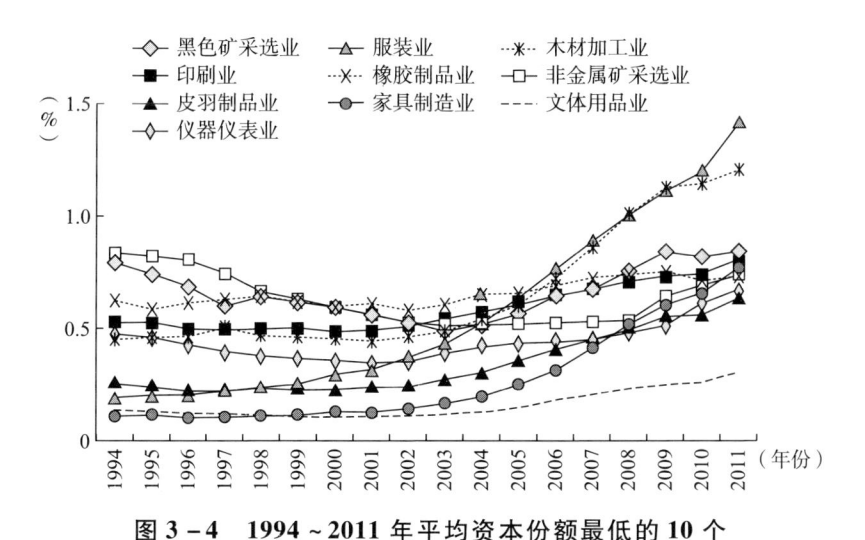

图3-4 1994～2011年平均资本份额最低的10个行业的资本结构变化

1994～2011年平均产出份额最高的10个行业，平均产出份额合计为59.33%。这些行业的产出结构变化趋势如图3-5所示。其中，通信设备制造业的产出份额从 1997 年开始一直领先于其他工业行业，并且增长速度很快：从 1994 年的 4.5% 一直增加到 2006 年的 20.6%，而后缓慢下降，2009 年下降到 18.2%，然后又开始缓慢回升。该行业具体包括 8 个三位数行业，其中非常重要的两个行业是通信设备制造业和电子计算机制造业①。这两个三位数行业是技术和知识密集型行业，集中代表了中国近年来信息化产业的发展。自 20 世纪 90 年代中期以来，伴随计算机技术和通信技术的革命性发展，中国的计算机和通信设备制造业由于发展起点低、市场容量大和相关产业发展政策的推动，在数量和质量上都取得了快速的发展，行业发展经历了成长期、高速发展期，逐步进入了成熟发展期，行业扩张的速度逐步放缓。其余 9 个行业，产出结构的变动相对比较平缓，但并未保持不变。

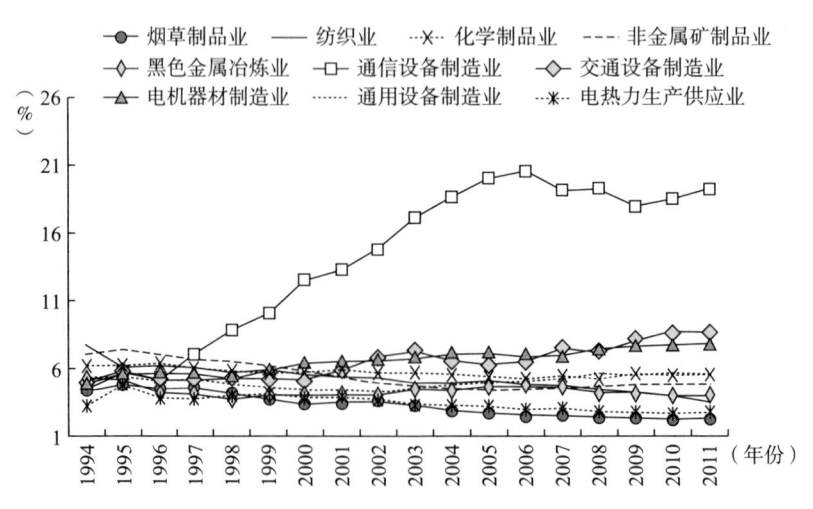

图 3-5 1994~2011 年平均产出份额最高的 10 个行业的产出结构变化

---

① 根据 2004 年和 2008 年的《中国经济普查年鉴》，这两个三位数行业的工业总产值占整个通信设备制造业工业总产值的比重：2004 年为 59%，2008 年为 55%。

第三章 结构变动对生产率增长的影响研究：供给视角

1994~2011年平均产出份额最低的10个行业，平均产出份额合计仅为6.2%，它们各自的产出结构变化趋势如图3-6所示。其中，石油天然气开采业、非金属矿采选业和石油加工业的产出份额总体上一直趋于下降。通过对比这3个行业的工业增加值和整个工业增加值的增长状况，发现这主要是由这3个传统的资源型行业的产出增长相对整个工业的产出增长较慢引起的，它们的增长速度要受资源的约束。其他7个行业在此期间的产出结构变化波动较小。

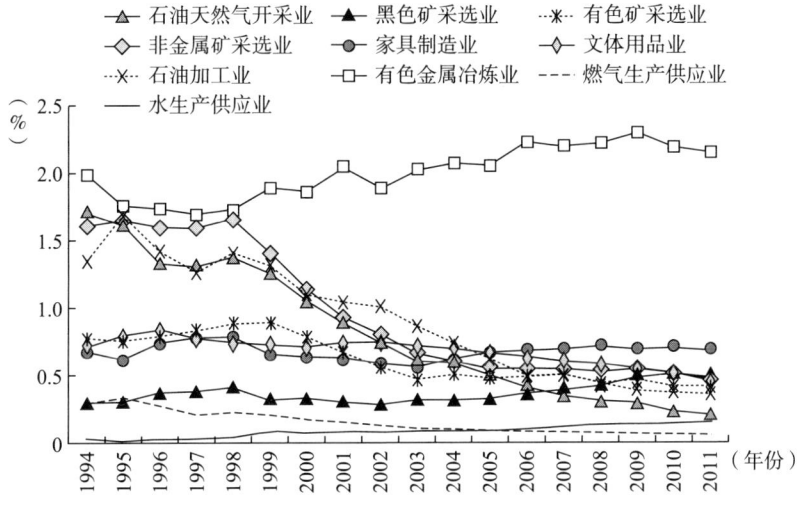

图 3-6 1994~2011年平均产出份额最低的10个行业的产出结构变化

2. 36个行业的要素份额和产出份额分阶段变动率

根据中国工业改革的进程和发展特点，将研究期间1994~2011年划分为1994~2001年、2001~2007年和2007~2011年3个子阶段[①]，以期更加深入地分析各个行业的结构变动，并且使用结构

---

① 阶段划分综合考虑了研究期间中国工业改革的阶段特征和2007年国际金融危机的影响。如张军等（2009）将中国的工业改革粗略地划分为3个时期：1978~1992年的试验期、1992~2001年的国企改革期和2001年以来的反思和调整期。

变动率这一指标来分析归纳各个行业在各个阶段的结构变化情况①。根据各个行业的从业人员、资本存量和增加值数据，可以计算出 36 个行业在 1994~2001 年、2001~2007 年、2007~2011 年和 1994~2011 年的就业份额、资本份额和产出份额变动率，如附表 3-1、附表 3-2 和附表 3-3 所示。

通过附表 3-1，对各行业就业份额的变动情况进行分阶段考察，可以发现以下 3 点。第一，就业份额在 1994~2001 年变动较为剧烈，2007~2011 年变动相对较小。1994~2001 年，36 个行业的从业人员绝对数量下降了 21.39%，平均就业份额变动率为 4.40%，就业份额变动率为负的行业和就业变动率为正的行业的从业人员均在减少。2007~2011 年，36 个行业的从业人员绝对数量增加了 11.81%，平均就业份额变动率为 0.64%，就业份额变动率为负的行业的从业人员相对减少较多，就业份额变动率为正的行业的绝对和相对就业数量都在增加。1994~2001 年，由于经济体制的变革，中国工业进入了全面推进改革的时期，就业结构的变动更多地表现为释放冗余的从业人员。2007~2011 年，中国工业改革在继续推进工业化的过程中，结构转型的外在压力和内在动力都促使各个行业优化资源配置，注重内部结构的优化。第二，在 1994~2001 年、2001~2007 年和 2007~2011 年 3 个阶段，就业份额变动率均为负的行业有 8 个：煤炭开采和洗选业、非金属矿采选业、烟草制品业、有色矿采选、黑色金属冶炼业、非金属矿制品业、纺织业和化纤制造业。这些行业中资源型产业居多，1994~2011 年就业份额平均变动率为 -37.01%，从业人员

---

① 本书将结构变动率定义为：结构变动率 = [（报告期的结构 - 基期的结构）/基期的结构] ×100%。在结构分析的有些文献中，如 Griliches 和 Regev（1995）将此变动率称为流动率（Turnover Rate）。

绝对数量减少了26.56%，就业份额从1994年的35.87%下降为2011年的23.43%。在这18年中这些行业的就业绝对数量和相对数量都在大幅减少，是劳动力撤出的主要行业。第三，在1994～2001年、2001～2007年和2007～2011年3个阶段，就业份额变动率均为正的行业有7个：黑色矿采选业、农副食品加工业、医药制造业、交通设备制造业、电机器材制造业、通信设备制造业和仪器仪表业。1994～2011年这些行业就业份额平均变动率为74.75%，从业人员绝对数量增加了98.03%，就业份额从1994年的15.55%上升为2011年的27.40%。在这18年中这些行业的就业绝对数量和相对数量都在大幅增加，是吸纳从业人员的主要行业。

通过附表3-2，对各行业资本份额的变动情况进行分阶段考察，可以发现以下3点。第一，资本份额在1994～2001年变动较小，2001～2007年变动较为剧烈。36个行业资本存量的绝对数量在1994～2001年增加了80.38%，在2001～2007年增加了63.27%；平均资本份额变动率在1994～2001年为-1.00%，在2001～2007年为29.97%。在1994～2001年和2001～2007年，资本份额变动率为负的行业的绝对资本存量都增加，相对资本份额都减少，而资本份额变动率为正的行业的绝对和相对资本存量均增加较多。中国工业发展长期受资本不足的制约，资本要素对工业增长的推动作用很大，随着行业的扩张，资本存量迅速增加，资本结构调整的核心是优化结构、提高效率。第二，在1994～2001年、2001～2007年和2007～2011年3个阶段，资本份额变动率均为负的行业有6个：煤炭开采和洗选业、石油天然气开采、化纤制造业、黑色金属冶炼业、纺织业和饮料制造业。这6个行业1994-2011年资本份额平均变动率为-46.03%，资本存量的绝对数量增加了约 1.5 倍，资本份额从 1994 年的 34.73%下降为 2011 年的 17.87%。在这 18 年中这些行业的绝对资本存量增加很多，但资本相对份额大幅减少，在工业产业体系中的地位相对下降，说明随着中国工业化的发展，工业的产业体系在逐步转型。第三，在 1994~2001 年、2001~2007 年和 2007~2011 年 3 个阶段，资本份额变动率均为正的行业有 7 个：食品制造业、服装业、家具制造业、塑料制品业、交通设备制造业、电机器材制造业和通信设备制造业。1994~2011 年这些行业资本份额平均变动率为 259.13%，资本存量的绝对数量增加了 10.79 倍，资本份额从 1994 年的 8.75% 上升为 2011 年的 18.50%。在这 18 年中这些行业的资本绝对数量和相对数量都在大幅增加，新兴产业如通信设备制造业和交通设备制造业等扩张的速度加快，资本密集度不断提高，传统产业（如服装业和家具制造业等）也在不断提高其附加值，进行结构转型。

通过附表 3 – 3，对各行业产出份额的变动情况进行分阶段考察，可以发现以下 3 点。第一，产出份额在 1994~2001 年变动较小，在 2001~2007 年变动较大。36 个行业的增加值绝对数量在 1994~2001 年增加了 82.45%，在 2001~2007 年增加了 248.11%；平均产出份额变动率在 1994~2001 年为 4.15%，在 2001~2007 年为 – 7.75%。在 1994~2001 年和 2001~2007 年，产出份额变动率为负的行业的增加值绝对数量都增加，相对产出份额都减少，而产出份额变动率为正的行业的增加值绝对数量和相对份额都增加较多。中国工业在工业化发展和改革的过程中，产出结构的变化很大。第二，在 1994~2001 年、2001~2007 年和 2007~2011 年 3 个阶段，产出份额变动率均为负的行业有 15 个：煤炭开采和洗选业、石油天然气开采业、有色矿采选业、非金属矿采选业、石油加工业、纺织业、服装业、皮羽制品业、烟草制品业、化纤制造业、印刷业、造纸业、橡胶制品业、金属制品业和水生产供应业。这15个行业基本上都是传统产业，1994~2011年产出份额平均变动率为-49.80%，增加值的绝对数量增加了5.18倍，产出份额从1994年的33.87%下降为2011年的17.89%。在1994~2011年这些行业的增加值绝对量增加很多，但产出相对份额减少较多，在工业产业体系中的地位相对下降。第三，在1994~2001年、2001~2007年和2007~2011年3个阶段，产出份额变动率均为正的行业有6个：交通设备制造业、通信设备制造业、电机器材制造业、燃气生产供应业、木材加工业和黑色矿采选业。1994~2011年这些行业产出份额平均变动率为171.98%，增加值的绝对数量增加了27.29倍，产出份额从1994年的15.63%上升为2011年的37.78%。在1994~2011年这些行业的增加值绝对数量和相对份额都在大幅增加，新兴的技术和资本密集型产业如通信设备制造业和交通设备制造业等扩张的速度加快、重要性提升，传统产业（如木材加工业、黑色矿采选业和燃气生产供应业等）随需求和技术变化产出规模也在不断扩张。

综上所述，本章对要素份额、产出份额最高和最低的10个行业的结构变动，以及36个行业分阶段的要素份额、产出份额的变动率进行了详细的对比分析，从中可以清楚地看出工业内部各行业的要素投入和产出结构在不同时期都发生了显著的变动，具体变动程度因各行业的特点、在工业体系中的地位和产业政策等因素而不同。

第二节 测度结构变动对生产率增长影响的方法

如前所述,生产率是用以衡量生产过程中投入转化为产出绩效的重要指标。按生产率测度中所包括的投入要素是一种还是多种,可以分为单要素生产率和全要素生产率两类。本节将分别讨论测度结构变动对单要素生产率和全要素生产率增长影响的方法。

一 测度结构变动对单要素生产率增长影响的方法

在第二章第三节和第四节中,综述了国内外关于结构变动对生产率影响的经验研究,发现从生产的要素投入角度(即供给视角)研究结构变动对单要素生产率增长影响的方法主要有两种:偏离份额法和赛尔奎因多国模型中的资源总配置效应模型。两种方法的基本思路都是从生产率增长中分解出反映资源再配置或结构变动的组成部分,然后给予其合理的经济解释。区别在于:偏离份额法可以将单要素生产率的增长分解为行业内部的生产率增长效应、结构变动的静态和动态效应三部分;而赛尔奎因多国模型中的资源总配置效应模型只能得到单要素生产率的总配置效应,以反映要素的再配置对生产率增长的贡献效应[1]。基于本书研究的重点,为了更细化地分析结构变动对生产率增长的影响,选择偏离份额法作为测度

---

[1] 应用赛尔奎因多国模型中的资源总配置效应模型,对劳动和资本的再配置效应进行研究的文献,可参考郭克莎(1992b)和姚战琪(2009)。

结构变动对单要素生产率增长影响的方法。

偏离份额法（Shift – Share Method）是测算结构变动（或部门间资源再配置）对单要素生产率增长贡献的一种常用方法，其基本思想是从单要素生产率的定义入手，经过简单的数学变换分离出结构变量，然后参照代数中微分法的思路，将单要素生产率的增长率分解为行业内部的生产率增长效应、结构变动的静态和动态效应三部分。Maddison（1952）首次应用偏离份额法从劳动生产率增长中明确分离出了行业间资源再配置的结构效应。

令 LP 表示工业的总体劳动生产率，Y 表示增加值，L 表示从业人员，下标 i 表示工业中的两位数行业（$i = 1, 2, \cdots n$，n 为行业的个数），S_{Li} 表示行业 i 的从业人员占整个工业从业人员的份额，上标 T 和 0 表示研究的报告期和基期。则 T 时期和 0 时期的工业总体劳动生产率可以分别表示为：

$$LP^T = \frac{Y^T}{L^T} = \sum_{i=1}^{n} \frac{Y_i^T L_i^T}{L_i^T L^T} = \sum_{i=1}^{n} LP_i^T S_{Li}^T$$

$$LP^0 = \frac{Y^0}{L^0} = \sum_{i=1}^{n} \frac{Y_i^0 L_i^0}{L_i^0 L^0} = \sum_{i=1}^{n} LP_i^0 S_{Li}^0 \tag{3-1}$$

根据式（3-1），可以将 T 期的总体劳动生产率相对于 0 期的增长率分解为三部分：

$$\frac{LP^T - LP^0}{LP^0} = \frac{\sum_{i=1}^{n}(LP_i^T - LP_i^0)S_{Li}^0}{LP^0} + \frac{\sum_{i=1}^{n}(S_{Li}^T - S_{Li}^0)LP_i^0}{LP^0} +$$

$$\frac{\sum_{i=1}^{n}(S_{Li}^T - S_{Li}^0)(LP_i^T - LP_i^0)}{LP^0} \tag{3-2}$$

式（3-2）就应用了分离出劳动生产率增长中结构效应的偏离份额法。右边第一项为行业内部的劳动生产率增长效应，表示在各行业的劳动份额保持不变的条件下,即劳动投入不存在结构变动时,各行业自身劳动生产率的增长对总体劳动生产率增长的影响。

式(3-2)右边的第二项为行业劳动投入结构的静态转移效应,表示在各行业的劳动生产率水平保持不变的条件下,由于劳动投入在基期和报告期的相对份额发生改变而引起的总劳动生产率增长效应。如果基期具有较高劳动生产率水平的行业吸收了更多的劳动力,进而劳动份额在 T 期内增加,则 $\sum_{i=1}^{n}(S_{Li}^{T}-S_{Li}^{0})LP_{i}^{0}>0$,式(3-2)右边第二项的符号为正,说明劳动投入结构变动对劳动生产率的增长具有正向影响,这就是"结构红利"假说。反之,如果基期具有较高劳动生产率水平的行业吸收了更少的劳动力,进而劳动份额在 T 期内减少,则式(3-2)右边第二项的符号就为负,说明劳动投入结构变动对劳动生产率的增长具有负向影响。

式(3-2)右边的第三项为行业劳动投入结构的动态转移效应,表示劳动份额和劳动生产率同时发生变动所引起的总劳动生产率增长效应。如果行业的劳动份额和劳动生产率同时提高(或者同时下降),该项为正,说明更多的劳动要素转移到劳动生产率增长较快的行业(或者更多的劳动要素从劳动生产率下降的行业撤出);如果劳动生产率提高的行业劳动份额减少(或者劳动生产率下降的行业劳动份额增加),则该项为负,说明劳动生产率增长较快的行业不能够保持其在总劳动投入中的份额。动态转移的负效应越大,就有越多的劳动生产率增长较快的行业面临劳动份额下降的趋势。因此,Peneder(2003)认为交叉项 $\sum_{i=1}(S_{Li}^{T}-S_{Li}^{0})(LP_{i}^{T}-LP_{i}^{0})$ 可以体现劳动要素转移过程中的"Baumol 成本病"假说[①],并将该项为

---

① "Baumol 成本病"假说,由 Baumol 在 1967 年提出,具体请参见 Baumol(1967)。

负的情形称为"结构负利"假说。

同理,应用偏离份额法的原理,若设 CP 表示工业的总体资本生产率,Y 表示增加值,K 表示资本存量,S_{Ki} 表示行业 i 的资本存量占整个工业资本存量的份额,T 期内的工业总体资本生产率的增长率就可以分解为如下三部分:

$$\frac{CP^T - CP^0}{CP^0} = \frac{\sum_{i=1}^{n}(CP_i^T - CP_i^0)S_{Ki}^0}{CP^0} + \frac{\sum_{i=1}^{n}(S_{Ki}^T - S_{Ki}^0)CP_i^0}{CP^0} +$$

$$\frac{\sum_{i=1}^{n}(S_{Ki}^T - S_{Ki}^0)(CP_i^T - CP_i^0)}{CP^0} \qquad (3-3)$$

式(3-3)右边第一项为行业内部的资本生产率增长效应,第二项为行业资本投入结构的静态转移效应,第三项为行业的资本投入结构的动态转移效应。各项所表示的含义与式(3-2)类似,不再赘述。

Maddison(1952)应用偏离份额法,从单要素生产率增长中分离出了行业间资源再配置的结构效应,为后来学者们进一步研究生产率增长中的结构效应提供了方法论基础。例如,此后 Masell(1961)、Baily et al.(1992)、Griliches and Regev(1995)、Foster et al.(2001)、Nordhaus(2001)和 Stiroh(2002)等从不同角度对单要素生产率和全要素生产率增长中的资源再配置或结构变动效应进行了分解,丰富了结构变动与生产率增长的经验研究。

二 测度结构变动对全要素生产率增长影响的方法

通过第二章第三节和第四节的文献综述可知,从生产的供给视角研究结构变动对全要素生产率增长效应的方法主要有两大类：一类是在"瓦尔拉斯"假设下，从资源再配置的角度研究结构变动对全要素生产率增长的影响；另一类是在"摩擦性市场"的假设下，从资源错配的角度，研究结构变动对全要素生产率增长的影响。

1. 基于资源再配置角度的赛尔奎因多国模型

在"瓦尔拉斯"假设下，从资源再配置角度研究结构变动对全要素生产率增长影响的方法，应用最广泛的是 M. 赛尔奎因（1989）在多国模型中所提出的资源总配置效应模型及其扩展形式。本章选择此模型作为测度结构变动对全要素生产率增长影响的方法。

假设工业中第 i 个行业 T 期的产出为 Y_{iT}，资本投入为 K_{iT}，劳动投入为 L_{iT}，生产函数具有规模报酬不变和希克斯中性技术进步的性质，则有：

$$Y_{iT} = A_{iT} F(K_{iT}, L_{iT}) \qquad (3-4)$$

其中，A_{iT} 表示第 i 个行业 T 期的全要素生产率。根据测度全要素生产率的增长核算方法，第 i 个行业 T 期的全要素生产率的增长率为：

$$\frac{\dot{A}_{iT}}{A_{iT}} = \frac{\dot{Y}_{iT}}{Y_{iT}} - \alpha_{iT} \frac{\dot{K}_{iT}}{K_{iT}} - \beta_{iT} \frac{\dot{L}_{iT}}{L_{iT}} \qquad (3-5)$$

α_{iT}、β_{iT} 分别是资本和劳动的产出弹性，$\dot{X}/X$ 表示变量 X 的增长率。假定工业的总量生产函数与各行业的生产函数相同，产出为 Y_T，资本投入为 K_T，劳动投入为 L_T，资本和劳动产出弹性分别为 α_T、β_T，并且满足 $Y_T = \sum_{i=1} Y_{iT}$，$K_T = \sum_{i=1} K_{iT}$，$L_T = \sum_{i=1} L_{iT}$，$\alpha_T =$

$\sum \rho_{iT}\alpha_{iT}$，$\beta_T = \sum \rho_{iT}\beta_{iT}$。其中，$\rho_{iT} = Y_i^T/Y^T$，表示 i 行业产出在工业总产出中的比重。

那么，工业的全要素生产率 A_T 的增长率为：

$$\frac{\dot{A}_T}{A_T} = \frac{\dot{Y}_T}{Y_T} - \alpha_T \frac{\dot{K}_T}{K_T} - \beta_T \frac{\dot{L}_T}{L_T} \qquad (3-6)$$

式（3-5）两边同时乘以 ρ_{iT}，然后对所有行业求和，有：

$$\sum_i \rho_{iT} \times \frac{\dot{A}_{iT}}{A_{iT}} = \sum_i \rho_{iT} \times \frac{\dot{Y}_{iT}}{Y_{iT}} - \sum_i \rho_{iT} \times \alpha_{iT} \frac{\dot{K}_{iT}}{K_{iT}} -$$
$$\sum_i \rho_{iT} \times \beta_{iT} \frac{\dot{L}_{iT}}{L_{iT}} \qquad (3-7)$$

式（3-6）减去式（3-7），整理得到：

$$\frac{\dot{A}_T}{A_T} = \sum_i \rho_{iT} \frac{\dot{A}_{iT}}{A_{iT}} + \left(\sum_i \rho_{iT}\alpha_{iT} \frac{\dot{K}_{iT}}{K_{iT}} - \alpha_T \frac{\dot{K}_T}{K_T} \right) +$$
$$\left(\sum_i \rho_{iT}\beta_{iT} \frac{\dot{L}_{iT}}{L_{iT}} - \beta_T \frac{\dot{L}_T}{L_T} \right) + \left(\frac{\dot{Y}_T}{Y_T} - \sum_i \rho_{iT} \frac{\dot{Y}_{iT}}{Y_{iT}} \right) \qquad (3-8)$$

根据总量生产函数与各行业生产函数所满足的条件：$\frac{\dot{Y}_T}{Y_T} = \sum_i \rho_{iT} \frac{\dot{Y}_{iT}}{Y_{iT}}$。若记 $G(X) = \dot{X}/X$，则式（3-8）又可以表示为：

$$G(A_T) = \sum_i \rho_{iT} G(A_{iT}) + \left[\sum_i \rho_{iT}\alpha_{iT} G(K_{iT}) - \alpha_T G(K_T) \right] +$$
$$\left[\sum_i \rho_{iT}\beta_{iT} G(L_{iT}) - \beta_T G(L_T) \right] \qquad (3-9)$$

式（3-9）说明工业的全要素生产率增长率可以分解为三部

分：右边第一项为行业内部的生产率增长效应，是各行业全要素生产率增长率的加权平均值，衡量各行业全要素生产率的增长对工业全要素生产率增长的贡献；第二项为资本转移效应，表示行业间资本要素的转移对工业全要素生产率增长的贡献；第二项为劳动转移效应，表示行业间劳动要素的转移对工业全要素生产率增长的贡献。因此，式（3-9）右边的第二项和第三项分别衡量了资本和劳动的结构变动对全要素生产率增长率的影响效应。

工业的资本产出弹性 α_T 和劳动产出弹性 β_T，根据其含义可以表示为：$\alpha_T = f_{KT} \times (K_T/Y_T)$，$\beta_T = f_{LT} \times (L_T/Y_T)$。其中，$f_{KT}$ 和 f_{LT} 为资本和劳动的边际产出。同样，工业各行业的资本产出弹性 α_{iT} 和劳动产出弹性 β_{iT} 也可以表示为：$\alpha_{iT} = f_{KiT} \times (K_{iT}/Y_{iT})$，$\beta_{iT} = f_{LiT} \times (L_{iT}/Y_{iT})$。然后将上述工业和各分行业的资本和劳动产出弹性代入式（3-9），得到工业全要素生产率增长率 $G(A_T)$ 的另一表达式：

$$G(A_T) = \sum_i \rho_{iT} G(A_{iT}) + \frac{1}{Y_T}\left[\sum_i \dot{K}_{iT}(f_{KiT} - f_{KT})\right] + \frac{1}{Y_T}\left[\sum_i \dot{L}_{iT}(f_{LiT} - f_{LT})\right]$$

(3-10)

通过式（3-10）可以清楚地看到，如果行业的资本（劳动）边际产出高于工业整体资本（劳动）边际产出的行业，增加其资本（劳动）投入；或者，如果行业的资本（劳动）边际产出低于工业整体资本（劳动）边际产出的行业，减少其资本（劳动）投入，都会使得行业间资本（劳动）的转移效应为正，进而引起资本（劳动）投入的结构变动对全要素生产率的增长具有"结构红利"。反之，如果行业的资本（劳动）边际产出高于工业整体资本（劳动）边际产出的行业，减少其资本（劳动）投入；或者，如果行业的资本（劳动）边际产出低于工业整体资本（劳动）边际产出的行业，增加其资本（劳动）投入，都会使得行业间资本（劳动）的转移效应为负，因为要素出现了反效率配置，所以资本（劳动）投入的结构变动对全要素生产率的增长具有"结构负利"。当各行业的要素边际产出趋于相同，进而等于工业要素的边际产出时，结构变动对全要素生产率增长的贡献就会消失。

2. 基于资源错配角度的赛尔奎因扩展模型[①]

在"摩擦性市场"的假设下，从资源错配的角度研究资源配置对生产率的影响，是近10年来兴起的一个新领域，还处于与传统经济理论相融合的阶段，因此未形成一个公认的、一致的分析框架。但研究的基本思路是在模型中，以各种楔子或税收的形式，表示扭曲资源配置的各种不同摩擦或政策，强调扭曲的异质性和企业的异质性。国内关于资源错配与生产率的研究方法，主要是借鉴Hsieh and Klenow（2009）、Aoki（2008，2012）的模型框架，以及采用动态随机一般均衡模型或者在传统的增长核算框架中引入资源错配系数的方法。在此，根据数据的可得性和研究的需要，选择采用Aoki（2008，2012）的核算框架，即基于资源错配角度的赛尔奎因扩展方法。

假设工业中有 N 个行业，行业内各企业生产的产品具有同质性，行业间的企业生产的产品具有异质性。于是，每个行业就可以被视为由一个代表性企业所生产。所有行业都使用两种生产要素——资本 K 和劳动 L，进行生产。企业在产品市场和要素市场上都是价格接受者，以对投入要素进行征税的形式体现部门间扭曲资源配置的各种不同类型摩擦。具体而言，行业 i 的企业使用

[①] 本节的部分内容曾发表在《经济问题》2015年第1期，题为《要素错配与中国工业增长》。

价格为 $(1+\tau_{Ki})p_K$ 的资本投入 K_i、价格为 $(1+\tau_{Li})p_L$ 的劳动投入 L_i，来生产价格为 p_i 的产出 Y_i[①]。其中，p_K 和 p_L 是所有企业都不存在要素配置扭曲时资本和劳动的价格，τ_{Ki} 和 τ_{Li} 是行业 i 中资本和劳动的扭曲税，可随行业变动。假设行业 i 的代表性企业符合 Cobb – Douglas 型生产函数，则规模报酬不变。因此，行业 i 代表性企业的生产函数就可以表示为：

$$Y_i = A_i K_i^{\alpha_i} L_i^{\beta_i} \qquad (3-11)$$

式（3 – 11）中，A_i 表示企业全要素生产率，参数 α_i 和 β_i 分别表示资本和劳动的产出弹性，随行业 i 变动。

代表性企业的目标是利润最大化，在假设加总生产函数满足规模报酬不变、每一期总资本投入 K 和劳动投入 L 都是外生给定的条件下，可以推导出，在包含要素配置扭曲的多部门竞争均衡条件下，行业 i 的资本投入 K_i 和劳动投入 L_i 的表达式为：

$$K_i = \frac{p_i Y_i \alpha_i \frac{1}{(1+\tau_{Ki})p_K}}{\sum_j p_j Y_j \alpha_j \frac{1}{(1+\tau_{Kj})p_K}} K, \quad L_i = \frac{p_i Y_i \beta_i \frac{1}{(1+\tau_{Li})p_L}}{\sum_j p_j Y_j \beta_j \frac{1}{(1+\tau_{Lj})p_L}} L \qquad (3-12)[②]$$

如果记 $\rho_i = p_i Y_i / Y$ 为行业 i 的产出份额，$\bar{\alpha} = \sum \rho_i \alpha_i$ 为产出份额加权的资本产出弹性，同理 $\bar{\beta} = \sum_{i=1}^{N} \rho_i \beta_i$，则式（3 – 12）中行业 i 的资本投入 K_i 和劳动投入 L_i 又可表示为：

[①] 在此假设产品市场不存在扭曲。因为中国商品市场基本上已经市场化，其扭曲程度远小于要素市场。

[②] 具体的推导过程，请参见 Aoki(2012)中第 476～477 页。

第三章 结构变动对生产率增长的影响研究：供给视角

$$K_i = \frac{\rho_i \alpha_i \dfrac{1}{1+\tau_{Ki}}}{\sum_j \rho_j \alpha_j \dfrac{1}{1+\tau_{Kj}}} K = \frac{\rho_i \alpha_i}{\overline{\alpha}} \widetilde{\lambda}_{Ki} K, \quad L_i = \frac{\rho_i \beta_i \dfrac{1}{1+\tau_{Li}}}{\sum_j \rho_j \beta_j \dfrac{1}{1+\tau_{Lj}}} L = \frac{\rho_i \beta_i}{\overline{\beta}} \widetilde{\lambda}_{Li} L$$

$$(3-13)$$

其中，

$$\widetilde{\lambda}_{Ki} = \frac{\dfrac{1}{1+\tau_{Ki}}}{\sum_j \dfrac{\rho_j \alpha_j}{\overline{\alpha}} \dfrac{1}{1+\tau_{Kj}}}, \quad \widetilde{\lambda}_{Li} = \frac{\dfrac{1}{1+\tau_{Li}}}{\sum_j \dfrac{\rho_j \beta_j}{\overline{\beta}} \dfrac{1}{1+\tau_{Lj}}} \quad (3-14)$$

式（3-13）揭示了扭曲税在行业层面对资本和劳动配置的影响，扭曲税主要是通过 $\widetilde{\lambda}_{Ji}(J=K,L)$ 来影响资源配置。由式（3-14）可知，$\widetilde{\lambda}_{Ji}$ 包含了行业 i 资源配置扭曲的信息，是一个比值。当 $\tau_{Ki}=0$，$\widetilde{\lambda}_{Ki}=1$ 时，行业 i 不存在资本配置扭曲。容易证明，行业 i 资源扭曲税的绝对值并不影响资源在行业间的配置，而是行业间扭曲税的分布——行业 i 要素相对整个工业的扭曲状况，影响着资源配置。于是，将 $\widetilde{\lambda}_{Ji}$ 定义为行业 i 的资源配置扭曲系数，反映了经济环境中各种不同类型摩擦对部门间资源配置的影响。但以式（3-14）表示的资源配置扭曲系数，无法直接测算。通过变换式（3-13），就可测算出 $\widetilde{\lambda}_{Ji}$，即：

$$\widetilde{\lambda}_{Ki} = \frac{K_i/K}{\rho_i \alpha_i / \overline{\alpha}}, \quad \widetilde{\lambda}_{Li} = \frac{L_i/L}{\rho_i \beta_i / \overline{\beta}} \quad (3-15)$$

仍以资本配置扭曲系数为例，分子 K_i/K 表示行业 i 实际使用资本占工业总资本的比例，而分母 $\rho_i \alpha_i / \overline{\alpha}$ 可视作不存在资源错配时所使用资本的理论比例。若 $\widetilde{\lambda}_{Ki}>1$，表明行业 i 相对资本的有效配置而言,过度使用了资本。由式(3-14)可知,这是由于行业 i 的资本使用成本相对较低。反之亦然。因此,$\widetilde{\lambda}_{Ji}$ 可衡量行业 i 的资源错配程度,并将资源错配和要素使用成本联系在一起。

记工业总产出从 t 到 $t+1$ 时刻的对数变化为 $\Delta \ln Y_t = \ln Y_{t+1} - \ln Y_t$,可证明[①]:

$$\Delta \ln Y_t = \underbrace{\sum_i \rho_{it} \Delta \ln A_{it}}_{(A)} + \underbrace{\sum_i \rho_{it} \ln \left[\frac{\rho_{it+1}}{\rho_{it}} \bigg/ \frac{(\overline{\alpha}^{t+1})^{\alpha_i}(\overline{\beta}^{t+1})^{\beta_i}}{(\overline{\alpha}^t)^{\alpha_i}(\overline{\beta}^t)^{\beta_i}} \right]}_{(B)} +$$

$$\underbrace{\sum_i \rho_{it} (\alpha_i \Delta \ln \widetilde{\lambda}_{Kit} + \beta_i \Delta \ln \widetilde{\lambda}_{Lit})}_{(C)} + \underbrace{\sum_i \rho_{it} (\alpha_i \Delta \ln K_t + \beta_i \Delta \ln L_t)}_{(D)}$$

(3-16)

式(3-16)将产出变动分解为四部分:行业生产率变动贡献 A、产出份额变动贡献 B、配置扭曲变动贡献 C 和要素投入变动贡献 D。与 M.赛尔奎因(1989)在分析多国模型中所提出的资源总配置效应模型进行比较,A、B、C 三项之和为总 TFP 的变动——GTFP,且将资源再配置效应进一步分解为 B 和 C 两项,即:

$$GTFP_t = \Delta \ln TFP_t = \sum_i \rho_{it} \Delta \ln A_{it} + \sum_i \rho_{it} \ln \left[\frac{\rho_{it+1}}{\rho_{it}} \bigg/ \frac{(\overline{\alpha}^{t+1})^{\alpha_i}(\overline{\beta}^{t+1})^{\beta_i}}{(\overline{\alpha}^t)^{\alpha_i}(\overline{\beta}^t)^{\beta_i}} \right] +$$

$$\sum_i \rho_{it} (\alpha_i \Delta \ln \widetilde{\lambda}_{Kit} + \beta_i \Delta \ln \widetilde{\lambda}_{Lit}) \qquad (3-17)$$

式(3-17)说明工业全要素生产率的变动,可以分解为三部分:各行业内部的生产率变动效应(A 项),各行业产出份额变动过程中资源重置所引起的生产率变动效应(B 项),资源配

[①] 具体的证明过程,请参见 Aoki(2012)中第 478 页。

置扭曲变化对全要素生产率变动的影响效应（C 项）。如果资源配置扭曲状况相对改善，资源配置就会趋向合理的方向，对全要素生产率的变动具有正的影响。

利用 Aoki（2008，2012）的模型框架，在分析要素错配对全要素生产率的影响时，一个优点是可以识别单个行业、单种资源配置扭曲的影响程度，这为有关的政策分析提供了支持。在一定的假设下，利用式（3-13）可以推导出，行业 i 的资本和劳动配置扭曲变动的影响分别为①：

$$AE_{Ki} = \rho_i \alpha_i \left(1 - \frac{1}{\alpha}\right) \Delta \ln \bar{\lambda}_{Ki}, \quad AE_{Li} = \rho_i \beta_i \left(1 - \frac{1}{\beta}\right) \Delta \ln \bar{\lambda}_{Li} \quad (3-18)$$

根据式（3-17）和式（3-18），可以分析各个行业各个要素对工业总 TFP 变动的影响。

第三节 结构变动对生产率增长影响的实证分析

一 结构变动对单要素生产率增长的影响分析

1. 1994～2011 年各行业劳动生产率和资本生产率的年均增长率

根据"结构红利"和"结构负利"假说及其验证这两种假说的主要方法偏离份额法的原理，结构变动对生产率增长产生影响需要几个前提条件：一是投入要素（劳动或资本）可以在行业之

---

① Aoki（2008，2012）、陈永伟和胡伟民（2011）基于不同视角的假设，推导出了式（3-18），陈永伟和胡伟民的表达形式更简明，本章采用他们的表达形式。可以证明，$\sum (AE_{Ki} + AE_{Li})$ 近似等于式（3-16）的 C 项。但是即使这个结论成立，单个行业、单种资源配置扭曲变动对产出变动的贡献也不能直接由式（3-16）得出，对此，请参见 Aoki（2012）中第 480 页的说明。

间自由流动，行业间存在要素的转移，并引起行业要素份额的相对变动；二是行业之间的单要素生产率水平和增长速度存在显著差异。

通过附表3-1和附表3-2，我们知道在研究的各个阶段工业内部36个行业之间存在明显的要素转移和结构变动。并且，根据样本数据，可以测算出工业36个行业在1994~2011年每年的劳动生产率和资本生产率水平，及其各个阶段的劳动生产率和资本生产率的年均增长率。限于篇幅，附表3-4和附表3-5仅列出资本和劳动生产率的年均增长率。

由附表3-4可以看出，劳动生产率的年均增长率，除了极个别的行业，几乎所有行业在研究期间及其子阶段都呈现快速的增长。结合各个行业在各阶段的就业份额变化（见附表3-1）和行业发展特征，以及各个阶段工业发展的产业政策等方面的变化，各个行业劳动生产率的持续提高，既有从业人员数量减少、质量提高的因素，也有人均资本和技术进步等方面的原因。

由附表3-5可知，相比劳动生产率的年均增长率，资本生产率的年均增长率在各个阶段波动很大。结合附表3-2各行业在各阶段的资本份额变动率进行分析，发现各阶段的资本生产率年均增长率的波动特征与资本份额变动率的波动特征有相当高的一致性。在2001~2007年，中国工业的改革进入调整和反思期，结构转型和增长方式转换的任务逐渐得到重视，各行业的资本份额和资本生产率的变动都较剧烈。

各个行业劳动和资本生产率的年均增长率在各个阶段的变动，说明工业内部各个行业间的生产率水平和增长速度存在很大差异，这种差异是要素投入量、要素投入分布、投入转化为产出的效率等因素综合影响的结果。由此可见，对于1994~2011年

36个工业行业的单要素生产率的变动，满足应用偏离份额法从中分解出结构效应的条件。

2. 结构变动对劳动生产率增长的影响分析

将相关样本数据代入式（3-2），可以将工业在1994~2011年及其各子阶段的劳动生产率增长率分解为生产率的内部增长效应、静态转移效应和动态转移效应三部分。表3-2报告了具体的分解结果和各部分对劳动生产率增长率的贡献率，附表3-6报告了各分行业劳动生产率增长率的详细分解过程。

表3-2 1994~2011年工业劳动生产率增长率的分解

时段	生产率增长率	内部增长效应	静态转移效应	动态转移效应	总结构效应
1994~2001年	1.32 (100)	1.22 (92.61)	0.03 (1.91)	0.07 (5.48)	0.10 (7.39)
2001~2007年	1.72 (100)	1.56 (90.75)	0.11 (6.15)	0.05 (3.10)	0.16 (9.25)
2007~2011年	0.64 (100)	0.56 (86.86)	0.06 (9.28)	0.02 (3.86)	0.08 (13.14)
1994~2011年	9.34 (100)	8.20 (87.77)	0.09 (1.00)	1.05 (11.23)	1.14 (12.23)

注：括号内数字为各部分对劳动生产率增长率的贡献率（%）。

劳动生产率在研究期间持续增长，1994~2011年增长了9.34倍，这主要是由工业内部各行业自身劳动生产率增长引起的，贡献率达到了87.77%；而行业间的结构变动对劳动生产率的增长贡献率为12.23%。可见，在中国工业劳动生产率的增长中，结构变动的作用不容忽视，劳动投入结构的变动具有明显的"结构红利"特征。其中，劳动投入结构的静态转移效应较小，贡献率只有1%，说明基期具有较高劳动生产率水平的行业吸收的劳动力非常有限。与此相反，劳动投入结构的动态转移效应较大，贡献率为 11.23%。根据附表 3-6 所报告的 1994~2011 年中国两位数工业行业劳动生产率增长率的详细分解，可以知道有 19 个行业对动态转移的贡献为正，17 个行业对动态转移的贡献为负，并且前者的正的动态转移效应超过了后者的负的动态转移效应，结果致使工业总体上劳动投入的结构变动具有比较大的动态转移效应。其中，对动态转移效应贡献最大的 10 个行业是通信设备制造业、有色金属冶炼业、服装业、仪器仪表业、电热力生产供应业、塑料制品业、农副食品加工业、医药制造业、交通设备制造业和电机器材制造业，它们对动态转移效应的贡献率达到了 206.2%[①]。通过分析这 10 个行业在 1994~2011 年的劳动生产率年均增长率（见附表 3-4）和就业份额变动率（见附表 3-1），可知这些行业的劳动生产率年均增长率都较高（9.24%~16.48%），而且就业份额变动率也很大（10.8%~249.5%），说明在此期间劳动投入结构的动态转移效应较大，主要是由于更多的劳动要素转移到劳动生产率增长较快的行业。

在劳动生产率增长中，行业内部的增长效应、静态转移效应和动态转移效应的贡献大小在不同阶段存在差异。行业内部生产率的增长对劳动生产率增长的贡献率逐渐减少：1994~2001 年，贡献率为 92.61%；2001~2007 年，贡献率为 90.75%；2007~2011 年，贡献率为 86.86%。而劳动投入总结构的变动对劳动生产率增长的贡献率逐渐增加：1994~2001 年，贡献率为 7.39%；2001~2007 年，贡献率为 9.25%；2007~2011 年，贡献率为 13.14%。其中，静态转移效应随时间增加，说明基期具有较高劳动生产率的行业吸收就业的能力增强；动态转移效应先减少后增

---

① 贡献率超过 100%，是因为 36 个行业中有 17 个行业的动态转移效应的贡献率为负。

加。分阶段来看，在 1994~2001 年，动态转移效应对劳动生产率增长的贡献率大于静态转移效应；在 2001~2007 年和 2007~2011 年，静态转移效应对劳动生产率增长的贡献率则大于动态转移效应。因此，工业中劳动投入要素的转移，既从低生产率水平的行业向高生产率水平的行业转移，又从生产率增长率较低的行业向生产率增长率较高的行业转移。并且，这两种劳动要素的转移对生产率的增长效应在不同阶段存在差异。总体上，劳动要素在行业间的转移对劳动生产率的作用不断提高，劳动要素的"结构红利"效应增大，劳动要素的配置趋向更加合理。

3. 结构变动对资本生产率增长的影响分析

将相关样本数据代入式（3-3），可以将工业在 1994~2011 年及其各子阶段的资本生产率增长率分解为生产率的内部增长效应、静态转移效应和动态转移效应三部分。表 3-3 报告了具体的分解结果和各部分对资本生产率增长率的贡献率，附表 3-7 报告了各分行业资本生产率增长率的详细分解。

表 3-3 1994~2011 年工业资本生产率增长率的分解

时段	生产率增长率	内部增长效应	静态转移效应	动态转移效应	总结构效应
1994~2001 年	0.016 (100)	0.047 (289.18)	-0.021 (-126.62)	-0.010 (-62.57)	-0.031 (-189.18)
2001~2007 年	1.156 (100)	0.890 (77.02)	0.240 (20.78)	0.025 (2.20)	0.265 (22.98)
2007~2011 年	-0.023 (100)	-0.121 (515.45)	0.174 (-739.87)	-0.076 (324.42)	0.098 (-415.45)
1994~2011 年	1.139 (100)	0.802 (70.42)	0.529 (46.43)	-0.192 (-16.86)	0.337 (29.58)

注：括号内数字为各部分对资本生产率增长率的贡献率（%）。

与劳动生产率的增长相比，资本生产率的增长较小，并且具有波动性：1994~2001年增长率为1.6%，增长很小；2001~2007年增长率为115.6%；2007~2011年增长率为-2.3%，资本生产率下降。结合附表3-2各行业在各阶段的资本份额变动率状况，可知在2001~2007年各行业的资本份额变动较剧烈，进而引起了资本生产率的剧烈变动。在整个研究期间，资本生产率增长了1.14倍。其中，工业各行业自身资本生产率内部增长的贡献率为70.42%，资本结构的静态转移效应的贡献率为46.43%，动态转移效应的贡献率为-16.86%，总结构效应的贡献率为29.58%。因此，资本投入结构的变动，尤其是静态转移效应对资本生产率增长的作用较大，资本投入结构的变动具有明显的"结构红利"特征。

1994~2011年，工业中资本的静态转移效应为0.529，其中，有23个行业的静态转移效应为正，对总静态转移效应的贡献为0.664，贡献率为125.6%；有13个静态转移效应为负，对总静态转移效应的贡献为-0.135，贡献率为-25.6%（静态转移效应中各个行业的贡献，见附表3-7）。对静态转移效应贡献最大的10个行业是医药制造业、非金属矿制品业、皮羽制品业、通信设备制造业、交通设备制造业、家具制造业、塑料制品业、电机器材制造业、金属制品业和服装业，它们对静态转移效应的贡献率达到了112.3%，是推动结构变动对资本生产率增长具有正影响的主要行业[①]。将1994年36个行业的资本生产率和1994~2011年资本份额变动率按从小到大进行排序，表3-4列出了这10个行业的有关数据及其在36个行业中的排名状况。从表3-4可以看

---

① 这10个行业，1994年的增加值份额为34.43%，2011年的增加值份额为52.16%，1994~2011年的平均增加值份额为45.04%。

到,这10个行业在1994年的资本生产率相对较高,并且资本份额变动率相对很高,说明更多的资本转移到了基期具有较高资本生产率的这10个行业,进而使得整个工业的静态转移效应较大,最终总的结构效应为正。更多的资本转移到基期具有较高资本生产率的行业,是资本生产率增长的重要原因。

表3-4 对资本静态转移效应贡献最大的10个行业的有关数据

行业	1994年资本生产率	1994年资本生产率升序排名	1994~2011年资本份额变动率(%)	资本份额变动率升序排名
医药制造业	0.908	26	87.68	28
非金属矿制品	0.611	17	37.12	21
皮羽制品业	3.032	35	163.71	31
通信设备制造	0.855	24	70.57	26
交通设备制造	0.678	20	73.61	27
家具制造业	2.679	34	590.43	35
塑料制品业	1.877	31	237.80	33
电机器材制造	1.501	29	146.17	30
金属制品业	1.720	30	252.28	34
服装业	6.286	36	634.69	36

注:资本生产率=增加值(亿元)/资本存量(亿元)。

在资本生产率增长中,行业内部的增长效应、静态转移效应和动态转移效应在各个阶段存在显著差异,波动性强。这种波动状况与资本生产率的年均增长率、资本份额变动率的波动状况相联系。2001~2007年,中国工业的改革进入调整和反思期,各行业的资本份额和资本生产率的变动都较剧烈。资本生产率在这一时期得到了很大的增长,增长率达到了115.6%,远远高于1994~2001年1.6%的增长率和2007~2011年-2.3%的增长率。这么高的增长率，主要是各行业内部资本生产率的增长（贡献率为77.02%）和静态转移效应（贡献率为20.78%）共同作用的结果。资本的结构变动体现为更多的资本转移到了基期具有较高资本生产率的行业，进而促进了这一时期工业资本生产率的大幅提高。

1994～2001年，工业的资本生产率增长很小，行业内部的资本生产率也提高不多，而且资本的静态转移效应和动态转移效应均为负。资本既没有从生产率较低的行业转移到生产率较高的行业，也没有从生产率增长较慢的行业转移到生产率增长较快的行业，因而资本的结构变动阻碍了资本生产率的提高，进一步降低了工业资本生产率的增长率。资本生产率的部门结构和资本份额的部门结构之间存在很大的反差，可以进一步验证资本不合理的结构变动。例如，1994～2001年，工业36个行业中资本份额最高的10个行业从高到低分别是：石油加工业、通用设备制造业、交通设备制造业、纺织业、非金属矿制品业、煤炭开采和洗选业、黑色金属冶炼业、石油天然气开采业、化学制品业和电热力生产供应业。但这10个行业的资本生产率在36个行业中的排名（从高到低）分别是：31、18、19、20、22、32、29、34、28和33。因此，资本的结构效应为负实属正常。

工业的资本生产率增长在2007～2011年是非常异常的：资本生产率增长率为-2.3%。其中，工业内部各行业的生产率增长率贡献为-12.1%，静态转移效应为17.4%，动态转移效应为-7.6%。这主要与这一时期工业所面临的发展环境与产业政策等密切相关。2007爆发于美国的次贷危机迅速演变成一场百年一遇的国际金融危机，自2008年开始，这一危机对开放度很高的中国工业经济造成了很大的冲击。金融危机爆发所导致的外需乃至生产的减少，与国内生产要素价格上升所引起的生产成本提高相互交织在一起，加剧了中国工业的增速下滑。2008年，中国政府实行了宽松的货币政策和财政政策，出台了4万亿元的投资计划和重点产业振兴规划等政策，以应对金融危机对经济和工业的不利影响。通过附表3-8可以发现：与2001~2007年相比，在中国工业36个行业中，34个行业的产出年均增长率在2007~2011年都出现了下降，下降的范围为0.7%~14.13%；35个行业的资本年均增长率在2007~2011年都出现了上升，上升的范围为0.28%~20.68%。工业分行业产出增长和资本增长的这种变化，直接导致了36个行业资本生产率的年均增长率在2007~2011年全部下降（参见附表3-5）。这就是2007~2011年中国工业资本生产率增长率为负、工业内部各行业资本生产率增长率的贡献为负的原因。资本投入结构的静态转移效应为正，说明总体上这一时期更多的资本转移到了基期具有更高资本生产率的行业。动态转移效应为负，说明资本的流向出现了结构负利，资本并未从生产率增长率较低的行业向生产率增长率较高的行业进行转移。这种结果与这一时期的投资计划和产业政策有关，也与长期以来资本配置的不合理有关。

1994~2011年，总体上，资本要素在行业间的转移对资本生产率的增长做出了积极的贡献，但贡献的大小在不同阶段具有很大的波动性，资本投入的结构还有待进一步改善。与结构变动对劳动生产率增长一直发挥显著的积极作用相比，资本的结构变动对资本生产率增长的作用不稳定，除了上述分析的各种直接原因外，根本的原因在于资本要素在行业间的流动性低于劳动要素在行业间的流动性，并且资本要素相对劳动要素缺乏，受到的政策约束多。

二 结构变动对全要素生产率增长的影响分析

采用偏离份额法可以分离出单要素生产率增长中的结构效

应,但是这种方法只能对劳动或资本单个要素在工业各行业之间转移的影响做出定量测度,并且不能将其他因素对生产率的贡献从其测算中分离出去。鉴于此,应用不同的方法,从全要素生产率增长中分离出各种要素投入结构甚至产出结构变动的效应,从全面性和准确性角度,都是对单要素生产率增长中结构效应研究的进一步深化。

这部分主要从资源再配置和资源错配两个角度,分析结构变动对全要素生产率增长的影响。按照所对应的两种研究框架,以各行业的资本存量衡量资本投入,以各行业的从业人员衡量劳动投入,以各行业的工业增加值衡量产出。在实证分析中,首要问题是资本和劳动产出弹性的估计。

1. 要素产出弹性的估计

要素产出弹性的估计方法有两类:一是收入份额法,二是计量经济学中的参数或半参数法。这两类方法都有严格的假定条件,都有各自的优点和缺点,需要根据具体的研究对象和数据的可得性选择使用。本章使用收入份额法测算要素产出弹性[①]。与同类研究不同的是,充分利用了普查资料和投入产出表数据,分

---

① 需要再次指出的是:在方法的优劣性上,收入份额法并不比参数法或半参数法差。对此,郑玉歆(1993)和任若恩等(2013)都有过专门的论述,笔者完全赞同他们的学术观点。郑玉歆(1993)指出:"一些人对在中国使用收入份额法持有异议,但我们觉得这种方法并不一定比其他方法的误差更大。因为不论使用什么方法,都必须假定均衡条件满足,而使用收入份额法除需假定规模收益不变外并不要求更多的假定。另外,其他方法也均有它们各自的问题……"任若恩等(2013)也指出:"现在有些全要素生产率的研究直接应用回归分析方法(如最小二乘法)来估计一个具有时间趋势项的生产函数,这种研究在方法论上有问题。原因是:以经济计量方法来估计全要素生产率的基础是生产函数的经济计量估计,生产函数的计量估计并不是一个单方程的简单回归分析的问题,而是包括生产要素需求的联立方程体系的估计问题,这一点在国内许多关于生产函数估计和全要素生产率估计的研究中都没有得到正确的理解和运用。即使是 Cobb - Douglas 生产函数的估计也不是简单的回归分析,至少有4种以上基于联立方程体系估计的估计方法……"

第三章 结构变动对生产率增长的影响研究：供给视角

阶段应用收入份额法测算了要素产出弹性，即在对应研究期间的 3 个子阶段——1994~2001 年、2001~2007 年和 2007~2011 年均采用收入份额法测算。

工业企业的劳动收入，主要包括工资和福利两部分。符合行业归并要求的全部工业口径的两位数行业工资和福利数据，在现有官方统计资料中，只能从《1995 年第三次全国工业普查资料汇编》，2004 年和 2008 年《中国经济普查年鉴》，1997 年、2002 年和 2007 年《中国投入产出表》中获得或推算[①]。将这 6 年的两位数工业行业按 GB/T4754-2002 进行行业归并后，采用收入份额法测算的各行业的劳动产出弹性，等于相应行业的劳动收入除以其增加值。于是，得到了这 6 年两位数行业的劳动产出弹性。分阶段测算劳动产出弹性的具体做法，就是 1994~2001 年各行业劳动产出弹性取 1995 年、1997 年劳动产出弹性的平均值；2001~2007 年各行业劳动产出弹性取 2002 年、2004 年对应的平均值；2007~2011 年各行业劳动产出弹性取 2007 年、2008 年对应的平均值。各行业每年的资本产出弹性，按照规模报酬不变的假定得到。这种分阶段应用收入份额法测算要素产出弹性的做法，充分利用了普查资料和全国投入产出表的数据，既考虑了其在短期内的稳定性，又体现了其时变性的特点。这是本研究的新尝试，与现有文献中通过收入份额法估计要素产出弹性的做法不同[②]。

---

① 根据各年度《中国经济普查年鉴》和《中国投入产出表》中对相关统计指标的解释，各行业的劳动收入，在《中国经济普查年鉴》中以本年应付工资和福利费表示，在《中国投入产出表》中以劳动报酬表示。
② 现有文献中，通常的方法是从历年《中国劳动统计年鉴》中获得城镇单位工业分行业就业人员的工资总额，然后按照《中国经济普查年鉴》中工资与福利的比值推算出其余年度分行业福利数据。具体请参见李小平和卢现祥（2007）中第 57 页、郑玉歆（1993）中第 118 页。

图 3-7 显示了两位数行业的劳动产出弹性在 1994~2011 年 3 个子阶段的变动状况。除少数行业外，绝大多数行业的劳动产出弹性在此期间趋于下降。

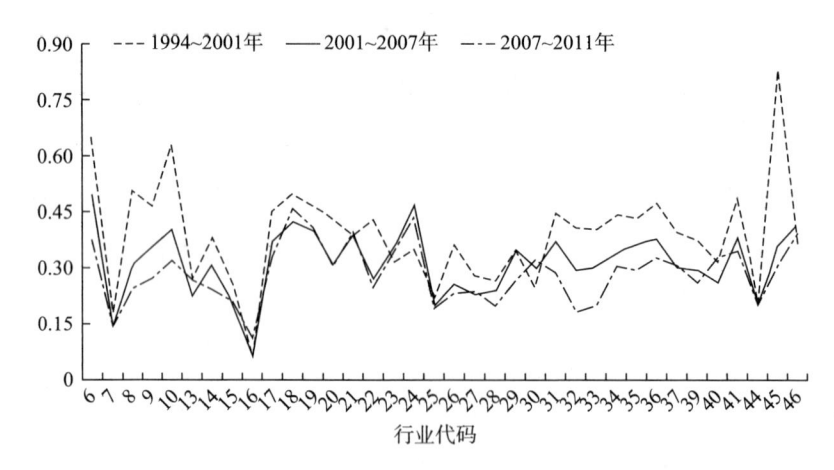

图 3-7　1994~2011 年工业两位数行业的劳动产出弹性变化

2. 基于资源再配置角度，测算结构变动对全要素生产率增长的影响

通过式（3-5）、式（3-6）和式（3-9），可以将工业 1994~2011 年的全要素生产率的增长率分解为行业内部增长效应、劳动转移效应和资本转移效应三部分，结果见表 3-5。

表 3-5　1994~2011 年工业全要素生产率增长率的分解

时段	生产率增长率	内部增长效应	劳动转移效应	资本转移效应	总结构效应
1994~2001 年	0.403	0.408	0.002	-0.007	-0.005
	(100)	(101.32)	(0.48)	(-1.80)	(-1.32)
2001~2007 年	1.982	1.692	0.039	0.251	0.290
	(100)	(85.35)	(1.98)	(12.67)	(14.65)

续表

时段	生产率增长率	内部增长效应	劳动转移效应	资本转移效应	总结构效应
2007~2011年	0.233	0.070	0.018	0.146	0.164
	(100)	(29.79)	(7.64)	(62.57)	(70.21)
1994~2011年	7.774	5.979	0.034	1.761	1.795
	(100)	(76.91)	(0.44)	(22.65)	(23.09)

注：括号内数字为各部分对全要素生产率增长率的贡献率（%）。

工业全要素生产率在研究期间持续增长，1994~2011年增长了7.77倍。这种增长的主要原因是各行业内部的TFP增长了，对工业TFP增长的贡献率为76.91%；而结构变动对工业TFP增长的贡献率为23.09%。在结构变动中，资本的结构变动即资本转移效应对TFP增长的贡献较大，贡献率为22.65%；劳动的结构变动即劳动转移效应对TFP增长的贡献相对较小，贡献率仅为0.44%。因此，1994~2011年，结构变动对工业TFP的增长具有显著的促进作用，资本和劳动的结构变动对工业TFP增长都具有"结构红利"，尤其是资本的结构变动对工业TFP增长具有非常显著的正向影响。

为详细分析各个行业对要素转移效应的贡献大小，根据式（3-10）、附表3-9和附表3-10分别报告了1994~2011年工业TFP增长率中资本转移效应和劳动转移效应的详细分解数据。

1994~2011年，工业36个行业的资本投入都增加很多。从资本转移效应的行业构成来看，有25个行业的资本边际产出高于工业的资本边际产出，使得资本转移效应为正，正效应合计为2.510，对工业资本转移效应的贡献率为142.5%；有11个行业的资本边际产出低于工业的资本边际产出，使得资本转移效应为负，负效应合计为-0.749，对工业资本转移效应的贡献率为

−42.5%。正效应明显超过了负效应，工业的资本转移效应为 1.761。对资本转移效应贡献最大的 10 个行业是非金属矿制品业、医药制造业、交通设备制造业、皮羽制品业、家具制造业、通信设备制造业、塑料制品业、金属制品业、电机器材制造业和服装业，它们对资本转移效应的贡献率达到 117.7%。

但是，劳动投入的变化与资本不同，有 24 个行业增加了劳动投入，有 12 个行业减少了劳动投入。从劳动转移效应的行业构成来看，有 21 个行业的劳动转移效应为正，正效应合计为 0.039，对工业劳动转移效应的贡献率为 114.6%；15 个行业的劳动转移效应为负，负效应合计为 −0.005，对工业劳动转移效应的贡献率为 −14.6%[①]。虽然最终正效应超过了负效应，工业的劳动转移效应为 0.034，但数值较小。并且在劳动转移效应为正的 21 个行业中，有 13 个行业是因为劳动的边际产出高于工业的劳动边际产出，增加了其劳动投入；有 8 个行业是因为劳动的边际产出低于工业的劳动边际产出，减少了劳动投入。对劳动转移效应贡献最大的 10 个行业是纺织业、服装业、仪器仪表业、医药制造业、交通设备制造业、农副食品加工业、煤炭开采和洗选业、电机器材制造业、非金属矿制品业和通信设备制造业，它们对劳动转移效应的贡献率达到 112%。

那么，劳动的转移效应与资本的转移效应相比，为什么显得很小呢？通过式（3−10）可以看到，在工业 TFP 增长中，要素的转移效应大小取决于两项：一是各行业要素边际产出与工业要素边际产出的差值，二是要素增长量与产出的比值。根据样本数据，可以计算出这两项的数值（见附表 3−9 和附表 3−10），通

[①] 附表 3−10 中由于表格大小限制，有些接近于 0 的数值（不管正或负）都四舍五入为 0。此处统计的劳动转移效应为正和为负的行业，是以原始数据为准。

第三章 结构变动对生产率增长的影响研究：供给视角

过对比发现：1994~2011年，工业劳动投入的绝对量仅增加了14.3%，而工业资本投入的绝对量增加了4.55倍；在行业分布上，有的行业劳动投入增加，有的行业劳动投入减少，但所有行业的资本都大幅增加。由此可见，资本的转移效应相对较大，从数理分析的角度，主要是由于工业中各行业资本增长量与产出的比值，明显高于劳动增长量与产出的比值。但是，分析这种差异背后的经济原因有多种，如：工业中资本严重缺乏的现实状况；工业中固有的资本劳动构成特征；工业各部门资本深化加速，存在资本过度替代劳动的情形；工业行业尤其是国有经济程度高的行业，劳动要素的流动性并不强。

分阶段来看，资本和劳动的转移效应对工业TFP增长的贡献在不同阶段存在明显差异。总体上，资本和劳动的转移效应对工业TFP增长的贡献率都呈上升趋势，总结构效应对TFP增长的作用逐渐增强。但结构效应在1994~2001年和2007~2011年两个阶段有一些异乎寻常的数值，需要进行特别的分析。

1994~2001年，资本的转移效应为-0.007，对工业TFP增长的贡献率为-1.80%；劳动的转移效应为0.002，对工业TFP增长的贡献率为0.48%。因此，总结构效应为-0.005，对工业TFP增长的贡献率为-1.32%。在这一阶段，结构效应为负，并且主要是由资本转移的负效应引起的。通过分析资本转移效应的部门构成，可知：有12个行业的资本边际产出低于工业的资本边际产出[①]，但是它们的资本投入大幅增加，增加的资本量占工业新增资本量的69.3%，资本转

---

① 它们分别是：燃气生产供应业、煤炭开采洗选业、水生产供应业、石油天然气开采业、电热力生产供应业、黑色矿采选业、有色矿采选业、黑色金属冶炼业、石油加工业、化学制品业、有色金属冶炼业和专用设备制造业。这些行业大部分是能源型行业和基础设施行业，具有资本密集型特征。

移效应合计为-0.213,是工业总资本转移效应的29倍。所以,这12个行业是这一时期资本转移效应为负的直接原因。

2007~2011年,在工业TFP增长率的分解中,比较反常的是:资本转移效应的贡献率较大,达到62.57%,进而导致总结构效应的贡献率高达70.21%;而各行业TFP增长的贡献率较小,仅有29.79%。这个实证结果与M.赛尔奎因(1989)利用多国模型在分析多个工业化国家的发展经验时得出的结论非常不同,也与其他研究以及经济常识相悖。多国模型显示:在工业化阶段,资源的总配置效应是总全要素生产率增长的一个巨大的组成部分;总配置效应的大小随着工业化阶段的推进而增加,在工业化的第四阶段(代表高收入的准工业国家)达到最大值:对TFP增长的贡献率为26%;随后,资源再配置的作用逐渐下降,行业内部的生产率增长作用逐渐增强,在工业化的最后一个阶段(人均收入为3360~5040美元),资源再配置的作用几乎消失。并且,M.赛尔奎因(1989)特别指出:"所估算的结构变化对增长的贡献可能低估了资源流动的实际作用。对部门的粗略定义,即使在相当细致的研究中,也会使那些部门内部的所有要素再配置被掩盖起来。"在多国模型中,对部门的划分是比较粗的,将一国总体经济划分为农业、采矿业、制造业、社会基础设施和服务业。因此,对于多国模型中关于资源总配置效应对总TFP增长率的贡献率最大值为26%的结论,笔者认为:不能机械地理解为工业化时期,资源的总配置效应就必定小于26%;多国模型有关工业化比较研究的众多结论之所以成为类似研究的重要参照系,最重要的是这些结论所表明的发展趋势。更进一步,从经验研究的方法论来看,任何实证分析的结论都与研究的对象、选择的样本数据等密切相关,不能超越具体的研究对象,只谈理论模型的具体经验值大小。

但是，即使我们排除了关于资源再配置效应大小具体数值上的干扰，资本转移效应在2007~2011年对工业TFP增长率的贡献也太大，不符合经济常识。因为在工业全要素生产率的增长中，起主导作用的是各个行业的TFP增长，结构变动在工业化过程中固然重要，但不可能占据主导地位。那么，是什么原因导致了资本转移效应在这一时期的异常值？通过分析工业在此期间投资的实际状况与具体的样本数据，我们认为有两个原因。第一，国际金融危机造成产出下降，以及4万亿元的投资计划和重点产业振兴规划等政策引起各行业的资本增长率大幅增加。在这种情形下，按照全要素生产率的增长核算方法，工业TFP的增长率和各行业TFP的增长率必然会很低。根据式（3-10）对资本转移效应的行业分解发现，有25个行业的资本边际产出高于工业的资本边际产出，使得总的资本转移效应相对工业TFP的增长率、各行业TFP增长率之和显得很大，所以最终造成了资本转移效应的反常。第二，这个阶段的时间跨度很小，正好处于受国际金融危机影响工业增速持续下滑的时期，产出下降，而新增投资对产出的影响作用一般会滞后若干期。在此情形下，根据增长核算方法，测度出的工业及各行业TFP增长率的可信度都有待未来数据增加后进行新的计算。因此，2007~2011年的全要素生产率分解中，各组成部分的效应大小只做趋势上的说明，结果的异常是由多种因素造成的，有待未来进一步重新计算，特此说明。

综上，总体上，1994~2011年资本和劳动的结构变动对工业TFP增长都具有"结构红利"，尤其是资本的结构变动作用更加显著。

3. 基于资源错配角度，测算结构变动对全要素生产率增长的影响[①]

（1）资源错配对全要素生产率影响的理论基础。资源错配理论强

[①] 本节的部分内容曾发表在《经济问题》2015年第1期，题为《要素错配与中国工业增长》。

调了由于各种市场摩擦或政策的影响，资源在各种生产机会上不是有效配置的。Aoki（2008，2012）的资源错配核算框架，在传统的赛尔奎因资源总配置效应模型的基础上，沿着 Chari et al.（2002，2007）的研究思路，以对投入要素进行征税的形式体现部门间扭曲资源配置的各种不同类型摩擦，进而在一定程度上构建了资源错配对全要素生产率影响的传导机制和理论基础。根据此框架所推导出的资本和劳动的配置扭曲系数，反映了经济环境中各种不同类型摩擦对行业间资源配置的影响。各行业在不同时期资源配置扭曲程度的变化，是行业间资源再配置对工业全要素生产率产生影响的基础。

通过式（3-15），可以计算出1994~2011年每年的劳动和资本配置扭曲系数。限于篇幅，图3-8和图3-9分别报告了劳动配置扭曲系数和资本配置扭曲系数在3个子阶段的平均值变化趋势。由此可以看出，资源配置扭曲状况不仅在行业间存在显著差异，而且各个行业在不同时期也发生着明显变动。实际上，资源配置扭曲系数在不同年度的变动程度要大于图3-8和图3-9

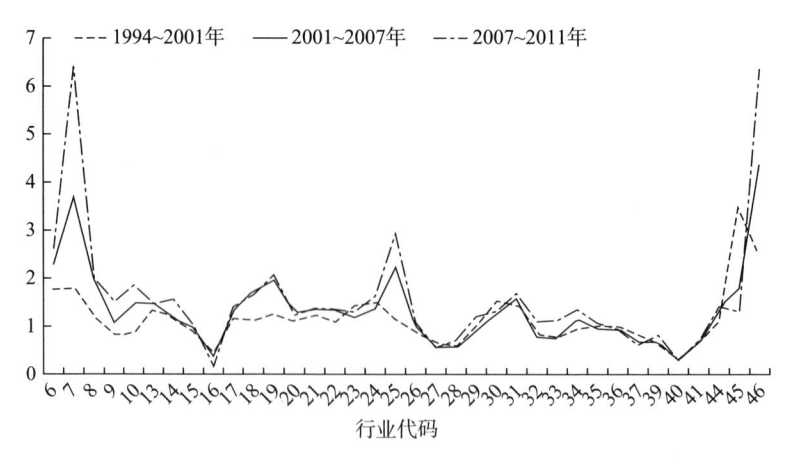

图3-8 1994~2011年两位数工业劳动配置扭曲系数分阶段变化趋势

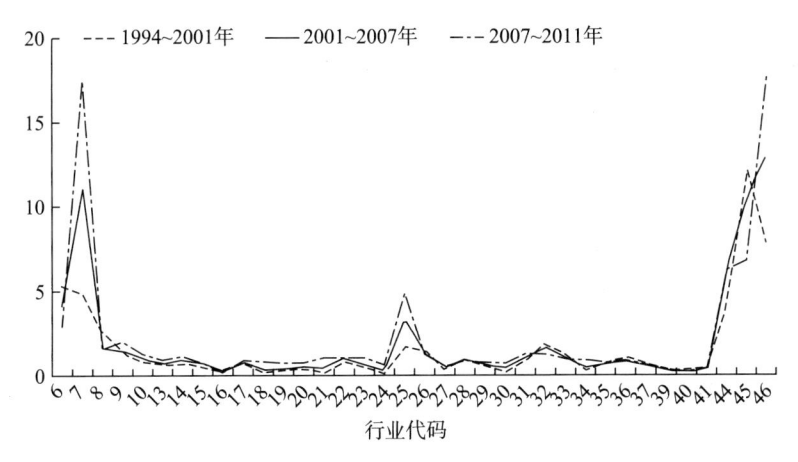

图 3-9　1994~2011 年两位数工业资本配置扭曲
系数分阶段变化趋势

所显示的趋势，因为通过在每个子阶段对资源配置扭曲系数的平均，在一定程度上减少了其波动性，增加了平滑性，进而弱化了资源配置扭曲系数在各年度变化的波动程度。由于各个行业在各个年度的资源配置扭曲状况都不完全相同，因此，行业间资源错配程度的变化，即行业间资源的重置会对工业全要素生产率产生影响。图 3-8 和图 3-9 还表明，相对劳动要素，资本配置扭曲程度总体上高于劳动配置扭曲程度[1]，这也与中国工业中资本要素的流动性相对较弱，受到的政策性约束较多有关。

（2）两位数工业行业的全要素生产率增长率。将工业分行业的要素产出弹性和相关样本数据，代入由式（3-11）推出的索洛增长方程，就可得到 1994~2011 年 36 个工业行业的全要素生产率增长率，即 TFP 增长率。图 3-10 显示了 1994~2011 年各行业 TFP 增长率的均值和标准差。

---

[1] 资源配置扭曲程度，以资源配置扭曲系数与 1 之差的绝对值衡量。

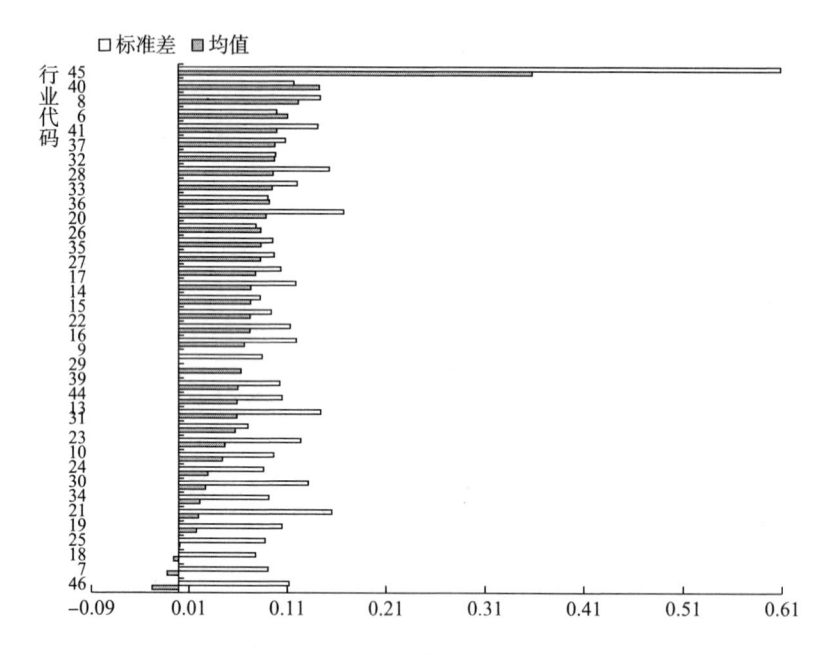

图 3-10 1994~2011 年两位数工业行业 TFP 增长率的均值和标准差

注：行业代码对应的具体行业名称，参见表 3-1。

TFP 增长率均值为负的行业是石油和天然气开采业（代码 7）、水的生产和供应业（代码 46）、纺织服装、鞋、帽制造业（代码 18）。说明这 3 个行业投入的综合增长大于工业增加值的增长，生产效率最差。其中，石油和天然气开采业、水的生产和供应业属于垄断性行业，市场配置资源的作用和动力不足，技术进步对行业发展的作用亟待提升。而纺织服装、鞋、帽制造业属于劳动密集型行业，产品附加值和技术含量总体偏低。

燃气的生产和供应业（代码 45）的 TFP 增长率均值最高，为 35.8%；TFP 生产率增长波动最大，标准差为 0.61，与同期其他行业 TFP 增长的状况显著不同。分阶段考察，该行业 1994~2001 年的 TFP 增长率，与 2001~2007 年、2007~2011 年相比更大。因为燃气行业在中国的发展起步较晚、发展起点低，大量燃气项目实施和城市化发展等供需因素推动了TFP的高速增长。

TFP增长率均值为正的33个行业中，TFP增长率均值的中位数为7.4%，上下四分位数分别为9.6%和5.3%，95%分位TFP增长率均值是5%分位TFP增长率均值的6.6倍。说明行业间的TFP增长存在很大差异，图3-10直观上显示了这种差异的分布。这也是行业间要素转移能够促进工业TFP增长的前提条件。

分阶段考察，两位数行业TFP增长率的总体变动趋势为：2001～2007年TFP增长速度最快，2007～2011年TFP增长速度最慢，1994～2001年TFP增长波动最大。这与表3-5所示的工业TFP增长率在各个阶段的变化趋势一致。

（3）基于要素错配角度，结构变动对全要素生产率增长的影响。通过式（3-11）和式（3-17），根据各行业的要素产出弹性、资本和劳动的配置扭曲系数及相关样本数据，就可以将工业TFP在1994～2011年的变动GTFP，分解为各行业内部的生产率变动效应、产出份额变动效应和配置扭曲变动效应三部分。表3-6报告了3个子阶段和整个期间总TFP的分解结果。

表3-6 1994～2011年工业总TFP变动（$\Delta \ln TFP_t$）的分解结果

单位：%

	1994～2001年	2001～2007年	2007～2011年	1994～2011年
工业总TFP变动（$\Delta \ln TFP_t$）	3.54	6.14	3.87	4.51
	(100)	(100)	(100)	(100)

续表

	1994~2001年	2001~2007年	2007~2011年	1994~2011年
行业内部生产率变动效应	3.51	4.48	1.29	3.09
	(99.15)	(72.96)	(33.33)	(68.36)
产出份额变动效应	-0.61	0.09	-0.15	-0.22
	(-17.23)	(1.47)	(-3.88)	(-4.87)
资源配置扭曲变动效应	0.64	1.57	2.73	1.64
	(18.08)	(25.57)	(70.54)	(36.50)
其中：资本配置扭曲变动效应	0.37	1.1	2.23	1.23
	(10.45)	(17.92)	(57.62)	(27.21)
劳动配置扭曲变动效应	0.27	0.47	0.5	0.41
	(7.63)	(7.65)	(12.92)	(9.07)
资源总配置效应	0.03	1.66	2.58	1.42
	(0.85)	(27.04)	(66.67)	(31.42)

注：①括号内数字为各部分对TFP变动的贡献率（%）；②1994~2011年TFP变动和各部分贡献值为3个子阶段的简单平均。

从表3-6中，可以总结出1994~2011年中国工业TFP变动及其影响因素发挥作用的几个经验事实。第一，工业全要素生产率（TFP）的变动均为正值，表明工业全要素生产率不断提升。但工业TFP增长的速度在各个阶段存在差异：2001~2007年相比1994~2001年，工业总体TFP增长明显，但在2007~2011年，增长速度下降很大。第二，在促进工业总TFP增长的因素中，行业TFP增长一直起主导作用，对总TFP增长的平均贡献率为68.36%，但这种作用表现出下降趋势。第三，资源配置扭曲变动对工业总TFP增长的贡献率持续上升，平均贡献率为36.50%，说明总体上劳动和资本错配的程度降低，资源配置趋向合理的方向。其中，资本配置扭曲变动对总 TFP 增长的贡献率更高，为 27.21%。这在很大程度上是因为资本配置扭曲程度总体上相对更高，其配置状况改善所释放的潜力更大。第四，产出份额变动对工业总 TFP 增长的平均贡献率为负，表明各行业的产值结构还需进一步优化。第五，在工业 TFP 变动中，资源总配置效应，即资源配置扭曲变动效应和产出份额变动效应之和，在研究期间持续上升，平均贡献率为 31.42%。因此，1994~2011 年，反映结构变动的资源再配置对工业 TFP 增长的作用为正，并且影响显著，是 TFP 增长中不容忽视的重要因素，尤其是资本要素的优化配置对提升工业 TFP 具有更加显著的影响。

分阶段来看，工业各行业的产出份额变动、资本和劳动的配置扭曲变动对工业 TFP 增长的贡献率在不同阶段存在明显差异。从总体变化的趋势分析，资本和劳动的配置扭曲变动对工业 TFP 增长的贡献率呈上升趋势，产出份额变动对工业 TFP 增长的贡献率为负较小且具有波动性，总配置效应对 TFP 增长的作用逐渐增强。但反映 2007~2011 年的工业 TFP 变动分解中，有一些异常值出现，需要进行特别的分析。

2007~2011 年，比较反常的是：资本配置扭曲变动效应的贡献率较大，达到 57.62%，进而使得总配置效应的贡献率高达 66.67%；而各行业 TFP 增长的贡献率较小，仅有 33.33%。根据前面在分析赛尔奎因多国模型中资源总配置效应大小的观点和这个阶段工业经济发展所面临的环境、条件，笔者认为：首先，从实证分析的过程角度，这个阶段工业 TFP 变动呈现下降的趋势，以及各行业 TFP 增长很小，导致了结构变动效应增大，其中资本配置状况的变动作用表现尤其突出；其次，出现这种测算结果反常的深层原因，与表 3-5 所显示的工业 TFP 增长率在 2007~

2011 年的分解结果反常的原因相同，不再重述①。

（4）各行业资源错配对工业全要素生产率增长的影响。根据式（3-18），能够测算出 1994~2011 年每一年各个行业资本和劳动配置扭曲变动对工业 TFP 变动的贡献率，进而可以识别单个行业、单种资源配置扭曲变动对工业 TFP 变动的影响程度。图 3-11 和图 3-12 分别显示了 36 个行业在 3 个子阶段的资本配置扭曲变动和劳动配置扭曲变动对工业 TFP 变动的平均贡献率变化状况。从图中可以看出：各个行业的资本和劳动配置扭曲变动在不同阶段对工业 TFP 变动的贡献是不同的。如果把各个行业在每一年度的资源配置扭曲变动都按时间表示出来，那么各个行业的资源配置扭曲变动对工业 TFP 变动的贡献率差异更大、波动更强。这从一个侧面说明，各个行业的资源配置状况不断变化，这种变化就是资源在行业间的结构变动，是引起工业 TFP 变动的原因。

从总体变化趋势上分析，资本配置扭曲变动对工业 TFP 增长具有显著负贡献率的行业主要是交通运输设备制造业（代码 37）、电热力的生产和供应业（代码 44）、化学原料及化学制品制造业（代码 26）、烟草制品业（代码 16）、纺织服装、鞋、帽制造业（代码 18）和黑色金属冶炼及压延加工业（代码 32）6 个行业。通过优化资本配置，对工业 TFP 增长贡献率比较大的行业主要是通信设备计算机及其他电子设备制造业（代码 40）、通用设备制造业（代码 35）、电气机械及器材制造业（代码 39）、专用设备

---

① 因为基于资源再配置和资源错配的两种框架，在计算工业及其分行业 TFP 增长率或 TFP 时，所依据的生产函数和测算方法是相同的，只不过前者是对工业 TFP 增长率的比值分解，后者是对工业 TFP 对数的差值分解，所以工业和各分行业的 TFP 变化趋势相同，但数值不具有可比性。即使如此，这两种分析框架仍然是不同的，根本区别在于对资源再配置的解释基础和量化处理方法不同。

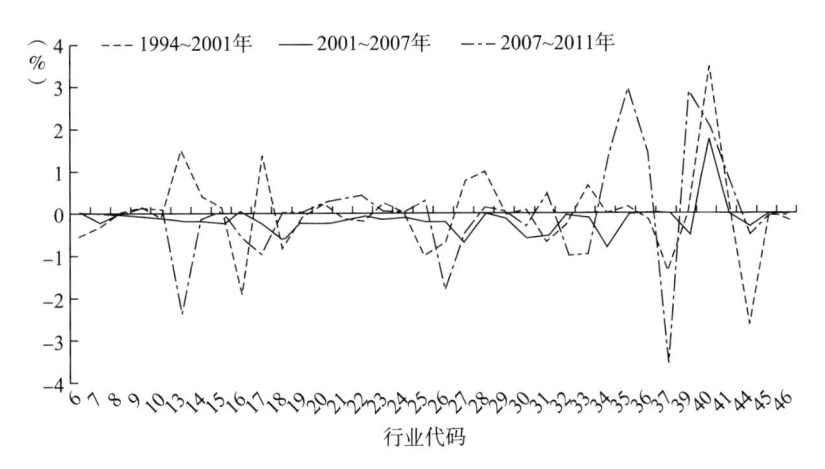

图 3-11 1994~2011年资本配置扭曲变动对工业 TFP 变动的平均贡献率

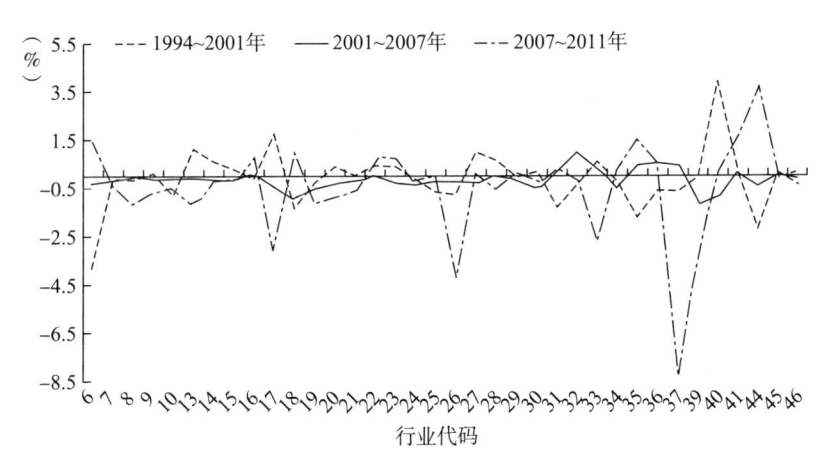

图 3-12 1994~2011年劳动配置扭曲变动对工业 TFP 变动的平均贡献率

制造业（代码36）、化学纤维制造业（代码28）和仪器仪表及文化、办公用机械制造业（代码41）。结合图3-9进行分析，发现：这些对工业TFP增长影响程度较大的行业，除了电热力生产供应业的资本配置扭曲系数较高外，其他行业基本上资本配置扭曲系数很低，资本使用成本高，资本使用严重不足。由此可见，资本错配对工业 TFP 增加影响较大的行业主要集中在资本配置扭曲系数较低的行业。这些行业资本使用成本高，资本相对缺乏，如果资本扭曲程度降低，就会对工业 TFP 有较大的正贡献；如果资本扭曲程度加剧，就对工业 TFP 有较大的负贡献。

从图 3-12 可知，劳动配置扭曲变动对工业 TFP 增加具有显著负贡献率的行业主要是交通运输设备制造业（代码 37）、化学原料及化学制品业（代码 26）、电气机械及器材制造业（代码 39）、煤炭开采和洗选业（代码 6）和皮羽制品业（代码 19）。劳动配置扭曲变动对工业 TFP 增加贡献率比较大的行业主要是：印刷业（代码 23）、医药制造业（代码 27）、电热力生产供应业（代码 44）、造纸业（代码 22）、仪器仪表业（代码 41）和通信设备制造业（代码 40）。结合图 3-8，可以发现劳动错配对工业 TFP 增加影响较大的行业，既可以是劳动配置扭曲系数小于 1、劳动投入不足的行业，也可以是劳动配置扭曲系数大于 1、劳动使用过量的行业。

第四节 小结

本章首先依据 GB/T4754-2002 标准，对 1994~2011 年两位数工业行业进行了行业归并，并将两位数工业行业的数据统计口径统一调整为全部工业口径。在此基础上，收集处理了 1994~2011 年工业 36 个分行业的样本数据，作为从供给角度研究结构变动对生产率增长影响的起点。通过对要素份额、产出份额最高和最低的 10 个行业的结构变动，以及 36 个行业分阶段的要素份额、产出份额的变动率进行详细对比分析，展示了工业内部各行业要素投入和产出结构在不同时期所发生的显著结构变动事实，初步分析了结构变动发生的现实背景。

其次，讨论了测度结构变动对单要素生产率和全要素生产率增长影响的方法原理及其经济解释。具体而言，测度结构变动对单要素生产率增长影响的方法，采用了偏离份额法。测度结构变动对全要素生产率增长的影响时，则采用了两类不同视角的研究方法：一类是在"瓦尔拉斯"假设下，基于资源再配置角度的赛尔奎因多国模型；另一类是在"摩擦性市场"的假设下，基于资源错配角度的赛尔奎因扩展模型，即 Aoki（2008，2012）的核算框架。

最后，使用样本数据，按照所采用的具体测度方法，实证分析了中国工业在 1994~2011 年及其 3 个子阶段的结构变动对单要素生产率和全要素生产率增长的影响。研究结果表明以下 4 点。

第一，劳动生产率在 1994~2011 年持续增长，行业间的劳动投入结构变动对劳动生产率增长的贡献率为 12.23%，具有明显的"结构红利"特征。其中，劳动投入结构的动态转移效应较大，贡献率为 11.23%，说明更多的劳动要素转移到了劳动生产率增长较快的行业。从时间趋势上来看，劳动要素在行业间的转移对劳动生产率的作用不断提高，劳动要素的"结构红利"效应增大。

第二，资本生产率在 1994~2011 年增长相对较小，并且具有波动性，行业间的资本投入结构变动对资本生产率增长的贡献率为 29.58%，具有明显的"结构红利"特征。其中，资本结构的静态转移效应对资本生产率增长的影响较大，贡献率为 46.43%，而动态转移效应的贡献率为 -16.86%，说明资本生产率增长的主要原因是更多的资本转移到基期具有较高资本生产率的行业。从时间趋势上来看，资本要素在行业间的转移对资本生产率增长的贡献大小具有很大的波动性，作用不稳定。

第三，基于资源再配置角度的研究表明：全要素生产率在1994~2011年持续增长，结构变动对工业TFP的增长具有显著的促进作用，对工业TFP增长的贡献率为23.09%。其中，资本的结构变动对工业TFP增长具有更加显著的正向影响，资本转移效应对TFP增长的贡献率达到了22.65%；劳动转移效应对TFP增长的贡献相对较小，贡献率仅为0.44%。分阶段来看，资本和劳动的转移效应对工业TFP增长的贡献率总体呈上升趋势，总结构效应对TFP增长的影响逐渐增强。

第四，基于资源错配角度的研究表明：1994~2011年，工业全要素生产率不断提升，反映结构变动的资源总配置效应对工业总TFP增长的平均贡献率为31.42%。其中，资源配置扭曲变动对工业总TFP增长的平均贡献率为36.50%，而产出份额变动对工业总TFP增长的平均贡献率为负。在资源配置扭曲变动中，资本配置扭曲变动对总TFP增长的贡献率更高。分阶段来看，资本和劳动的配置扭曲变动对工业TFP增长的贡献率呈上升趋势，产出份额变动对工业TFP增长的贡献率为负或较小且具有波动性，总配置效应对TFP增长的作用逐渐增强。分行业来看，资本错配对工业TFP增长影响较大的行业主要分布在资本相对较缺乏、资本使用成本较高的行业；劳动错配对工业TFP增长影响较大的行业，则既分布在劳动投入不足的行业，也分布在劳动使用过量的行业。

第四章
结构变动对生产率增长的
影响研究：需求视角

在中国工业增长的过程中，不仅工业及其各行业的要素投入结构和产出结构发生着明显的变动，而且需求结构也发生着变动。工业的最终需求与中间需求的比值：1992年为1∶2.91，2002年为1∶2.84，2007年为1∶4.34。在工业的最终需求构成中，消费、资本形成和净出口分别占最终需求的比重，1992年分别为60.15%、38.57%和1.28%；2002年分别为63.62%、34.15%和2.24%；2007年分别为39.82%、44.13%和16.04%[①]。伴随工业总量的需求结构变动，工业内部各行业的需求结构经历着更加显著的变动。例如，在1992年、2002年和2007年，化学工业的总产出占工业总产出的比重均为最高，其最终需求与中间需求的

---

① 根据1992年、2002年和2007年《中国投入产出表》计算。其中，1992年和2002年的投入产出表最终需求中包括进口项（负值），而2007年的投入产出表中最终需求不包括进口项，为了统计指标比较的一致性，在计算时将2007年的进口项也列入最终需求项。

比值：1992年为1:11.40，2002年为1:21.67，2007年为1:63.08。同时，在化学工业的最终需求构成中，消费、资本形成和净出口分别占最终需求的比重：1992年分别为141.89%、36.29%和-78.18%；2002年分别为202.45%、8.13%和-110.58%；2007年分别为240.87%、50.43%和-191.30%[①]。那么，工业内部各行业的这种需求结构变动是否会对工业生产率的增长产生影响？如果会，能否将工业行业内部的需求结构变动对生产率增长的影响效应测度出来？

在结构变动与生产率的经验研究中，绝大多数是从要素投入的供给角度来研究结构变动对生产率增长的影响，从需求角度对此进行研究的比较少。Silva and Teixeira（2008）应用文献计量学的方法，以Econlit数据库中40年来关于结构变动的理论和经验研究的910个摘要，以及 *Structural Change and Economic Dynamics* 杂志中的9703篇引文为研究对象，对经济中的结构变动研究进行了比较全面的综述，发现大多数研究强调技术驱动型的增长，缺乏对结构变动中需求因素的合适处理。这种研究现状的出现，与需求角度的理论研究和经验研究之间存在较大差距、数据缺乏等有密切的关系。

本章基于中国工业内部各行业需求结构变动的事实和学术界关于需求结构变动对生产率增长影响的已有研究，试图在投入产出分析框架下，借鉴结构分解方法，测度中国工业1992~2005年的需求结构变动对劳动生产率、资本生产率和全要素生产率增长

---

① 根据1992年、2002年和2007年《中国投入产出表》计算。其中，1992年和2002年的投入产出表最终需求中包括进口项（负值），而2007年的投入产出表中最终需求不包括进口项，为了统计指标比较的一致性，在计算时将2007年的进口项也列入最终需求项。

第四章 结构变动对生产率增长的影响研究：需求视角

的影响效应，并进行相关的对比分析，以期从需求角度理解结构变动对中国工业生产率增长的作用。这是从需求角度，针对中国工业增长中结构变动的作用、生产率增长的因素所进行的探索性研究。

第一节 需求结构变动对生产率增长影响的研究进展

如前所述，在结构变动与生产率的经验研究中，针对需求结构变动对生产率增长的影响研究相对较少。这类研究主要是在投入产出分析的框架下进行。Wolff（1985）首次基于投入产出分析框架，发展了一个测度最终需求构成对全要素生产率增长效应的模型，即将总全要素生产率增长的变动分解为各行业的全要素生产率增长变动效应、各产业间的相互作用变动效应和各产业最终需求构成变动效应三部分，解释了美国 1947~1967 年和 1967~1976 年全要素生产率增长的下降，认为在总全要素生产率增长约 2% 的下降中，17%~22% 的原因可以归结为最终需求构成的变动效应。Galatin（1988）在投入产出分析框架中，讨论了技术进步及其变动与劳动生产率、全要素生产率增长之间的复杂关系，指出技术进步、最终需求的变动都会影响劳动生产率和全要素生产率的增长，进而从数理分析的角度说明了需求因素对生产率增长的重要影响。Fontela（1989）在投入产出分析框架下，提出了全要素生产率剩余的概念和测度方法，强调了全要素生产率在部门间的转移对经济增长过程的影响，认为这种考虑结构影响的增长模型可以为理解欧洲国家在20世纪60~70年代经济增长的停滞问题提供有益的启发。Gowdy and Miller（1990）在投入产出分析框架下，提出了测算初始投入生产率、全要素生产率及其初始投入效率的方法，并用美国1967年、1972年和1977年的数据进行了检验。Gowdy and Miller指出该方法的优点：一是可以包含产业间生产率增长的溢出效应，二是采用投入产出方法对生产率进行测算，是以最终需求为导向的，因此对经济福利的核算更加全面。Wolff（1994）在Wolff（1985）的基础上，对在投入产出分析框架下测度全要素生产率增长的若干问题进行了更加深入的探讨，其中之一是将这种全要素生产率增长的测度方法与基于增长核算的传统测度方法进行了对比，并以美国1963年和1977年的投入产出表为例，对两种方法进行了验证，进而指出尽管前者在理论解释上更有优势，但在经验上这两种方法的测算结果具有高度的一致性。Dietzenbacher et al.（2000）以国家间投入产出表为基础，应用投入产出分析中的结构分解方法，将劳动生产率增长分解为6个来源——各产业增加值系数的变化效应、各产业单位产出的劳动需求变化效应、产业间的结构变化效应、作为中间投入的商品和服务的贸易结构变化效应、最终需求构成的变化效应、作为最终需求的商品及服务的贸易结构变化效应，并对6个西欧国家1975~1985年的数据进行了具体的测算和分析，发现大部分结构效应不太显著。Jacob（2003）采用类似Dietzenbacher et al.（2000）的方法，将劳动生产率增长也分解为6个部分，分析了1971~1995年印度尼西亚的结构变动对劳动生产率增长的影响，发现单位产出中劳动需求变化的生产率效应最为显著，尤其是对制造业而言。Ten Raa（2004）利用线性规划方法，通过一般均衡模型，将基于投入产出分析框架

第四章 结构变动对生产率增长的影响研究：需求视角

和新古典经济学框架的两种 TFP 增长率的测度方法进行了整合，认为即使当经济体并未处于生产前沿时，也可以借助投入产出分析方法测算 TFP 的增长率，而且还可以捕捉到部门间的结构信息，最后指出这两种方法可以很好地弥补彼此的不足。

Yang and Lahr（2008，2010）、杨凌（2010）利用 Dietzenbacher et al.（2000）和 Jacob（2003）的方法，采用结构分解方法，使用中国的全国投入产出表和区域间投入产出表，分别对全国和各区域的劳动生产率增长进行了具体的分解。相对而言，在投入产出分析框架下，应用结构分解方法研究需求结构变动对中国总量经济增长或区域经济增长影响的文献较多，如 XiKang and Jue（2000）、Andréosso-O'Callaghan and Yue（2002）、Hu and McAleer（2004）、李景华（2004）、Meng and Chao（2007）、刘保珺（2007）等。

本章通过借鉴上述已有研究，在投入产出分析框架下，采用结构分解方法，对中国工业 1992~2005 年的劳动生产率、资本生产率和全要素生产率的增长进行分解，以探求需求结构变动对工业生产率增长的影响效应。与现有文献相比，本章的贡献主要体现在以下 3 个方面。一是以工业的结构变动作为研究对象，已有的研究均是以中国的总量经济作为研究对象。二是聚焦于需求结构变动对生产率增长的影响。已有文献中，除杨凌（2010）研究了需求结构变动对劳动生产率增长的影响，其余文献都是针对需求结构变动对中国的总量经济增长或区域增长影响的研究。三是围绕需求结构变动对生产率增长的影响，对生产率进行了更加全面的考量，既包括劳动生产率、资本生产率，又包括全要素生产率，以期对结构变动对生产率增长的影响进行更加深入的研究。现有文献中，杨凌的研究仅涉及了需求结构变动对劳动生产率增长的影响。

第二节 测度需求结构变动对生产率增长影响的方法

一 测度需求结构变动对单要素生产率增长影响的方法

本章根据研究目标和我国投入产出表的具体结构,主要借鉴 Dietzenbacher et al. (2000) 的方法,来测度需求结构变动对劳动生产率和资本生产率增长的影响。为此,在投入产出分析框架下,定义:

n:投入产出表中的部门数量;

p:最终需求的种类数量;

X:总产出向量($n \times 1$ 向量);

F:各部门最终需求向量($n \times 1$ 向量);

f:最终需求水平(标量),$f = i'F$(i 为 $n \times 1$ 的向量);

A:直接消耗系数矩阵(n 阶方阵),其元素 a_{ij} 表示第 j 部门生产单位产出对第 i 部门产品的直接消耗量;

I:单位矩阵(n 阶方阵);

B:列昂惕夫逆矩阵(n 阶方阵),$B = (I - A)^{-1}$;

v:增加值系数向量($1 \times n$ 向量),其元素 V_j 表示第 j 部门单位产出所获得的增加值;

l:劳动投入系数向量($1 \times n$ 向量),其元素 l_j 表示第 j 部门生产单位产出所需要投入的劳动力;

k:资本投入系数向量($1 \times n$ 向量),其元素 k_j 表示第 j 部门生产单位产出所需要投入的资本存量;

$\tilde{F}$:最终需求矩阵($n \times p$ 矩阵),其元素 f_{is} 表示第 i 部门在第

s 类最终需求上的支出额;

M：最终需求系数矩阵（$n \times p$ 矩阵），其元素 m_{is} 表示第 s 类最终需求中 i 部门产品的比例;

y：各类最终需求向量（$p \times 1$ 向量），其元素 y_s 表示第 s 类最终需求的总量;

V：总增加值（标量），$V = vX$；

L：总劳动投入（标量），$L = lX$；

K：总资本投入（标量），$K = kX$；

LP：总劳动生产率（标量），$LP = V/L$；

CP：总资本生产率（标量），$CP = V/K$。

因为在投入产出模型中，$AX + F = X$，$X = (I - A)^{-1} F = BF$，$F = My$[①]，所以 $V = vBMy$，$L = lBMy$，$K = kBMy$。

根据以上表述，劳动生产率 $LP = vBMy/lBMy$，资本生产率 $CP = vBMy/kBMy$。

要研究结构变动对劳动生产率和资本生产率变化的影响，应用最广泛的方法是结构分解方法，即 SDA 方法。应用结构分解方法，对某一变量的变化进行分解，一般有加法分解和乘法分解两种方法。在具体的研究中，对这两种方法的选择是主观的（Jacob，2003）。在本书，由于劳动生产率和资本生产率是以比值的形式表示的，所以选择以乘法的形式对其进行分解，这样更便于数学技术上的处理和经济含义上的解释。

据此，时期 1 和时期 0 的总增加值之比可以表示为：

$$\frac{V_1}{V_0} = \frac{v_1 B_1 M_1 y_1}{v_0 B_0 M_0 y_0} = \frac{v_1 B_1 M_1 y_1}{v_0 B_1 M_1 y_1} \times \frac{v_0 B_1 M_1 y_1}{v_0 B_0 M_1 y_1} \times \frac{v_0 B_0 M_1 y_1}{v_0 B_0 M_0 y_1} \times \frac{v_0 B_0 M_0 y_1}{v_0 B_0 M_0 y_0}$$

(4 - 1)

[①] $F = My$ 的证明，请参见 Miller and Blair（2009）第 599 ~ 600 页的证明。

同理,时期 1 和时期 0 的总劳动投入之比可以表示为:

$$\frac{L_1}{L_0} = \frac{l_1 B_1 M_1 y_1}{l_0 B_0 M_0 y_0} = \frac{l_1 B_1 M_1 y_1}{l_0 B_1 M_1 y_1} \times \frac{l_0 B_1 M_1 y_1}{l_0 B_0 M_1 y_1} \times \frac{l_0 B_0 M_1 y_1}{l_0 B_0 M_0 y_1} \times \frac{l_0 B_0 M_0 y_1}{l_0 B_0 M_0 y_0} \quad (4-2)$$

则总劳动生产率在时期 1 至时期 0 的增长就可以表示为①:

$$\frac{LP_1}{LP_0} = \frac{V_1}{V_0} \times \frac{L_0}{L_1} = \frac{v_1 B_1 M_1 y_1}{v_0 B_0 M_0 y_0} \times \frac{l_0 B_0 M_0 y_0}{l_1 B_1 M_1 y_1}$$

$$= (4.4.1) \times (4.4.2) \times (4.4.3) \times (4.4.4) \times (4.4.5)$$

$$(4-3)$$

其中,

$$\begin{aligned}
(4.4.1) &= \left(\frac{v_1 B_1 M_1 y_1}{v_0 B_1 M_1 y_1}\right) \\
(4.4.2) &= \left(\frac{l_0 B_1 M_1 y_1}{l_1 B_1 M_1 y_1}\right) \\
(4.4.3) &= \left(\frac{v_0 B_1 M_1 y_1}{v_0 B_0 M_1 y_1} \times \frac{l_0 B_0 M_1 y_1}{l_0 B_1 M_1 y_1}\right) \quad (4-4) \\
(4.4.4) &= \left(\frac{v_0 B_0 M_1 y_1}{v_0 B_0 M_0 y_1} \times \frac{l_0 B_0 M_0 y_1}{l_0 B_0 M_1 y_1}\right) \\
(4.4.5) &= \left(\frac{v_0 B_0 M_0 y_1}{v_0 B_0 M_0 y_0} \times \frac{l_0 B_0 M_0 y_0}{l_0 B_0 M_0 y_1}\right)
\end{aligned}$$

对应式(4-4),式(4-3)的右边第一项表示各部门增加值系数变动的生产率效应,反映各部门单位产出中增加值的变化对总劳动生产率增长的影响。第二项衡量了各部门单位产出中劳动投入变化的生产率效应。如果该项的数值大于 1,则说明第 1 期比第 0 期投入了更少的劳动力,因此该项也称为劳动投入节约

---

① 在本章,生产率在时期 1 和时期 0 的增长,与第三章中生产率的增长率不同。二者的区别是数值上的差异,即第三章中的劳动生产率增长率加 1 就等于此处的生产率增长。

第四章 结构变动对生产率增长的影响研究：需求视角

的生产率效应，可反映生产过程中由于创新和资本替代劳动等引起的劳动节约行为[①]。第三项衡量的是各部门间生产结构改变的生产率效应，即体现了列昂惕夫逆矩阵改变对总劳动生产率增长的影响。这是投入产出分析框架中具有非常重要经济内涵的一个组成部分，技术进步、要素替代、产出构成的改变等因素均可引起其改变。第四项反映最终需求系数变动的生产率效应，即体现了各类需求在各部门间所占份额的变化对总劳动生产率增长的影响。该项根据最终需求所包括的种类，可以进一步分解出具体的各类需求系数变动对总劳动生产率增长的影响。第五项表示了各类最终需求总量的变动对总劳动生产率增长的影响，同第四项一样，该项也可以进一步分解为各项具体的最终需求总量变动对总劳动生产率增长的影响[②]。据此，将总劳动生产率在时期1至时期0的增长分解为以上5项，反映了各个不同因素对总劳动生产率增长的影响效应。当某项的计算数值大于1时，说明该因素的变化促进了总劳动生产率的增长；反之，当某项的计算数值小于1时，说明该因素的变化阻碍了总劳动生产率的增长，即引起了总劳动生产率的下降。

结构分解中，因为对变量可以取不同的权重，所以结构分解的结果并不是唯一的。如果将式（4-1）和式（4-2）中每一项

[①] 根据第一项和第二项所反映的经济含义，这两项并不是相互独立的。但正如Dietzenbacher et al.（2000）所指出的，这种分解方法只是对结构变动数值的测算，并不能回答生产率增长的驱动因素或者生产率变化的产生机制。

[②] 为公式表示的简洁明了，在式（4-4）中没有进一步分解出第四项 M 和第五项 y 中某类最终需求结构或需求量变动对总劳动生产率变化的影响效应。根据这种分解的经济含义，要分解出 M（或 y）中某具体的最终需求结构（或水平）对总劳动生产率变化的影响，就让该类最终需求对应的部分变化，其他类最终需求的对应部分保持不变即可。在实证分析部分，我们都按此原理，根据所包括的各类最终需求，对第四项和第五项中做了进一步的分解。

变动的变量权重对应的时期变成另一个时期，就会得到对总劳动生产率在时期 1 至时期 0 的增长进行分解的另一个表达式：

$$\frac{LP_1}{LP_0} = \frac{V_1}{V_0} \times \frac{L_0}{L_1} = \frac{v_1 B_1 M_1 y_1}{v_0 B_0 M_0 y_0} \times \frac{l_0 B_0 M_0 y_0}{l_1 B_1 M_1 y_1}$$

$$= (4.6.1) \times (4.6.2) \times (4.6.3) \times (4.6.4) \times (4.6.5)$$

$$(4-5)$$

其中，

$$(4.6.1) = \left(\frac{v_1 B_0 M_0 y_0}{v_0 B_0 M_0 y_0}\right)$$

$$(4.6.2) = \left(\frac{l_0 B_0 M_0 y_0}{l_1 B_0 M_0 y_0}\right)$$

$$(4.6.3) = \left(\frac{v_1 B_1 M_0 y_0}{v_1 B_0 M_0 y_0} \times \frac{l_1 B_0 M_0 y_0}{l_1 B_1 M_0 y_0}\right) \quad (4-6)$$

$$(4.6.4) = \left(\frac{v_1 B_1 M_1 y_0}{v_1 B_1 M_0 y_0} \times \frac{l_1 B_1 M_0 y_0}{l_1 B_1 M_1 y_0}\right)$$

$$(4.6.5) = \left(\frac{v_1 B_1 M_1 y_1}{v_1 B_1 M_1 y_0} \times \frac{l_1 B_1 M_1 y_0}{l_1 B_1 M_1 y_1}\right)$$

对应式（4-6），总劳动生产率增长的分解公式（4-5）中各项的解释与分解公式（4-3）完全相同，只是权重不同。那么，到底选择哪一种分解作为总劳动生产率增长的结果？国际学术界较普遍的做法是取上述这两种分解的几何平均作为分解的结果，即对式（4-4）和式（4-6）中所对应的每一项分解结果求几何平均值，得到每一个因素变动对总劳动生产率增长的影响效应。最后，对每个因素影响效应的数值取对数，就可以得到每个因素变动对总劳动生产率增长的贡献大小，然后计算贡献率。

与总劳动生产率增长的分解类似，总资本生产率在时期 1 至时期 0 的增长也可以分解为如下两种：

$$\frac{CP_1}{CP_0} = \frac{V_1/K_1}{V_0/K_0} = \frac{V_1}{V_0} \times \frac{K_0}{K_1} = \frac{v_1 B_1 M_1 y_1}{v_0 B_0 M_0 y_0} \times \frac{k_0 B_0 M_0 y_0}{k_1 B_1 M_1 y_1} =$$

$$\left(\frac{v_1 B_1 M_1 y_1}{v_0 B_1 M_1 y_1}\right) \times \left(\frac{k_0 B_1 M_1 y_1}{k_1 B_1 M_1 y_1}\right) \times \left(\frac{v_0 B_1 M_1 y_1}{v_0 B_0 M_1 y_1} \times \frac{k_0 B_0 M_1 y_1}{k_0 B_1 M_1 y_1}\right) \times$$

$$\left(\frac{v_0 B_0 M_1 y_1}{v_0 B_0 M_0 y_1} \times \frac{k_0 B_0 M_0 y_1}{k_0 B_0 M_1 y_1}\right) \times \left(\frac{v_0 B_0 M_0 y_1}{v_0 B_0 M_0 y_0} \times \frac{k_0 B_0 M_0 y_0}{k_0 B_0 M_0 y_1}\right)$$

$$(4-7)$$

或：

$$\frac{CP_1}{CP_0} = \left(\frac{v_1 B_0 M_0 y_0}{v_0 B_0 M_0 y_0}\right) \times \left(\frac{k_0 B_0 M_0 y_0}{k_1 B_0 M_0 y_0}\right) \times \left(\frac{v_1 B_1 M_0 y_0}{v_1 B_0 M_0 y_0} \times \frac{k_1 B_0 M_0 y_0}{k_1 B_1 M_0 y_0}\right) \times$$

$$\left(\frac{v_1 B_1 M_1 y_0}{v_1 B_1 M_0 y_0} \times \frac{k_1 B_1 M_0 y_0}{k_1 B_1 M_1 y_0}\right) \times \left(\frac{v_1 B_1 M_1 y_1}{v_1 B_1 M_1 y_0} \times \frac{k_1 B_1 M_1 y_0}{k_1 B_1 M_1 y_1}\right) \quad (4-8)$$

式（4-7）和式（4-8）中各项的含义与总劳动生产率增长分解中的含义类似，不再赘述。同样，总资本生产率增长的各个因素分解结果取式（4-7）和式（4-8）中所对应因素分解结果的几何平均值，各个因素变化对总资本生产率增长的贡献大小是其对应几何平均值的对数。

二 测度需求结构变动对全要素生产率增长影响的方法

在投入产出分析框架下，对全要素生产率增长进行经验分析的文献较少，主要是 Wolff（1985，1994）、Gowdy and Miller（1990）等。根据数据的可获得性，我们选择 Wolff（1985，1994）的方法，来测度各部门全要素生产率的增长率。记 π_j 为第 j 部门的全要素生产率增长率，则：

$$\pi_j = -\sum_i \alpha_{ij}(d\log a_{ij}) - \alpha_{Lj}(d\log l_j) - \alpha_{Kj}(d\log k_j) \quad (4-9)$$

式中，α_{ij}、α_{Lj}和α_{Kj}分别表示第j部门中间流量、劳动报酬和资本报酬占总产出的比重，d表示差分，a_{ij}、l_j和k_j含义同前，分别表示直接消耗系数、劳动投入系数和资本投入系数。

按照OECD（2001b）的《生产率测算手册》，对各部门全要素生产率的增长率π_j进行多马（Domar）加权，就可得到整体经济的全要素生产率的增长率ρ，即：

$$\rho = \sum_j \pi_j \frac{X_j}{f} \qquad (4-10)$$

其中，X_j为第j部门的总产出，f为总最终需求。ρ的矩阵表示形式为：

$$\rho = \pi \frac{X}{f} \qquad (4-11)$$

式中，$\pi = [\pi_1 \cdots \pi_j \cdots \pi_n]$，其余符号含义同前。

借鉴Dietzenbacher et al.（2000）对总劳动生产率变化的分解，可以对ρ在时期1和时期0的变化进行分解①：

$$\frac{\rho_1}{\rho_0} = \frac{\pi^1 \frac{X_1}{f_1}}{\pi^0 \frac{X_0}{f_0}} = \frac{\pi^1 \frac{1}{f_1} B_1 M_1 y_1}{\pi^0 \frac{1}{f_0} B_0 M_0 y_0}$$

$$= (4.13.1) \times (4.13.2) \times (4.13.3) \times (4.13.4) \times (4.13.5)$$
$$(4-12)②$$

其中，

---

① 此处，ρ的变化，即TFP增长率的变化，与TFP增长率的增长是一个意思，只是表达上的差异，因为后者比较拗口。下文同。
② 式中，上标和下标数字均表示时期。

第四章 结构变动对生产率增长的影响研究：需求视角

$$(4.13.1) = \frac{\pi^1 \frac{1}{f_1} B_1 M_1 y_1}{\pi^0 \frac{1}{f_1} B_1 M_1 y_1}$$

$$(4.13.2) = \frac{\pi^0 \frac{1}{f_1} B_1 M_1 y_1}{\pi^0 \frac{1}{f_0} B_1 M_1 y_1}$$

$$(4.13.3) = \frac{\pi^0 \frac{1}{f_0} B_1 M_1 y_1}{\pi^0 \frac{1}{f_0} B_0 M_1 y_1} \quad (4-13)$$

$$(4.13.4) = \frac{\pi^0 \frac{1}{f_0} B_0 M_1 y_1}{\pi^0 \frac{1}{f_0} B_0 M_0 y_1}$$

$$(4.13.5) = \frac{\pi^0 \frac{1}{f_0} B_0 M_0 y_1}{\pi^0 \frac{1}{f_0} B_0 M_0 y_0}$$

对应式（4-13），式（4-12）的右边第一项衡量了部门全要素生产率增长率变化的生产率效应，反映了各部门 TFP 增长率变动对总体经济 TFP 增长率变化的影响。第二项表示总最终需求水平变动的生产率效应。如果该项的数值大于 1，则说明第 1 期比第 0 期的总最终需求水平低，有利于总 TFP 增长率的提高。第三项衡量的是各部门间生产结构改变的生产率效应，即反映了列昂惕夫逆矩阵改变对总 TFP 增长率变化的影响，各部门的技术进步、要素替代等因素的变化均可引起其改变。第四项反映最终需求系数变动的生产率效应，即衡量了各类需求在各部门间所占份额的变化对总 TFP 增长率变化的影响。该项根据最终需求所包括的种类，可以进一步分解出具体的各类需求系数变动对总 TFP 增长率变化的影响。第五项表示了各类最终需求总量的变动对总 TFP 增长率变化的影响,同第四项一样,该项也可以进一步分解到各项具体的最终需求总量变动对总 TFP 增长率变化的影响[①]。因此,总 TFP 增长率在时期 1 至时期 0 的变化分解为上述 5 项,反映了各个不同因素变动对总 TFP 增长率变化的影响效应[②]。当某项的计算数值大于 1,说明该因素的变化促进了总 TFP 增长率的提高;反之,当某项的计算数值小于 1,说明该因素的变化阻碍了总 TFP 增长率的提高,即引起了总 TFP 增长率的下降。

由于结构分解的不唯一,将式(4 - 13)中每一项变动的变量权重对应的时期变成另一个时期,就会得到对总 TFP 增长率在时期 1 至时期 0 的变化进行分解的另一个表达式:

$$\frac{\rho_1}{\rho_0} = \frac{\pi^1 \frac{1}{f_1} B_1 M_1 y_1}{\pi^0 \frac{1}{f_0} B_0 M_0 y_0} = \left(\frac{\pi^1 \frac{1}{f_0} B_0 M_0 y_0}{\pi^0 \frac{1}{f_0} B_0 M_0 y_0}\right) \times \left(\frac{\pi^1 \frac{1}{f_1} B_0 M_0 y_0}{\pi^1 \frac{1}{f_0} B_0 M_0 y_0}\right) \times$$

$$\left(\frac{\pi^1 \frac{1}{f_1} B_1 M_0 y_0}{\pi^1 \frac{1}{f_1} B_0 M_0 y_0}\right) \times \left(\frac{\pi^1 \frac{1}{f_1} B_1 M_1 y_0}{\pi^1 \frac{1}{f_1} B_1 M_0 y_0}\right) \times \left(\frac{\pi^1 \frac{1}{f_1} B_1 M_1 y_1}{\pi^1 \frac{1}{f_1} B_1 M_1 y_0}\right) \quad (4-14)$$

式(4 - 14)中各项所表示的含义与分解公式(4 - 12)完全相同,只是权重不同。根据结构分解方法的通常做法,对式

---

① 式(4 - 12)中,对于第四项 M 和第五项 y 中对某类最终需求结构或需求量变动的进一步分解,处理方法同总劳动生产率变化的分解。
② 需要指出的是,式(4 - 13)中的各项,除了最终需求水平常被看作外生的外,其余各项也不是相互独立的。Wolff(1994)通过将资本看作产品的生产手段,部分解决了分解各项的非独立性问题;但同时指出,如果进一步深入分析,仍然会存在非独立性的问题。笔者认为,这可能是由于投入产出分析框架一个最显著的特征——部门间的相互依赖性造成的。正如前文所指出的,这种分解的目的是对结构变动数值的测算,并不涉及生产率增长的产生机制,因此从测算方法上仍然是可行的。

（4-12）和式（4-14）中所对应的每一项分解结果求几何平均值，就得到了每一个因素变动对总 TFP 增长率变化的影响效应。最后，对每个因素影响效应的数值取对数，就可以得到每个因素变动对总 TFP 增长率变化的影响贡献大小。

第三节　工业各部门的需求结构变动事实

一　部门归并和样本数据的来源及处理

本章是在投入产出分析框架下，采用结构分解方法，研究中国工业的需求结构变动对单要素生产率和全要素生产率增长的影响。因此，大部分样本数据来源于全国的投入产出表（价值型）。

根据研究方法，最终使用的数据要具有可比性，即各年的投入产出表要是可比的。我国正式出版的可比价投入产出表有两个系列：一是 1998 年出版的由国家统计局与香港中文大学合作、历时两年多完成的可比价投入产出表，包括 1981 年、1983 年、1987 年、1990 年、1992 年和 1995 年 6 个年份；二是 2010 年出版的由国家统计局核算司与中国人民大学合作、历时 1 年多完成的可比价投入产出表，包括 1992 年、1997 年、2002 年和 2005 年 4 个年份（刘起运、彭志龙，2010）。由于后一个系列的可比价投入产出表包括的数据相对更新，行业分类标准与第三章所参照的《国民经济行业分类》（GB/T4754-2002）标准一致，有利于其他数据的获得，因此本章选择该系列的可比价投入产出表作为样本数据的重要来源之一，研究区间确定为 1992~2005 年。

所选择的全国可比价投入产出表共包括 33 个部门，有 24

个部门属于工业,9 个部门属于非工业。由于本书的研究对象是工业,在不影响研究的前提下,为分析简便,我们将 9 个非工业部门合并为 1 个部门:非工业部门。并且,24 个工业部门中的两个部门——其他制造业和废品废料,由于资本数据无法单独获得,于是将这两个部门合并为 1 个部门:其他工业部门。因此,经过上述的行业归并处理,全国可比价投入产出表最终合并为 24 个部门,其中 23 个部门为工业部门,1 个为非工业部门。具体各个部门所包含的行业与 GB/T4754 - 2002 标准的对应关系参见表 4 - 1。

表 4 - 1 归并的部门分类对应关系

部门序号	归并的部门分类	对应的投入产出表部门代码	包括的《国民经济行业分类》（GB/T4754 - 2002）行业及其代码
1	煤炭开采和洗选业	2	煤炭开采和洗选业（6）
2	石油和天然气开采业	3	石油和天然气开采业（7）
3	金属矿采选业	4	黑色金属矿采选业（8）；有色金属矿采选业（9）
4	非金属矿采选业	5	非金属矿采选业（10）；其他采矿业（11）
5	食品制造及烟草加工业	6	农副食品加工业（13）；食品制造业（14）；饮料制造业（15）；烟草制品业（16）
6	纺织业	7	纺织业（17）
7	服装皮革羽绒及其制品业	8	纺织服装、鞋、帽制造业（18）；皮革、毛皮、羽毛（绒）及其制品业（19）
8	木材加工及家具制造业	9	木材加工及木竹藤棕草制品业（20）；家具制造业（21）

第四章　结构变动对生产率增长的影响研究：需求视角

续表

部门序号	归并的部门分类	对应的投入产出表部门代码	包括的《国民经济行业分类》（GB/T4754-2002）行业及其代码
9	造纸印刷及文教用品制造业	10	造纸及纸制品业（22）；印刷业和记录媒介的复制（23）；文教体育用品制造业（24）
10	石油加工、炼焦及核燃料加工业	11	石油加工、炼焦及核燃料加工业（25）
11	化学工业	12	化学原料及化学制品制造业（26）；医药制造业（27）；化学纤维制造业（28）；橡胶制品业（29）；塑料制品业（30）
12	非金属矿物制品业	13	非金属矿物制品业（31）
13	金属冶炼及压延加工业	14	黑色金属冶炼及压延加工业（32）；有色金属冶炼及压延加工业（33）
14	金属制品业	15	金属制品业（34）
15	通用、专用设备制造业	16	通用设备制造业（35）；专用设备制造业（36）
16	交通运输设备制造业	17	交通运输设备制造业（37）
17	电气、机械及器材制造业	18	电气机械及器材制造业（39）
18	通信设备、计算机及其他电子设备制造业	19	通信设备、计算机及其他电子设备制造业（40）
19	仪器仪表及文化办公用机械制造业	20	仪器仪表及文化、办公用机械制造业（41）
20	其他工业	21+22	工艺品及其他制造业（42）；废弃资源和废旧材料回收加工业（43）
21	电热力的生产和供应业	23	电力、热力的生产和供应业（44）
22	燃气生产和供应业	24	燃气生产和供应业（45）
23	水的生产和供应业	25	水的生产和供应业（46）

143

续表

部门序号	归并的部门分类	对应的投入产出表部门代码	包括的《国民经济行业分类》（GB/T4754－2002）行业及其代码
24	非工业部门	1，26，27，28，29，30，31，32，33	其他所有非工业行业（1~5，47~63，65~98）

按照表4－1的行业归并和投入产出表的结构原理，可以将1992年、1997年、2002年和2005年33个部门的可比价投入产出表调整为24个部门的数据结构，即中间流量矩阵为24×24部门的结构，最终需求矩阵的行和增加值矩阵的列也相应调整为24个部门，对应数据随之变化。本章最终研究的是总量经济中的结构变动与23个工业部门的生产率变动关系，测度需求结构变动对生产率增长影响的数据，还需要这24个部门1992年、1997年、2002年和2005年的劳动投入数据和资本投入数据。其中，23个工业部门所对应的劳动投入数据来源、处理方法与第三章相同，只是根据表4－1进行了对应行业的数据合并；非工业部门的劳动投入数据利用对应年度的全国总就业人员减去工业所有部门的劳动就业人员得到。按照相同的方法，得到23个工业部门所对应的按1990年＝100的价格指数缩减的资本投入数据，然后通过历年固定资产价格投资指数转换为与可比价投入产出表相同的价格指数（2000年＝100）。而非工业部门的资本投入数据，首先将对应年度以当年价表示的全国总资本存量以2000年＝100的价格指数进行缩减，然后再减去对应年度的工业所有部门的资本投入数据得到[1]。

---

[1] 1992年、1997年、2002年和2005年的全国总就业人员、总资本存量和各年度固定资产价格投资指数，来源于对应年份的《中国统计年鉴》。

二 需求结构变动的经验事实

全国投入产出表将最终需求分为农村居民消费、城镇居民消费、政府消费、固定资本形成总额、存货增加、出口、进口和其他项8个组成部分。其中，由于工业部门的政府消费均为0，非工业部门的政府消费不为0，为便于分析非工业部门的结构变动对工业部门生产率变化的影响，将其政府消费和城镇居民消费合并，统称为非工业部门的城镇居民消费。出口和进口合并为净出口一项，即净出口 = 出口 - 进口。其他项是为了平衡投入产出表而增加的一列，没有实际的经济含义。于是，在此主要研究的最终需求结构，主要包括农村居民消费、城镇居民消费、固定资本形成、存货增加和净出口5个部分的结构变动事实。下面从工业整体的最终需求分布、工业各部门最终需求水平占总产出的比重和工业各部门的最终需求分布3个方面，分析需求结构在1992~2005年的变化状况。

最终需求分布，是指农村居民消费、城镇居民消费、固定资本形成、存货增加和净出口等占最终需求水平的比重。工业整体的最终需求分布，即工业23个部门的各类最终需求总量与经济整体的总最终需求水平的比例[1]。图4-1展示了1992~2005年工业整体的最终需求分布状况。从图中可以看出，除了城镇居民消费在这4年的比重相差较小外，工业最终需求的其他构成部分均发生了非常明显的变动。

各行业的总产出作为需求包括两部分：一部分是作为本部门和其他部门的中间需求，另一部分是作为最终需求。工业各部门

---

[1] 在投入产出表中，习惯称工业的各个行业为部门。

结构变动与中国工业生产率增长

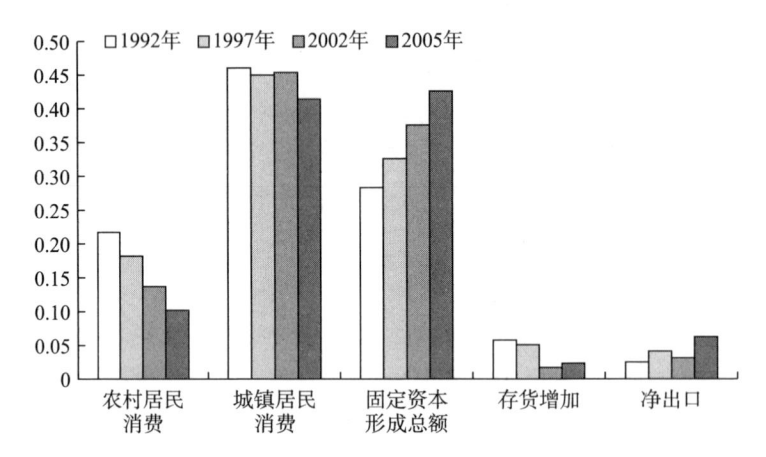

图 4-1 1992~2005年工业各类最终需求占经济总最终需求比重

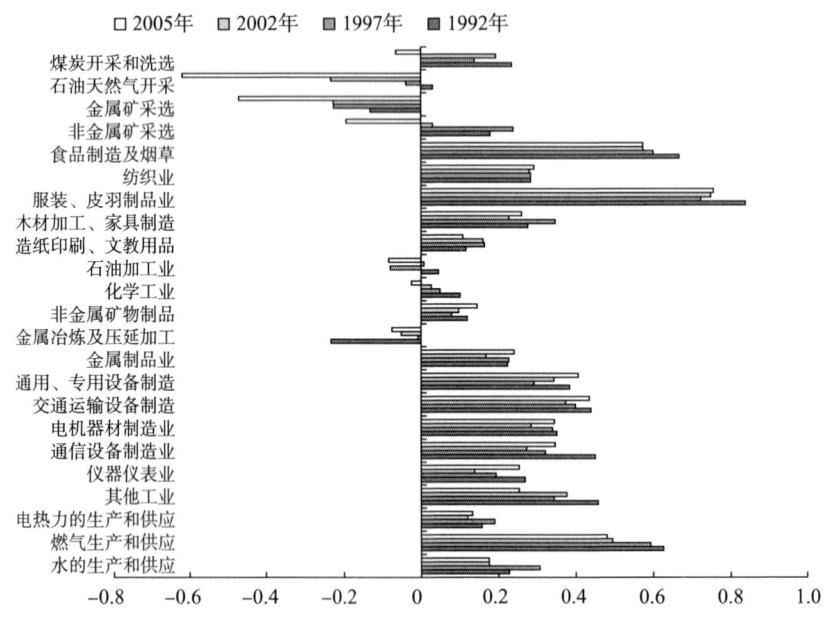

图 4-2 1992~2005年工业各部门最终需求占总产出的比重变化

中间需求与最终需求水平占总产出的比重大小,与部门的属性密切联系在一起。一般来说,原材料和能源部门中间需求占总产出

第四章 结构变动对生产率增长的影响研究：需求视角

的比重较大，它们是国民经济生产的基础部门。其他一些部门，如食品、轻纺、机械设备等，它们生产的商品可以直接满足消费或者投资的需求，则最终需求占总产出的比重较大。图4-2展示了1992~2005年工业各部门最终需求水平占总产出的比重变化状况。从图中可以看出，在同一年度，总产出中作为最终需求的比重在部门间存在很大差异，这是由其部门的特有属性决定的。从各个不同的年份进行比较，可以发现每一个具体部门中最终需求的比重也在随时间变化，这与部门各年度生产的产品结构、其他部门对其的中间需求以及最终需求分布状况的变化等有关系。

图4-3和图4-4显示了1992~2005年最终需求中农村居民消费和城镇居民消费在各部门的分布状况。农村居民消费与城镇居民消费在行业分布上呈现较大的差异，并且农村居民消费工业

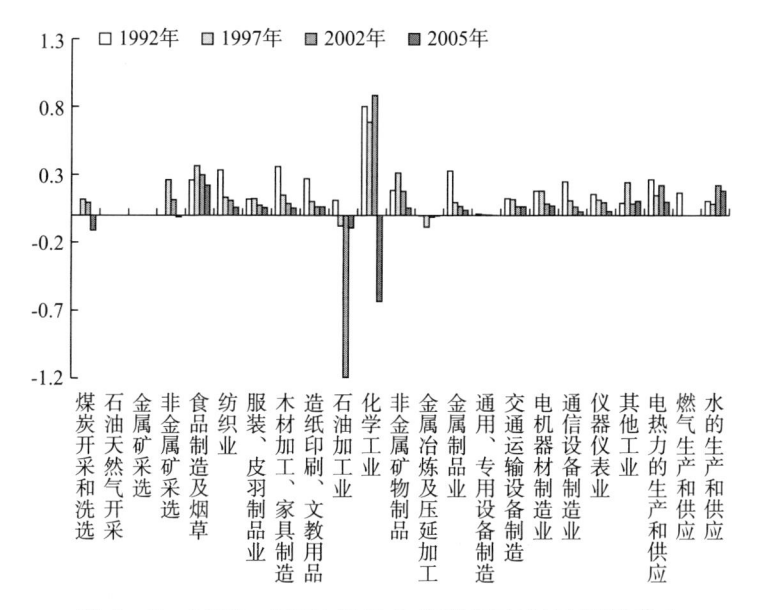

图4-3　1992~2005年工业各部门农村居民消费占最终需求的比重

产品的比重总体上低于城镇居民消费的比重,说明城乡生活方式和收入水平的差距依然较大。从时间变化趋势上分析,农村居民对大部分行业的产品消费需求随时间降低,城镇居民对电力、燃气和水的消费需求随时间上升。需求结构的改变与居民收入的提高(如农村和城镇居民对食品制造和烟草业的消费支出下降)、技术的进步(如居民对通信设备等的消费支出下降)、消费模式和人口结构的改变等众多因素相关。

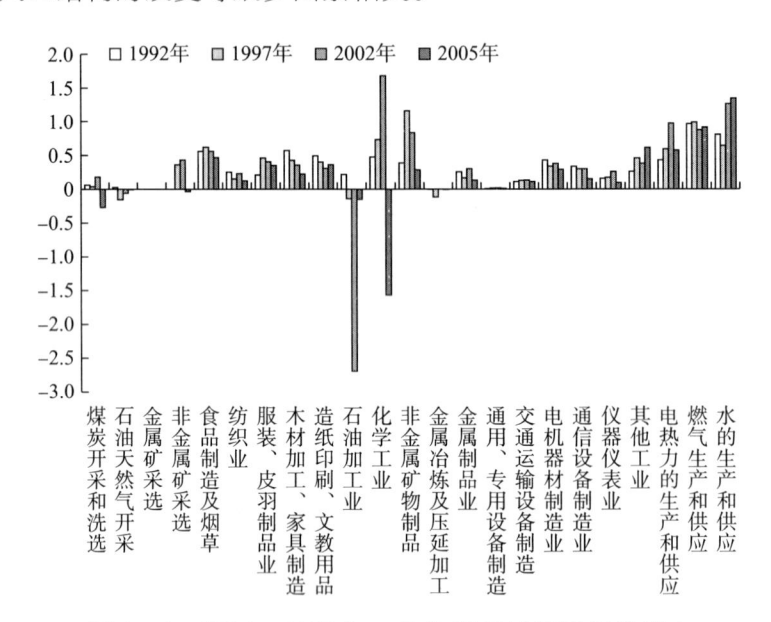

图4-4 1992~2005年工业各部门城镇居民消费占最终需求的比重

图4-5和图4-6显示了1992~2005年各部门固定资本形成总额和存货增加在最终需求构成中的变化状况。各部门的固定资本形成总额反映了其投资水平。最终需求中固定资本形成总额的部门构成随时间变化,但部门的集中性很稳定,主要集中在通用、专用设备制造业,仪器仪表业,交通运输设备制造业,通信设备制造业等部门。这些部门大多属于重工业部门,产出增长受

投资驱动的特征明显。而存货增加由于其自身的特征,在部门间的分布变化很大,随时间变化的波动性很强。

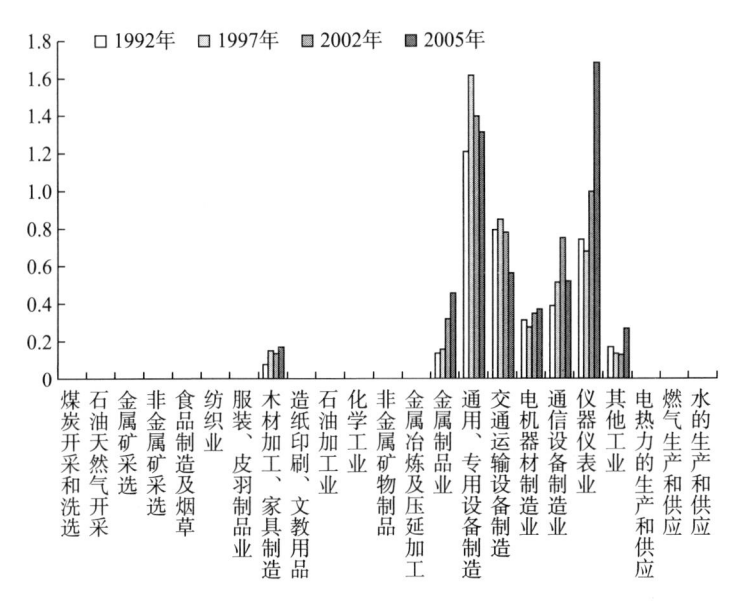

图 4-5 1992~2005 年工业各部门固定资本形成总额占最终需求的比重

图 4-7 显示了 1992~2005 年工业各部门净出口占最终需求的比重[①]。净出口为正,说明出口大于进口;净出口为负,说明进口大于出口。如果部门的最终需求为正,则净出口占最终需求的比重为正,说明该部门出口大于进口。所以,净出口的部门结构还要结合最终需求的状况进行具体分析。在净出口比重较高的行业中,石油天然气开采业、金属矿采选业、石油加工业和金属冶炼及压延加工业由于其进口超过出口太多(净出口为负),最终需求为负,最终净出口占最终需求的比重较高,

---

① 1992 年、1997 年、2002 年和 2005 年的全国投入产出表中,进口作为最终需求的一部分是负值。

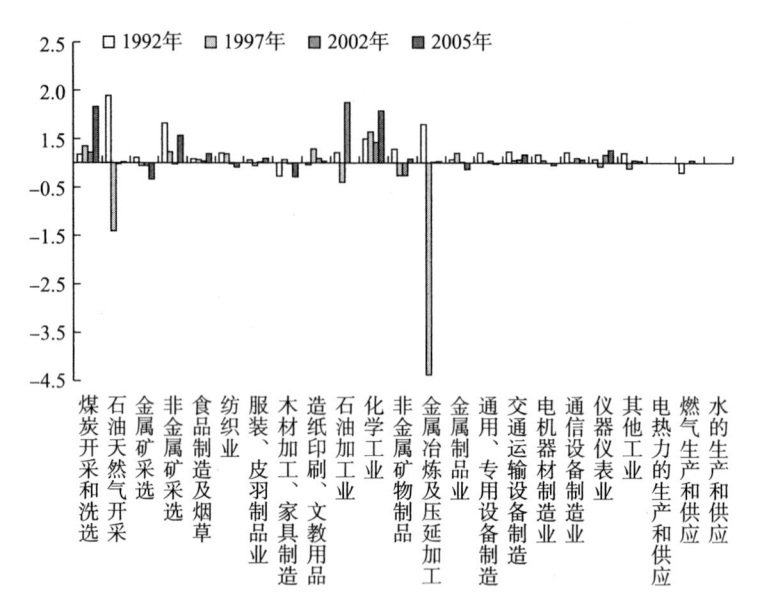

图 4-6　1992~2005 年工业各部门存货增加占最终需求的比重

是进口的主要部门。对于其余的工业部门，净出口比重较大的部门是出口的主要部门，如服装制造业、纺织业、金属制品业等；净出口比重较小的部门是进口的主要部门，如通信计算机制造业、仪器仪表制造业等。进出口的部门结构随时间波动相对较大，反映了工业各部门对外部经济的依赖程度和贸易比较优势的变化。

综上所述，从 1992~2005 年工业整体的最终需求分布、各部门的最终需求水平比重和需求构成等方面，可以清楚地看到工业及其内部各部门的需求结构均发生了明显变化。生产是供给和需求相互作用的过程。在市场经济中，需求对产出的影响尤为重要。因此，工业最终需求结构的变动就成为考察工业增长及其生产率变化的因素之一。

第四章　结构变动对生产率增长的影响研究：需求视角

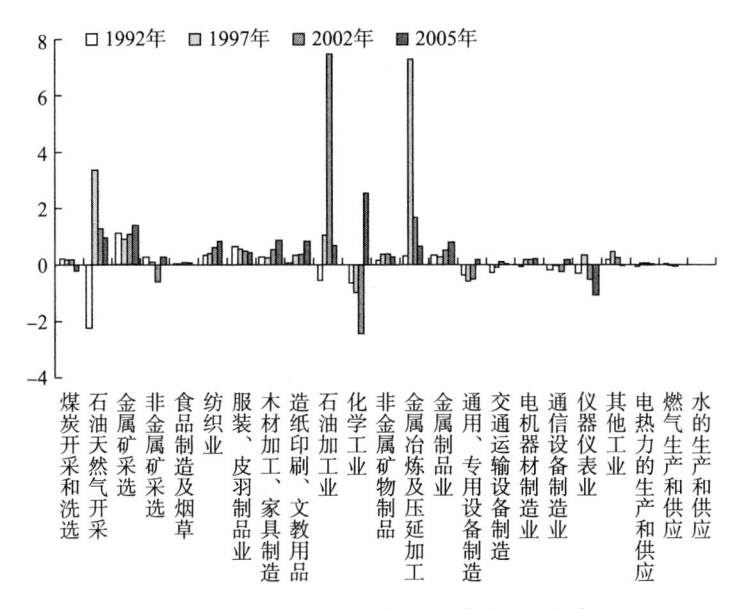

图 4-7　1992~2005 年工业各部门净出口占最终需求的比重

第四节　需求结构变动对生产率增长影响的实证分析

一　需求结构变动对单要素生产率增长的影响分析

1. 需求结构变动对劳动生产率增长的影响分析

（1）劳动生产率及其增长的描述性统计分析。劳动生产率是产出与劳动投入的比率。在此以增加值与劳动从业人员之比表示劳动生产率，反映单位劳动投入的增加值。表 4-2 显示了以可比价投入产出表为基础的工业及其各部门的劳动生产率水平和劳动生产率的年均增长率状况。从表中可以看出，工业的劳动生产率呈现持续的增长态势，13 年间的年均增长率为 13.86%；工业各部门的劳动生产率，除煤炭开采和洗选业、石油天然气开采业、石油加工业和水的生产和供应业 4 个部门外，均显示出持续增长的趋势，但各部门的年均增长率差异很大。另外，在同一时期工业各部门之间的劳动生产率存在很大差异，劳动生产率的标准差反映了这种差异的波动程度。1992 年劳动生产率水平最高的 5 个部门分别是石油天然气开采业、电热力的生产和供应业、水的生产和供应业、食品制造及烟草业、纺织业；2005 年劳动生产率水平最高的 5 个部门是石油天然气开采业、电热力的生产和供应业、石油加工业、燃气生产和供应业、交通运输设备制造业。1992～2005 年劳动生产率的年均增长率最高的 5 个部门是通信设备制造业，通用、专用设备制造业，燃气生产和供应业，非金属矿物制品业，仪器仪表业。

（2）需求结构变动对劳动生产率增长的影响。根据对可比价投入产出表的部门归并及其序号（见表 4 - 1）和投入产出表的结构原理，可以将工业总劳动生产率在时期 1 至时期 0 的增长表示为：

$$\frac{LP_1}{LP_0} = \frac{V_1}{V_0} \times \frac{L_0}{L_1}$$

$$= \frac{v_{1(1\times23)} B_{1(23\times24)} M_{1(24\times6)} y_{1(6\times1)}}{v_{0(1\times23)} B_{0(23\times24)} M_{0(24\times6)} y_{0(6\times1)}} \times \frac{l_{0(1\times23)} B_{0(23\times24)} M_{0(24\times6)} y_{0(6\times1)}}{l_{1(1\times23)} B_{1(23\times24)} M_{1(24\times6)} y_{1(6\times1)}} \quad (4-15)$$

其中，各向量或矩阵下标括号中的数字表示该向量或矩阵的阶，其余变量及其符号含义同前。具体而言，$v_{(1\times23)}$ 和 $l_{(1\times23)}$ 分别对应 23 个工业部门的增加值系数和劳动投入系数；$B_{(23\times24)}$ 对应可比价投入产出表中 24×24 部门的列昂惕夫逆矩阵中的前 23 行；$M_{(24\times6)}$ 表示最终需求系数矩阵，列向上分别对应其 6 个组成部分：

农村居民消费、城镇居民消费、固定资本形成、存货增加、净出口和其他项的各部门数值；$y_{(6\times1)}$ 对应6类最终需求的总量。

表4-2 工业及其各部门的劳动生产率水平及年均增长率（2000年可比价）

单位：元/人，%

部门序号	部门	1992年	1997年	2002年	2005年	年均增长率（1992~2005年）
	工业	14576.05	29439.62	58959.23	78790.4	13.86
1	煤炭开采和洗选	10865.93	19721.37	35442.37	19009.55	4.40
2	石油天然气开采	325351.11	158159.63	376058.80	291661.47	-0.84
3	金属矿采选	10854.06	28685.92	58939.30	72917.76	15.78
4	非金属矿采选	11690.71	22729.39	57641.54	61984.43	13.69
5	食品制造及烟草	36889.49	32614.29	75467.30	112353.05	8.94
6	纺织业	25218.91	23097.22	35950.31	51130.69	5.59
7	服装、皮羽制品业	9706.86	18940.44	25972.95	42729.38	12.08
8	木材加工、家具制造	6124.45	24609.49	54542.73	58699.48	18.99
9	造纸印刷、文教用品	7489.12	30257.39	61682.08	78979.24	19.87
10	石油加工业	23608.81	58446.11	172734.30	149008.07	15.23
11	化学工业	14862.73	32828.99	65735.26	58889.94	11.17
12	非金属矿物制品	1891.43	10912.65	25255.65	62986.99	30.95
13	金属冶炼及压延加工	6769.70	36967.56	102098.00	101115.63	23.12
14	金属制品业	3681.99	29428.53	43311.03	65718.07	24.82
15	通用、专用设备制造	3164.60	28509.38	51100.27	73451.69	27.37

续表

部门序号	部门	1992 年	1997 年	2002 年	2005 年	年均增长率（1992~2005 年）
16	交通运输设备制造	8405.43	34510.04	70960.42	127446.01	23.26
17	电机器材制造业	3962.12	28869.25	47364.82	90045.30	27.16
18	通信设备制造业	-3419.56	43246.01	84592.82	112147.85	*
19	仪器仪表业	2431.44	27152.26	55139.73	102541.52	33.35
20	其他工业	5613.59	23048.64	56076.58	79034.96	22.56
21	电热力的生产和供应	59963.93	78727.86	129208.17	187264.57	9.15
22	燃气生产和供应	5202.91	9388.75	38894.32	148463.72	29.41
23	水的生产和供应	37799.67	65922.56	47205.32	58604.58	3.43
	各部门的标准差	66686.67	30901.73	73315.28	57810.16	10.19

注：* 因为在 1992 年可比价投入产出表中，通信设备制造业的增加值为负，其劳动生产率为负，所以此处的年均增长率没有计算，分部门年均增长率的标准差也不包括该行业。

然后，将式（4-15）中各向量或矩阵对应的样本数据，代入劳动生产率增长的结构分解原理式（4-3）和式（4-5），就可以得到工业劳动生产率在各个时段增长的两种结构分解结果。表 4-3 报告了各个时段工业劳动生产率增长的最终分解结果（即两种分解的几何平均值）及其各个因素变动对工业总劳动生产率增长的贡献率。从表中可以看出，各个时段的工业总体劳动生产率都有所增长。如果某个影响因素的分解结果大于 1，就表明该因素的变动促进了工业劳动生产率的增长，对劳动生产率增长的贡献率为正；反之，如果某个影响因素的分解结果小于 1，就表明该因素的变动抑制了工业劳动生产率的增长，对劳动生产率增长的贡献率为负。

第四章 结构变动对生产率增长的影响研究：需求视角

表4-3 各时段工业劳动生产率（LP）增长的分解结果和各因素对劳动生产率增长的贡献率

单位：%

时段	LP增长	v	l	B	M	y	M^v	M^u	M^c	M^e	M^{uc}	y^v	y^u	y^c	y^e	y^{uc}
1992~1997年	2.020	1.291	1.811	0.906	0.960	0.994	0.997	0.986	0.986	1.008	0.995	1.002	0.984	0.963	1.004	1.021
	(100)	(36.28)	(84.47)	(-14.11)	(-5.75)	(-0.89)	(-0.39)	(-1.95)	(-1.99)	(1.13)	(-0.71)	(0.24)	(-2.33)	(-5.38)	(0.53)	(2.92)
1997~2002年	2.003	1.079	1.811	1.044	0.967	1.016	1.001	0.999	1.003	0.999	0.972	1.000	0.999	0.999	0.991	1.011
	(100)	(10.98)	(85.48)	(6.18)	(-4.88)	(2.25)	(0.09)	(-0.12)	(0.37)	(-0.11)	(-4.14)	(0.03)	(-0.14)	(-0.10)	(-1.31)	(1.60)
2002~2005年	1.336	0.909	1.484	0.999	1.033	0.960	1.001	1.000	1.002	1.003	1.030	0.996	0.994	0.982	1.000	0.974
	(100)	(-32.98)	(136.25)	(-0.37)	(11.30)	(-14.19)	(0.43)	(-0.10)	(0.78)	(1.06)	(10.24)	(-1.54)	(-2.05)	(-6.10)	(0.10)	(-8.95)
1992~2005年	5.406	1.353	4.972	0.923	0.904	0.963	1.005	0.980	0.952	1.013	0.956	0.994	0.975	0.920	0.992	0.995
	(100)	(17.91)	(95.04)	(-4.74)	(-5.99)	(-2.23)	(0.29)	(-1.21)	(-2.94)	(0.79)	(-2.70)	(-0.38)	(-1.49)	(-4.92)	(-0.49)	(-0.30)

注：1. 表中列出的是工业劳动生产率增长与期初劳动生产率比率。

2. LP增长是研究期间的LP增长的分解的几何平均值，括号内数字为各部分对劳动生产率增长的贡献率（%）。

3. 表中字母对应LP增长分解的期末生产率与各个影响因素的分解部分，其含义分别是：v表示增加投入系数变动的生产率效应；l表示劳动投入系数变动的生产率效应；B表示结构改变效应；M表示最终需求系数变动的生产率效应；y表示最终需求总量变动的生产率效应。M又分解为：M^v表示最终需求系数中各类系数变动的生产率效应；M^u表示最终需求系数中农村居民消费系数变动的生产率效应；M^c表示最终需求系数中城镇居民消费系数变动的生产率效应；M^e表示最终需求系数中存货增加系数变动的生产率效应；M^{uc}表示最终需求系数中净出口系数变动的生产率效应。y又分解为：y^v表示最终需求总量中资本形成总额系数变动的生产率效应；y^u表示最终需求总量中农村居民消费总量变动的生产率效应；y^c表示最终需求总量中城镇居民消费总量变动的生产率效应；y^e表示最终需求总量中存货增加总量变动的生产率效应；y^{uc}表示最终需求总量中净出口总量变动的生产率效应。

4. 最终需求中还包括其他项，但由于其他项是为了平衡人产出而增加的组成部分，没有实际的经济含义，所以对M和y的进一步分解中，并未列出这一项影响效应。因此，本表中对M和y各子因素的分解结果乘积并不等于M和y的相应分解数值，并且M和y各子因素的贡献率之和也并不等于M和y的贡献率数值。

5. 表中分解结果为1的组成部分，其贡献率不为0是由数据的四舍五入引起的。

— 155 —

结构变动与中国工业生产率增长

1992~2005年，劳动生产率增长了4.406倍，主要是由劳动投入系数的变动引起的，即单位产出中劳动投入的减少对劳动生产率的增长发挥了主导性的作用[①]；劳动投入的节约使得劳动生产率增长了3.972倍[②]，对劳动生产率增长的贡献率达到了95.04%。从1992~2005年各个子阶段劳动生产率增长的分解来看，劳动投入的节约对劳动生产率增长的效应也是最大的：1992~1997年，其贡献率为84.47%；1997~2002年，其贡献率为85.48%；2002~2005年，其贡献率为136.25%。可见，在研究期间，劳动投入的节约对劳动生产率增长的作用呈现出增加的趋势。

单位产出中劳动投入的节约（或减少）与我国企业和劳动力市场的改革进程密不可分。1992年我国政府提出了建立社会主义市场经济体制的目标，企业的生产和决策环境发生了改变，依靠市场力量进行要素的优化配置、提高效率是企业在市场经济中的重要选择。1992年7月，为了推动企业进入市场，国务院颁布了《全民所有制工业企业转换经营机制条例》，其中第16和第17条规定企业享有劳动用工权和人事管理权。1993年十四届三中全会通过的《中共中央关于建立社会主义市场经济体制若干问题的决定》中，正式提出了"改革劳动制度，逐步形成劳动力市场"的决定，确立了以市场为导向的就业机制。在这种体制转轨的大背景下，企业中存在的富余人员减少，就业者的工作效率提高，引起了单位产出中劳动投入的减少，劳动生产率随之提高。图4-8

---

① 注意：因为该项的分解公式中，基期的数值在分子上，报告期的数值在分母上，所以该项分解结果的数值大于1，表示单位产出中劳动投入的减少——劳动投入的节约，促进了劳动生产率增长。参看公式（4-4）和公式（4-6）。

② 当具体分析某一因素对生产率增长的具体影响时，均指当其他影响因素不变时该因素的作用。下文同。

显示了1992~2005年工业23个部门劳动从业人员的年均变化率。其中有11个部门的劳动从业人员下降，这11个部门的从业人员占工业总从业人员的比重，1992年和2005年分别为65%和51%，绝对数量减少了1493万余人，减少量占1992年工业全部从业人员的23.2%。

劳动投入节约的生产率效应大的另一个原因是劳动从业人员的质量逐步提高。1995年，工业总就业人员中具有大专学历及以上的人员占5.6%；2004年，这一比重提高到11.4%；2008年，又提高到16.2%。劳动从业人员受教育程度的大幅提升，促进了劳动生产率的提高。

如同在第二章第二节中对劳动生产率的含义进行分析时所指出的：劳动生产率的变化，除了依赖劳动投入本身，也与资本投入等有关系。因此，劳动投入的节约对劳动生产率增长的效应，还与同期的资本投入有一定的关系。为此，图4-9列出了1992~2005年工业各部门资本—劳动比的年均变化率。可以看出，在这13年间，工业各个行业的资本—劳动比都大幅提高。其中，金属制品业的资本—劳动比年均增长率最高，为12.41%；石油天然气开采业的资本—劳动比年均增长率最低，为2.66%。可见，工业的各个部门都经历了资本深化的过程，资本对劳动投入的替代可以减少单位总产出中的劳动投入。

其次，对1992~2005年工业劳动生产率增长具有正效应的因素是增加值系数的变动。增加值系数的增加使得劳动生产率提高了35.3%，对劳动生产率增长的贡献率为17.91%。并且，增加值系数变动的生产率效应显示出随时间递减的趋势：1992~1997年，其贡献率为36.28%；1997~2002年，其贡献率为10.98%；2002~2005年，其贡献率为-32.98%。增加值系数的增加，反

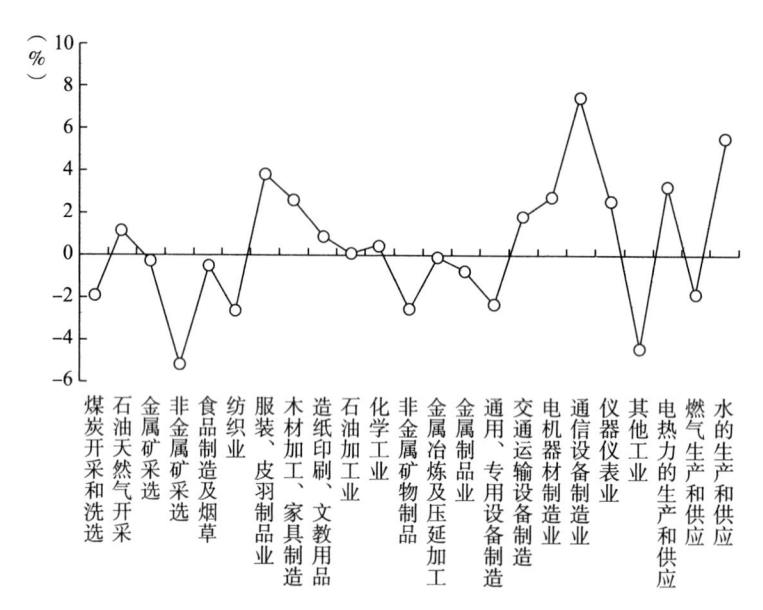

图 4-8　1992~2005 年工业各部门劳动从业人员的年均变化率

映了各部门单位产出中增加值份额的提高。在投入产出表中，增加值和中间投入一起构成总产出。增加值系数的增加，意味着中间投入率的下降。中间投入率的下降，又体现了经济增长中资源型投入的作用下降，人力资本、技术进步等作用的增强。从这个角度分析，增加值系数的增加，对劳动生产率有促进作用。工业增加值系数在 1992~2002 年增加，在 2002~2005 年减少。并且，1997~2002 年工业增加值系数的增加率为 5.4%，小于 1992~1997 年的 17.1%。2002~2005 年工业增加值系数下降了 -10%。图 4-10 显示了在这 4 年工业各部门增加值系数的数值。总体上，各部门的增加值系数变化趋势与工业整体的趋势保持高度的一致。

劳动者的收入也是增加值的一部分。吕光明（2011），白重恩、钱震杰（2009）和李稻葵等（2009）的研究均表明，中国的

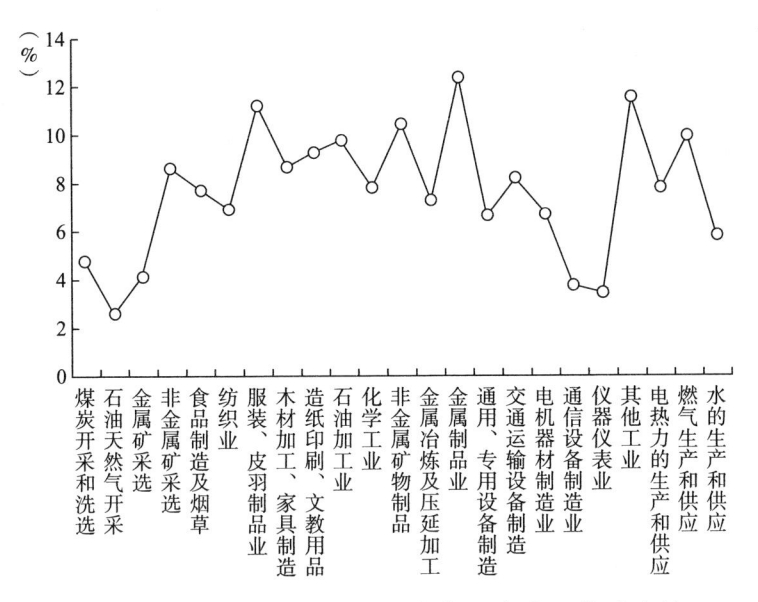

图 4-9 1992~2005 年工业各部门资本—劳动比的年均变化率

劳动收入份额在20世纪90年代中期或后期出现了下降的趋势。劳动收入的下降，会抑制劳动生产率的提高。因此，在研究期间，这两方面因素相互作用，引起了增加值系数变动的生产率效应由大变小、由正转负的趋势变化。

1992~2005年，列昂惕夫逆矩阵的改变对工业劳动生产率增长具有负贡献：导致劳动生产率下降了7.7%，对劳动生产率增长的贡献率为-4.74%。从时间变化趋势上看，部门间生产结构的改变对劳动生产率增长的贡献率先增加后减少，在1992~1997年、1997~2002年和2002~2005年3个子阶段，其贡献率分别是-14.11%、6.18%和-0.37%。列昂惕夫逆矩阵是部门间相互依赖关系和要素组合方式的体现，而部门间的这种相互联系具有复杂性。因此，列昂惕夫逆矩阵的改变是多种因素变化的结果，技术进步、要素替代、生产方式和产出构成等因素都可引起其改

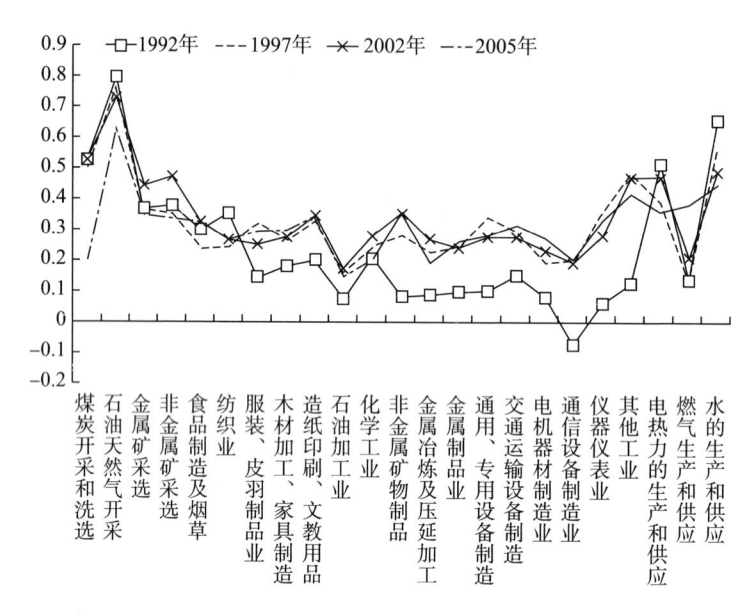

图 4-10　1992~2005 年工业各部门的增加值系数

变。如果这种改变总体上有利于工业劳动生产率的提高，就对劳动生产率具有正贡献；如果这种改变总体上阻碍了工业劳动生产率的提高，就对劳动生产率具有负贡献。结构分解的方法，无法辨认出其具体的影响因素及其影响程度。

与已有文献相比，本书的主要贡献之一是从需求的视角，研究结构变动对生产率增长的影响。需求的结构变动对工业劳动生产率增长的影响，主要体现在结构分解中最终需求系数变动的生产率效应和各类最终需求总量变动的生产率效应，以及其各个组成部分的生产率效应方面。

1992~2005 年，最终需求系数的变动使得工业劳动生产率下降了 9.6%，对工业劳动生产率增长的贡献率为 -5.99%。从研究期间的各个阶段来看，最终需求系数的变动对工业劳动生产率增长的贡献率表现出上升的趋势：在 1992~1997 年、1997~2002 年和 2002~2005 年，其贡献率分别是 -5.75%、-4.88% 和

11.30%。最终需求系数表示各类需求在各部门间所占的份额,其变动反映了各个部门在各类最终需求中的地位变化。最终需求系数的变动影响生产率的理论基础是:其变动会影响工业各部门的增加值,以及工业的总增加值[①]。当最终需求的部门结构变动有利于劳动生产率的提高时,对劳动生产率增长的贡献为正;反之亦然。最终需求系数变动的生产率效应,可以进一步分解为农村居民消费需求系数、城镇居民消费需求系数、固定资本形成总额需求系数、存货增加需求系数和净出口需求系数变动的生产率效应5个部分。1992~2005年,存货增加和农村居民消费在部门间份额的变化,对工业劳动生产率具有正的影响,分别促使劳动生产率提高了1.3%和0.5%,贡献率分别是0.79%和0.29%;固定资本形成总额、净出口和城镇居民消费在部门间份额的变化,则对工业劳动生产率具有负的影响,分别使得劳动生产率降低了4.8%、4.4%和2%,贡献率分别是-2.94%、-2.70%和-1.21%。从各个阶段来看,农村居民消费、城镇居民消费和固定资本形成的部门份额改变,对生产率增长的影响有改善的趋向,但是贡献率很低,作用很小;存货增加和净出口的部门份额改变,对生产率增长的贡献率经历了先下降后上升的过程,作用也很有限。值得注意的是,2002~2005年,净出口系数变动的生产率效应相对较大,对工业劳动生产率的贡献率为10.24%。通过对比分析2002年和2005年各部门的净出口份额变动,最突出的变化是2005年总体上各部门间的净出口需求系数波动程度大幅降低。而且,化学工业,金属冶炼及压延加工业,通用、专用设备制造业和通信设备制造业这4个部门虽然在这两年净出口需求系数都为负,但

[①] 对此的数理模拟,请参见陈锡康和杨翠红等(2011)第20章中第384~389页。

2005年各自的净出口需求系数都增加很多，说明这些部门的进口减少较多，对外依赖程度降低，这种变化有利于工业整体劳动生产率的提高。

1992~2005年，各类最终需求总量的变动使得工业劳动生产率下降了3.7%，对工业劳动生产率增长的贡献率为-2.23%。从研究期间的各个阶段来看，各类最终需求总量的变动对工业生产率增长的影响先上升后下降：在1992~1997年、1997~2002年和2002~2005年，其贡献率分别是-0.89%、2.25%和-14.19%。最终需求总量构成中各个组成的变动，对各个部门的影响程度是不同的，进而对工业经济增长和生产率的影响作用也是不同的。各类最终需求生产诱发度的不同，是各类最终需求总量的变动影响工业生产率的理论基础。当各类最终需求总量的变动促进了工业劳动生产率的提高时，其对劳动生产率增长的贡献即为正。各类最终需求总量变动的生产率效应，与最终需求系数变动的生产率效应一样，可以进一步分解为5个部分。这5个组成部分的生产率效应均为负，影响最大的是固定资本形成总额的总量变动，对劳动生产率增长的贡献率是-4.92%；城镇居民消费总量的变动对劳动生产率增长的贡献率是-1.49%；农村居民消费、存货增加和净出口的总量变动对劳动生产率的影响都很小。对每一类最终需求总量变动的生产率效应，分析其时间变化趋势，发现农村居民消费和净出口总量变动对劳动生产率增长的作用呈下降趋势，其贡献率在1992~2002年为正，在2002~2005年为负；其余组成部分的贡献率存在波动。总体上，相对各部门最终需求系数变动的劳动生产率效应，各类最终需求总量变动的影响效应更小。

2. 需求结构变动对资本生产率增长的影响分析

（1）资本生产率及其增长的描述性统计分析。资本生产率是产出与资本投入的比率，本书以增加值与资本存量的比率表示，反映单位资本投入的增加值。表4-4报告了以可比价投入产出表为基础的工业及其各部门的资本生产率水平和资本生产率的年均增长率状况。从表中可以看出，工业的资本生产率呈现增长的趋势，13年间的年均增长率为5.41%；工业各部门的资本生产率，除煤炭开采和洗选业、石油天然气开采业、纺织业和水的生产和供应业4个部门外，也显示出增长的趋势，但各部门的年均增长率差异很大。其中，资本密集型部门的年均增长率相对更高一些。在同一时期工业各部门之间的资本生产率存在很大差异，资本生产率的标准差反映了这种差异的波动程度。1992年资本生产率水平最高的5个部门分别是服装、皮羽制品业，纺织业，食品制造及烟草业，非金属矿采选业和其他工业；2005年资本生产率水平最高的5个部门是服装、皮羽制品业，仪器仪表业，电机器材制造业，其他工业和木材加工家具制造业。1992~2005年资本生产率的年均增长率最高的5个部门是通信设备制造业，仪器仪表业，通用、专用设备制造业，电机器材制造业和非金属矿物制品业。

（2）需求结构变动对资本生产率增长的影响。根据对可比价投入产出表的部门归并及其序号（参见表4-1）和投入产出表的结构原理，可以将工业总资本生产率在时期1至时期0的增长表示为：

$$\frac{CP_1}{CP_0} = \frac{V_1}{V_0} \times \frac{K_0}{K_1}$$

$$= \frac{v_{1(1\times23)} B_{1(23\times24)} M_{1(24\times6)} y_{1(6\times1)}}{v_{0(1\times23)} B_{0(23\times24)} M_{0(24\times6)} y_{0(6\times1)}} \times \frac{k_{0(1\times23)} B_{0(23\times24)} M_{0(24\times6)} y_{0(6\times1)}}{k_{1(1\times23)} B_{1(23\times24)} M_{1(24\times6)} y_{1(6\times1)}} \quad (4-16)$$

其中，$k_{(1\times23)}$ 对应23个工业部门的资本投入系数；其余变量、符号和下标含义与公式（4-15）相同，不再重述。

表4-4　工业及其各部门的资本生产率水平及年均增长率（2000年可比价）

单位：元/万元,%

部门序号	部门	1992年	1997年	2002年	2005年	年均增长率（1992~2005年）
	工业	3168.264	4495.918	5082.779	6286.6	5.41
1	煤炭开采和洗选	2076.36	2954.60	3738.19	1966.28	-0.42
2	石油天然气开采	4563.53	3602.56	3459.11	2909.13	-3.40
3	金属矿采选	1535.39	3702.61	5295.95	6023.48	11.09
4	非金属矿采选	6160.81	10138.03	14511.47	11101.38	4.63
5	食品制造及烟草	8772.33	5615.06	7689.38	10041.44	1.04
6	纺织业	10838.84	6523.59	7155.83	9129.37	-1.31
7	服装、皮羽制品业	26046.03	36364.03	27887.28	28544.87	0.71
8	木材加工、家具制造	4982.77	14154.38	19363.51	16027.86	9.40
9	造纸印刷、文教用品	3701.90	10106.27	10906.44	12179.93	9.59
10	石油加工业	2058.61	2795.62	4155.91	3811.57	4.85
11	化学工业	2789.23	4123.45	5116.89	4142.66	3.09
12	非金属矿物制品	1075.90	4062.88	5187.36	9669.93	18.40
13	金属冶炼及压延加工	679.07	2955.85	4779.94	4069.01	14.77
14	金属制品业	3998.03	19861.51	17181.61	15597.97	11.04
15	通用、专用设备制造	1088.57	6917.81	8158.65	10832.51	19.33

第四章 结构变动对生产率增长的影响研究：需求视角

续表

部门序号	部门	1992年	1997年	2002年	2005年	年均增长率（1992~2005年）
16	交通运输设备制造	2149.76	5948.87	7246.94	11630.46	13.87
17	电机器材制造业	2118.21	10622.82	11438.23	20495.28	19.08
18	通信设备制造业	-690.05	6069.28	8343.85	14011.73	*
19	仪器仪表业	874.37	12316.54	14754.19	23525.09	28.82
20	其他工业	5357.12	24564.93	19147.86	18034.98	9.79
21	电热力的生产和供应	1563.86	1398.62	1367.69	1830.75	1.22
22	燃气生产和供应	297.05	310.03	871.40	2412.93	17.48
23	水的生产和供应	2017.37	2815.34	1405.51	1491.77	-2.30
	各部门的标准差	5512.98	8465.07	6879.62	7467.21	8.63

注：*因为在1992年可比价投入产出表中，通信设备制造业的增加值为负，其资本生产率为负，所以此处的年均增长率没有计算，分部门年均增长率的标准差也不包括该行业。

然后，将式（4-16）中各向量或矩阵对应的样本数据，代入资本生产率增长的结构分解原理式（4-7）和式（4-8），就可以得到工业资本生产率在各个时段增长的两种结构分解结果。表4-5报告了各个时段工业资本生产率增长的最终分解结果（即两种结构分解的几何平均值）及其各个因素变动对工业总资本生产率增长的贡献率。从表中可以看到，各个时段的工业总体资本生产率都有所增长。如果某个影响因素的分解结果大于1，则说明该因素的变动促进了工业资本生产率的增长，对资本生产率增长的贡献率为正；反之，如果某个影响因素的分解结果小于1，则说明该因素的变动抑制了工业资本生产率的增长，对资本生产率增长的贡献率为负。

1992~2005年，资本生产率增长了98.4%，主要是由资本投入系数的变动引起的,即单位产出中资本投入的减少对资本生产率的增长发挥了主导性的作用[①]：资本投入的节约使得资本生产率增长了78.5%,对资本生产率增长的贡献率为84.58%。从1992~2005年各个子阶段资本生产率增长的分解来看,资本投入节约的生产率效应波动很大：1992~1997年,其贡献率为67.29%；1997~2002年,其贡献率为33.88%；2002~2005年,其贡献率为143.90%。因此,在研究期间,资本投入的节约对资本生产率增长具有较大的正贡献,但影响程度不稳定。

单位产出中资本投入的节约主要表现为资本投入质量,即资本投入使用效率的提高。图4-11显示了1992~2005年工业各部门资本存量和资本—增加值比的年均变化率。一方面,在研究期间,工业各个部门的资本投入都出现了持续的增长,服装、皮羽制品业的资本投入年均变化率最高,为45.73%；煤炭开采和洗选业的资本投入年均变化率最低,为7.59%。另一方面,工业各部门资本—增加值比的年均变化率几乎都是负的。因此,资本投入节约的生产率效应大主要是由资本使用效率的提高引起的。

资本使用效率的提高与工业企业和金融市场的市场化改革密切地联系在一起。1992年颁布的《全民所有制工业企业转换经营机制条例》,不仅规定了企业的各项经营权,而且还规定了企业承担自负盈亏的责任。这给企业带来了改善要素投入效率的内在激励。而资本是最为稀缺的生产要素,其配置效率对经济增长的影响最大。同时,1993年在《中共中央关于建立社会主义市场经济体制若干问题的决定》中,提出了"坚持以公有制为主体、多

[①] 注意：与劳动生产率增长的分解相同,如果该项分解结果的数值大于1,表示单位产出中资本投入的节约促进了资本生产率的增长。参看公式(4-7)和(4-8)。

第四章 结构变动对生产率增长的影响研究：需求视角

表 4—5 各时段工业资本生产率（CP）增长的分解结果和各因素对资本生产率增长的贡献率

单位：%

时段	CP增长	v	k	B	M	y	M'	M''	M'''	M^r	M^{rc}	y'	y''	y^c	y^s	y^{ne}
1992~1997年	1.419	1.291	1.266	0.967	0.875	1.027	0.995	0.990	0.983	0.972	0.938	1.001	0.977	0.960	0.983	1.031
	(100)	(72.86)	(67.29)	(-9.67)	(-38.19)	(7.71)	(-1.39)	(-2.93)	(-4.76)	(-8.21)	(-18.22)	(0.39)	(-6.60)	(-11.64)	(-4.99)	(8.73)
1997~2002年	1.131	1.079	1.042	0.979	1.010	1.017	0.996	0.996	1.002	1.005	1.018	1.002	0.996	0.996	1.000	1.012
	(100)	(62.14)	(33.88)	(-17.18)	(7.73)	(13.44)	(-3.02)	(-3.06)	(1.87)	(4.34)	(14.82)	(1.30)	(-2.98)	(-3.40)	(-0.09)	(9.38)
2002~2005年	1.237	0.909	1.358	0.953	1.009	1.042	1.003	1.004	1.010	1.010	0.986	1.001	1.008	0.989	1.004	0.991
	(100)	(-44.97)	(143.90)	(-22.41)	(4.14)	(19.34)	(1.48)	(1.83)	(4.82)	(4.66)	(-6.39)	(0.52)	(3.77)	(-5.42)	(1.69)	(-4.06)
1992~2005年	1.984	1.353	1.785	0.910	0.872	1.036	1.000	0.967	0.948	1.010	0.899	1.005	0.978	0.915	0.974	1.031
	(100)	(44.11)	(84.58)	(-13.83)	(-20.06)	(5.21)	(-0.05)	(-4.86)	(-7.86)	(1.44)	(-15.57)	(0.75)	(-3.22)	(-12.96)	(-3.79)	(4.40)

注：1. 表中列出的是工业资本生产率增长的两种结构分解结果与期初期末资本生产率比率。

2. CP 增长对应研究期间的 CP 增长分解中各个影响因素的生产率效应；括号内数字为各部分对资本生产率增长的贡献率（%）。

3. 表中字母对应 CP 增长分解中各部门同生产结构改变的生产率效应；M 表示增加值系数变动的生产率效应；v 表示最终需求系数变动的几何平均值；k 表示资本投入系数变动的生产率效应；B 表示最终需求系数变动的生产率效应；M' 表示最终需求系数中农村居民消费系数变动的生产率效应；M'' 表示最终需求系数中城镇居民消费系数变动的生产率效应；M''' 表示最终需求系数中固定资本形成总额系数变动的生产率效应；M^r 表示最终需求系数中存货增加系数变动的生产率效应；M^{rc} 表示最终需求系数中净出口系数变动的生产率效应；y' 表示最终需求总量变动的生产率效应；y'' 表示最终需求总量中农村居民消费总量变动的生产率效应；y^c 表示最终需求总量中城镇居民消费总量变动的生产率效应；y^s 表示最终需求总量中固定资本形成总额总量变动的生产率效应；y^{ne} 表示最终需求总量中净出口总量变动的生产率效应。

4. 最终需求中还包括其他项，但由于其他项产出表中增加的组成部分，没有实际的经济含义，所以在对 M 和 y 的进一步分解中，并未列出这一项的影响效应。因此，本表中 M 和 y 各子因素的分解结果积并不等于 M 和 y 的相应分解数值，并且 M 和 y 各子因素的贡献率之和也并不等于 M 和 y 的相应贡献率。

5. 表中分解结果为 1 的组成部分，其贡献率不为 0 是由数据的四舍五入引起的。

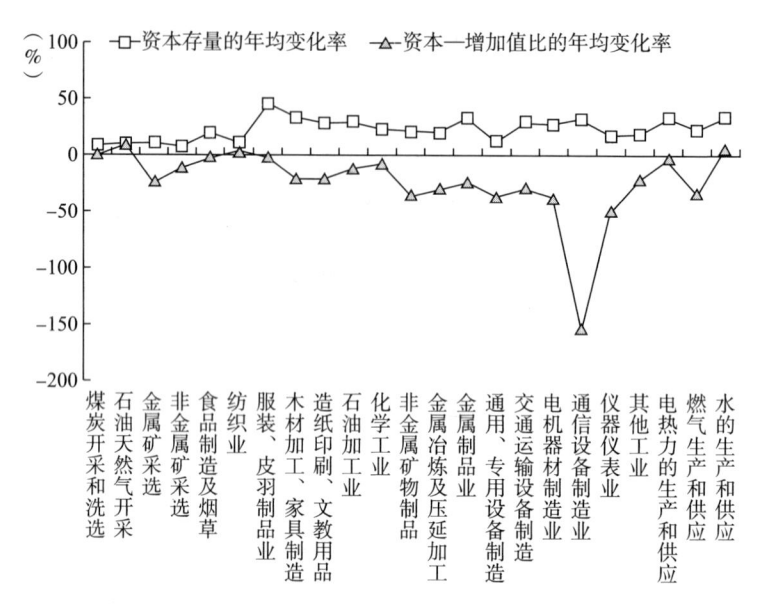

图 4-11　1992~2005 年工业各部门资本存量和资本——
增加值比的年均变化率

种经济成分共同发展的方针"和"发展和完善以银行融资为主的金融市场"的决定。这为非国有经济的迅速发展创造了条件，并开始重点培育金融市场。非国有经济企业因为得不到政府的各种补贴，市场竞争机制促使这些企业努力提高资源配置的效率。1992 年，非国有工业总产值占工业总产值的比重为 48.5%，到 1997 年，这一比重提高到 74.5%。非国有经济成为工业经济的重要组成部分，一方面，其资源配置的较高效率可提升工业部门整体的效率；另一方面，其发展绩效也给工业部门中的国有企业带来了提升资源使用效率的外在市场压力。而且，伴随金融管理体制的改革和金融市场的发育成长，工业企业固定资产投资中国家财政拨款的比重越来越低，银行融资的比重越来越高。全社会固定资产投资中，国家预算内投资的比重，1981 年为 28.1%，1992 年为 7.4%，2005 年为 4.4%。银行比政府更关注效率，对企业的生产行为约束力更强，这也对企业提高资本使用效率产生了积极的影响。

资本投入节约对资本生产率增长的贡献率在各个阶段的波动状况，也与我国改革的阶段性密切相关。20 世纪 90 年代中后期，国有企业改革、资本市场和金融改革都遇到了很多制度上的瓶颈。尤其是为了应对 1998 年东南亚金融危机爆发所导致的通货紧缩，政府采取了积极的财政政策和宽松的货币政策。虽然投资量增长了，但经济增长率并未按预期上升。本研究认为，这是 1997~2002 年资本投入节约对资本生产率增长的贡献率由 1992~1997 年的 67.29% 下降至 33.88% 的现实背景。韩立岩、蔡红艳（2002）和李治国、唐国兴（2003）的研究都证实了 20 世纪 90 年代中后期我国的投资效率出现了恶化的趋势。2002~2005 年，中国工业经济开始逐渐复苏，工业总产值的环比增长率由 1997~2002 年的 9.5% 上升为 2002~2005 年的 11.5%[①]。因此，2002~2005 年资本投入节约对资本生产率增长的贡献率大幅上升到 143.90%，可以认为这是资本使用效率的逐渐恢复和增长的共同结果。舒元等（2010）的研究也证实了这一点，他们以 1999~2007 年工业企业统计年报数据库的数据为样本，研究了中国工业的资本配置效率，发现其在样本期内有所提高，在 2006 年达到该时期的最高水平。

除了资本投入的节约效应，对 1992~2005 年工业资本生产率增长影响更大的因素是增加值系数的变动。增加值系数的增加使资本生产率提高了 35.3%，对资本生产率增长的贡献率为 44.11%。对比各个子阶段增加值系数变动的生产率效应，发现其对资本生

[①] 根据《新中国六十年统计资料汇编》中第 11 页表 8 的有关数据计算。

产率增长的贡献率呈现随时间递减的趋势，1992～1997年、1997～2002年和2002～2005年的贡献率分别为72.86%、61.14%和-44.97%。

如前所述，在投入产出表中，增加值系数的增加，意味着中间投入率的下降。1992～2002年，工业增加值系数增加，中间投入率下降，工业增长对资源型投入的依赖程度下降；2002～2005年，工业增加值系数减少，中间投入率上升，工业增长对资源型的依赖程度上升。工业增加值系数的增加率：1992～1997年为17.1%，1997～2002年为5.4%，2002～2005年为-10%。因此，当增加值系数增加，促进了资本生产率的增长时，其生产率效应为正；当增加值系数减少，阻碍了资本生产率的增长时，其生产率效应就为负。增加值系数增加越大，对资本生产率增长的贡献率越高。

资本收入也是增加值的一部分。白重恩、钱震杰（2009）的研究表明，中国的资本收入份额在20世纪90年代中后期出现了上升的趋势。从这个角度分析，资本收入份额的上升有利于工业资本生产率的提高。增加值系数变动的生产率效应在各个阶段的差异性，需要考虑这两方面因素的综合影响。当影响增加值系数的因素总体上有利于资本生产率的提高时，增加值系数变动的生产率效应为正；反之为负。因此，2002～2005年，中间投入率的升高对工业资本生产率增长的影响大于资本收入份额增加的影响，所以增加值系数变动的生产率效应为负。

1992～2005年，列昂惕夫逆矩阵的改变对工业资本生产率增长具有负贡献：导致资本生产率下降了9.0%，对资本生产率增长的贡献率为-13.83%。从时间变化的趋势看，部门间生产结构的改变对资本生产率增长的作用一直是负的，并且负的影响随时间越来

第四章 结构变动对生产率增长的影响研究：需求视角

越大：在 1992~1997 年、1997~2002 年和 2002~2005 年 3 个子阶段，其贡献率分别是 -9.67%、-17.18% 和 -22.41%。列昂惕夫逆矩阵的改变是部门间复杂关系的动态变化，是多种因素相互作用的结果。分解结果表明：研究期间列昂惕夫的改变总体上阻碍了工业资本生产率的提高，对资本生产率具有不可忽视的消极影响。但由于部门间相互依赖的系统性和复杂性，具体的因素无法辨认。

1992~2005 年，最终需求系数的变动使得工业资本生产率下降了 12.8%，对工业资本生产率增长的贡献率为 -20.06%，对资本生产率增长的负影响较大。最终需求系数变动的生产率效应，进一步分解为 5 个组成部分变动的生产率效应。其中，净出口需求系数的变动对资本生产率增长的负影响最大：在保持其他变量不变的条件下，可使研究期间的资本生产率增长降低 10.1%，贡献率为 -15.57%。固定资本形成总额和城镇居民消费需求系数的变动，对工业资本生产率增长的贡献率分别是 -7.86% 和 -4.86%。而农村居民消费和存货增加在部门间份额的变化，对工业资本生产率的增长影响很小。

分阶段分析最终需求系数变动对资本生产率增长的影响，可以发现其对资本生产率增长的负影响之所以较大，主要是由 1992~1997 年最终需求系数变动的生产率负效应较大引起的。1992~1997 年，最终需求系数的变动引起工业资本生产率下降 12.5%，贡献率为 -38.19%。进一步分析最终需求系数的 5 个组成部分变动的分解结果，表明各个组成部分变动的生产率效应均是负的。并且，负影响最大的是净出口系数的变动：引起工业资本增长率下降 6.2%，贡献率为 -18.22%。存货增加需求系数变动、固定资本形成总额需求系数、城镇和农村居民消费需求系数对工业资本生产率的贡献率分别是：-8.21%、-4.76%、-2.93% 和 -

1.39%。1997~2002年和2002~2005年，最终需求系数的变动对工业资本生产率增长的影响为正，但作用相对较小，贡献率分别是7.73%和4.14%。1997~2002年，最终需求系数的5个组成部分中，农村和城镇居民消费需求系数变动对资本生产率的影响为负；固定资本形成总额、存货增加和净出口需求系数变动的影响为正。2002~2005年，各分解部分中，除净出口需求系数变动对资本生产率增长的影响为负外，其余4个组成部分的资本生产率效应均为正。对比各阶段最终需求系数各个组成部分的分解结果，发现对资本生产率增长影响最大的是净出口需求系数的变动，影响最小的是农村和城镇居民消费的需求系数变动。

1992~2005年，各类最终需求总量变动对工业资本生产率增长的贡献为正：引起工业资本生产率上升了3.6%，贡献率为5.21%。从研究期间的各个阶段来看，各类最终需求总量变动对工业资本率增长的贡献均为正，且影响作用随时间在增强：1992~1997年的贡献率是7.71%；1997~2002年的贡献率为13.44%；2002~2005年的贡献率为19.34%。

在最终需求总量各个组成部分的变动中，对资本生产率增长影响最大的是固定资本形成总额的总量变动，贡献率为-12.96%；其次是净出口总量的变动，贡献率为4.40%；存货增加和城镇居民消费的总量变动，贡献率分别为-3.79%和-3.22%；农村居民消费的总量变动，对资本生产率增长的影响最小。分阶段考察各类需求总量组成部分变动的分解结果，发现：对资本生产率增长影响最大的是固定资本形成总额和净出口的总量变动；其次是城镇居民消费的总量变动；影响最小的是农村居民消费的总量变动，在各个阶段都几乎没影响。

二 需求结构变动对全要素生产率增长的影响分析

1. 工业各部门全要素生产率增长率的测度

通过前述公式（4-9）：$\pi_j = -\sum_i \alpha_{ij}(d\log a_{ij}) - \alpha_{Lj}(d\log l_j) - \alpha_{Kj}(d\log k_j)$，使用1992年、1997年、2002年和2005年的可比价投入产出表和现价投入产出表，可以测算出以1992年为基期，23个工业部门在1997年、2002年和2005年的全要素生产率增长率，如图4-12所示。

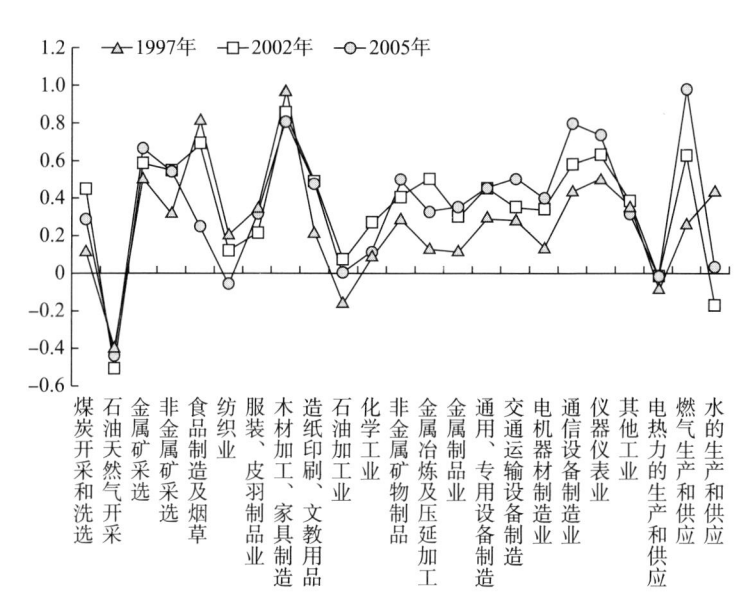

图4-12　1997年、2002年和2005年工业各部门全要素
生产率的增长率（以1992年为基期）

在测算中，因为可比价投入产出表中的初始投入中只有增加值的总数值，没有组成部分的数值，所以公式（4-9）中第 j 部门中间流量、劳动报酬占总产出的比重 α_{ij} 和 α_{Lj}，由现价投入产出表中对应的中间流量与劳动报酬分别与总产出相

除得到①，而资本报酬占总产出的比重 α_{Kj}，由 $\alpha_{Kj} = 1 - \alpha_{ij} - \alpha_{Lj}$ 得到。而且，在计算 t 年第 j 部门的全要素生产率的增长率时，中间流量、劳动报酬和资本报酬占总产出的比重数据取 t 年和1992年的平均值。

从图4-12可以看出，相比1992年，1997年、2002年和2005年工业绝大多数部门的全要素生产率有所提高。而且，部门间的全要素生产率增长和同一部门在不同年度的全要素生产率增长均存在差异。

2. 需求结构变动对工业全要素生产率增长的影响分析

按照式（4-10）对23个工业部门的全要素生产率增长率进行多马加权，就得到了以1992年为基期的工业全要素生产率增长率：1997年为1.06，2002年为1.75，2005年为1.55。然后，根据对可比价投入产出表的部门归并及其序号（见表4-1）和投入产出表的结构原理，可以将工业全要素生产率增长率 ρ 在时期1至时期0的变化表示为：

$$\frac{\rho_1}{\rho_0} = \frac{\pi^1_{(1 \times 23)} \frac{1}{f_1} B_{1(23 \times 24)} M_{1(24 \times 6)} y_{1(6 \times 1)}}{\pi^0_{(1 \times 23)} \frac{1}{f_0} B_{0(23 \times 24)} M_{0(24 \times 6)} y_{0(6 \times 1)}} \quad (4-17)$$

其中，$\pi_{(1 \times 23)}$ 对应23个工业部门的全要素生产率增长率；其余变量、符号和下标含义与公式（4-15）相同。

最后，将式（4-17）中各向量或矩阵对应的样本数据，代入全要素生产率增长率变化的结构分解原理式（4-12）和式（4-14），就可以得到工业全要素生产率增长率在各个时段变化的两种结构分解结果。表4-6报告了各个时段工业全要素生产率

---

① 在测算前，首先对这4年的现价投入产出表按表4-1进行了部门归并。

第四章 结构变动对生产率增长的影响研究：需求视角

增长率变化的最终分解结果（即两种结构分解的几何平均值）及各个因素变动对工业 TFP 增长率变化的贡献率。从表中可以看到，工业 TFP 的增长率在 1997~2002 年上升，在 2002~2005 年下降，在 1997~2005 年上升。如果某个影响因素的分解结果大于 1，说明该因素的变动促进了工业全要素生产率增长率的增长，对工业 TFP 增长率增长的贡献率为正，对工业 TFP 增长率下降的贡献率为负；反之，如果某个影响因素的分解结果小于 1，就说明该因素的变动抑制了工业全要素生产率增长率的增长，对工业 TFP 增长率增长的贡献率为负，对工业 TFP 增长率下降的贡献率为正。

影响工业 TFP 增长率变化的因素有 5 个，除各部门内部 TFP 增长率变化的影响，其余 4 个影响因素都是由多马加权所反映的部门之间的各种结构变化[①]。多马加权中，工业总最终需求水平在分母上，所以该因素的增加与 TFP 增长率的增长呈反向变化关系，与 TFP 增长率的下降呈正向变化；其余 3 个因素的变动在分子上，所以这 3 个因素变动的分解结果若大于 1，就促进了 TFP 增长率的增长，阻碍了 TFP 增长率的下降。因此，在分析影响工业 TFP 增长率变化的分解结果时，首先要分析两大类因素——部门内部 TFP 增长率和部门之间结构的变化影响；其次要分析部门之间各种结构的变化影响；最后要分析最终需求系数和需求总量的组成部分变动的影响。

1997~2005 年，工业全要素生产率的增长率增长了 46.1%，主要是由部门 TFP 增长率的增长引起的：各部门内部 TFP 增长率

---

① 多马加权的权数相加不等于 1，会大于 1，表示总量生产率增长超过了部门层次生产率增长的加权平均数。笔者认为超过的部分反映了部门内部与总量经济之间联系的结构关系。对多马加权的详细分析，请参见 OECD（2001b）中第 138~141 页的讨论。

的增长使得工业 TFP 的增长率增长了 25.1%，贡献率为 60.02%。从 1997~2005 年两个子阶段的分解结果来看，工业 TFP 的增长率在 1997~2002 年增长了 65.1%，在 2002~2005 年下降了 11.5%。从时间变化的趋势分析，部门内部 TFP 增长率变化的影响增强：1997~2002 年，部门内部 TFP 增长率的增长使得工业 TFP 增长率提高了 47.3%，贡献率为 77.21%；2002~2005 年，部门内部 TFP 增长率的下降使得工业 TFP 增长率下降了 11.5%，贡献率为 99.71%。所以，1997~2005 年，各部门内部 TFP 增长率的变化对工业 TFP 增长率的变化发挥着主导作用。

  1997~2005 年，部门之间的结构变化对工业增长率增长的贡献率为 39.98%。其中，影响最大的因素是总最终需求水平的变动，总最终需求的增加使得 TFP 增长率下降了 61.1%，贡献率为 -249.40%；其次是各类最终需求总量的变动，使 TFP 增长率增长了 99.5%，贡献率为 182.20%；然后是最终需求系数的变动，使 TFP 增长率增长了 26.2%，贡献率为 61.32%；最后是列昂惕夫逆矩阵的改变，使 TFP 增长率增长了 19.0%，贡献率为 45.87%。列昂惕夫逆矩阵、最终需求系数和各类最终需求总量这 3 个部分变动的正生产率效应，超过了总最终需求水平变动的负生产率效应，最终多马权重变化的生产率效应为正，对 TFP 增长率增长的贡献率为 39.98%。总需求结构变动——总最终需求水平、最终需求系数和各类最终需求总量变动的综合生产率效应，对工业 TFP 增长率的提高具有较小的负影响，贡献率为 -5.88%。其中，各类最终需求总量变动和最终需求系数变动对工业 TFP 增长率的提高具有显著的正影响，且各类最终需求总量变动的影响作用更大。

  分阶段来看，1997~2002 年，各类最终需求总量的变动和列昂惕夫逆矩阵改变的生产率效应为正，对TFP增长率提高的贡献率分别为82.66%和16.76%；总最终需求水平和最终需求系数变动的生产率效应为负，贡献率分别为 -75.19% 和 -1.45%。2002~2005年，各类最终需求总量、最终需求系数和列昂惕夫逆矩阵的改变，都阻碍了工业TFP增长率在此期间的下降，贡献率为负；而总最终需求水平的增加有利于工业TFP增长率的下降。需求结构的变动中，各类最终需求总量的变动对工业TFP增长率的提高具有显著的正影响，最终需求系数变动的生产率效应存在很大的波动性。

将1997~2005年最终需求系数变动的生产率效应进一步分解为5个部分，可以发现这5个因素的变动对工业TFP增长率的提高均有正的影响。其中，影响最大的因素是固定资本形成总额的需求系数变动，贡献率为20.07%；影响较大的是存货增加和净出口的需求系数变动，贡献率分别是12.32%和12.27%；居民消费的需求系数变动影响不显著。分阶段分析，1997~2002年，对TFP增长率的变化影响较大的因素是固定资本形成总额和存货增加的需求系数变动，对TFP增长率的提高具有正效应；2002~2005年，对TFP增长率的变化影响较大的因素是固定资本形成总额和净出口的需求系数变动，对TFP增长率的提高具有正效应，对TFP增长率的下降具有负效应。

各类最终需求总量的组成部分变动的分解结果表明：1997~2005年，固定资本形成总额、城镇居民消费和净出口的总量变动促进了工业TFP增长率的提高，贡献率分别是113.19%、76.99%和27.81%。分阶段进行考察，对工业TFP增长率的提高影响最为显著的两个因素是固定资本形成总额和城镇居民消费的总量变动，它们在两个子阶段的变动都有利于工业TFP增长率的提高。

表4-6 各时段工业全要素生产率增长率（ρ）变化的分解结果和各因素对全要素生产率增长率变化的贡献率

单位：%

时段	ρ变化	π	f	B	M	y	M^u	M^c	M^s	M^{ue}	y^r	y^u	y^c	y^s	y^{ne}
1997~2002年	1.651 (100)	1.473 (77.21)	0.686 (-75.19)	1.088 (16.76)	0.993 (-1.45)	1.514 (82.66)	0.993 (-1.31)	0.986 (-2.91)	1.023 (4.45)	1.021 (4.07)	0.998 (-0.45)	1.021 (-4.06)	1.210 (38.10)	1.230 (41.32)	0.964 (-7.41)	1.005 (0.90)
2002~2005年	0.885 (100)	0.885 (99.71)	0.567 (463.83)	1.079 (-62.40)	1.147 (-111.90)	1.425 (-289.25)	1.008 (-6.58)	1.012 (-9.37)	1.056 (-44.28)	1.005 (-3.95)	1.066 (-51.95)	1.004 (-3.42)	1.106 (-82.59)	1.253 (-184.19)	1.024 (-19.64)	1.043 (-34.26)
1997~2005年	1.461 (100)	1.255 (60.02)	0.389 (-249.40)	1.190 (45.87)	1.262 (61.32)	1.995 (182.20)	1.006 (1.64)	1.005 (1.19)	1.079 (20.07)	1.048 (12.32)	1.048 (12.27)	1.024 (6.29)	1.339 (76.99)	1.536 (113.19)	0.994 (-1.59)	1.111 (27.81)

注：1. 工业全要素生产率增长率 ρ 是相对于基期1992年的全要素生产率而言的。表中列出的是工业全要素生产率增长率变化的几何平均值，括号内数字为各部分对全要素生产率增长率变化的贡献率（%）。

2. ρ变化是研究期间的期末与期初全要素生产率增长率的比率。

3. 表中字母对应 ρ 变化分解中各个影响因素的分解部分，其含义分别是：π 表示部门全要素生产率变化的生产率效应；f 表示总最终需求水平变动的生产率效应；B 表示各部门间生产结构改变的生产率效应；M 表示最终需求系数变动的生产率效应；M^u 表示最终需求系数中农村居民消费系数变动的生产率效应；M^c 表示最终需求系数中城镇居民消费系数变动的生产率效应；M^s 表示最终需求系数中固定资本形成总额系数变动的生产率效应；M^{ue} 表示最终需求系数中存货增加系数变动的生产率效应；y^r 表示最终需求总量变动的生产率效应；y^u 表示最终需求总量中农村居民消费总量变动的生产率效应；y^c 表示最终需求总量中城镇居民消费总量变动的生产率效应；y^s 表示最终需求总量中固定资本形成总额变动的生产率效应；y^{ne} 表示最终需求总量中净出口总量变动的生产率效应。

4. 最终需求中还包括其他项，但由于平衡投入产出表而增加的组成部分，没有实际的经济含义，所以在对 M 和 y 的进一步分解中，并未列出这一项的影响效应。因此，本表中 M 和 y 各子因素乘积并不等于 M 和 y 的相应分解数值，并且 M 和 y 和各子因素的贡献率之和也并不等于 M 和 y 的相应贡献率数值。

第四章　结构变动对生产率增长的影响研究：需求视角

这是由于这两个组成部分是总需求中主要的组成部分，所占比重很大（见图4-13），生产诱发度较大[①]，进而导致其变动对工业TFP增长率变动的影响较大。

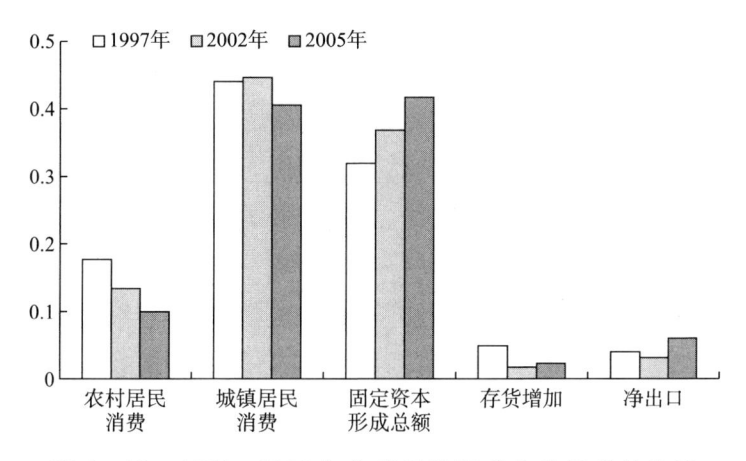

图4-13　1997~2005年各类最终需求占总需求的比重

第五节　小结

在结构变动对生产率增长的经验研究中，绝大多数是从要素投入的供给角度来进行分析，从需求角度开展的研究比较少。本章试图从需求的角度，研究中国工业1992~2005年的结构变动对单要素生产率和全要素生产率增长的影响效应。首先，回顾了需求结构变动对生产率增长影响的研究进展，为本章的研究提供了

[①] 关于总需求与生产诱发度之间的关系，可参考下述两篇论文的讨论。中国2007年投入产出表分析应用课题组：《基于2007年投入产出表的我国投资乘数测算和变动分析》，《统计研究》2011年第3期，第3~7页；中国投入产出学会课题组：《最终需求对国民经济及其各部门的诱发分析——2002年投入产出表系列分析报告之四》，《统计研究》2007年第2期，第9~15页。

方法论基础，并厘清了与现有研究的联系与创新之处。其次，主要借鉴 Dietzenbacher et al.（2000）的方法，详细讨论了如何在投入产出分析框架下，应用结构分解方法，来测度需求结构变动对单要素生产率和全要素生产率增长的影响。再次，根据所使用的方法，说明了所使用的样本数据来源和行业归并等重要数据信息。在此基础上，从多个角度对工业及其各部门的需求结构变动进行了统计描述，展示了需求结构变动的现实状况。最后，利用样本数据，按照对应的测度方法，实证分析了工业在1992~2005年及其子阶段的结构变动对单要素生产率和全要素生产率增长的影响。研究结果表明以下3点。

第一，劳动生产率呈现持续的增长态势，1992~2005年的年均增长率为13.86%。对劳动生产率增长具有正效应的因素是单位产出中劳动投入的节约和增加值系数的变动。其中，劳动投入的节约是引起劳动生产率增长的主导因素，这与劳动投入的数量减少、质量提高和资本深化有关。

对劳动生产率增长具有负效应的因素是列昂惕夫逆矩阵的改变、最终需求系数的变动和各类最终需求总量的变动。最终需求系数的变动和各类最终需求总量的变动，对劳动生产率增长的作用十分有限，贡献率分别为-5.99%和-2.23%。在最终需求的各个组成部分中，固定资本形成总额、净出口和城镇居民消费的需求系数变动，以及固定资本形成总额和城镇居民消费的总量变动对劳动生产率增长具有相对较大的负影响。

从时间趋势上分析各个因素对劳动生产率增长的影响作用：劳动投入的节约作用呈增强趋势；增加值系数变动的作用呈递减趋势；列昂惕夫逆矩阵改变的贡献先上升后下降；最终需求系数的变动作用呈上升趋势；各类最终需求总量的变动作用具有波

第四章　结构变动对生产率增长的影响研究：需求视角

动性。

第二，资本生产率呈增长趋势，但相比劳动生产率增长较慢，1992~2005年的年均增长率为5.41%。对资本生产率增长具有正效应的因素是单位产出中资本投入的节约、增加值系数和各类最终需求总量的变动。其中，资本投入的节约是促进资本生产率增长的最重要因素，主要体现为资本使用效率的提高。各类最终需求总量变动的影响相对较小，对资本生产率增长的贡献率仅为5.21%。在最终需求总量各个组成部分的变动中，固定资本形成总额的总量变动对资本生产率增长的负影响最大，贡献率为-12.96%。

对资本生产率增长具有负效应的因素是列昂惕夫逆矩阵和最终需求系数的变动。最终需求系数的变动对资本生产率增长的负影响较大，贡献率为-20.06%。在最终需求的各个组成部分中，净出口和固定资本形成总额的需求系数变动对资本生产率增长具有显著的负影响，贡献率分别是-15.57%和-7.86%。

从时间趋势上分析各个因素对资本生产率增长的影响作用：资本投入的节约作用存在波动性；增加值系数变动的作用减弱；列昂惕夫逆矩阵改变的负向作用增强；最终需求系数变动的作用存在波动性；各类最终需求总量变动的作用增强。

第三，以1992年为基期，1997~2005年总TFP增长率增长了46.1%，主要是由部门TFP增长率的增长引起的。除部门TFP增长率之外，对总TFP增长率增长具有正效应的因素是各类最终需求总量、最终需求系数和列昂惕夫逆矩阵的变动，具有负效应的因素是总最终需求水平的变动。

总需求结构变动——总最终需求水平、最终需求系数和各类最终需求总量变动的综合生产率效应，对工业TFP增长率的提高

— 181 —

具有较小的负影响,贡献率为 -5.88%。其中,各类最终需求总量和最终需求系数的变动对 TFP 增长率的提高具有显著的正影响,且前者的影响作用更大。在最终需求的各个组成部分中,对 TFP 增长率增长影响较为显著的因素是固定资本形成总额、城镇居民消费和净出口的总量变动,以及固定资本形成总额、存货增加和净出口的需求系数变动。

从时间变化的趋势分析各个因素对 TFP 生产率增长的影响作用:部门内部 TFP 增长率的影响作用增强;各类最终需求总量的变动作用呈上升趋势;最终需求系数变动的作用存在很大的波动性。

第五章
结构变动的影响因素分析

第三章和第四章主要从经验分析的角度，分别基于供给和需求角度，研究了结构变动对中国工业生产率增长的影响效应。研究结果表明：结构变动对工业单要素生产率和全要素生产率的增长均有不可忽视的影响；而且，通过优化要素投入结构和产出需求结构，结构变动的生产率增长效应还有很大的提升空间。那么，最终驱动或影响经济结构变动的因素是什么？这些因素对中国工业结构变动的影响作用如何？本章试图基于中国工业结构变动的事实回答这些问题，以加深对工业结构变动过程和机制的理解。

第一节 结构变动的影响因素

通过第二章结构变动的理论综述可知，众多研究者提出不同的假说来解释经济结构变动的过程，寻找驱动结构变动的力量或影响因素。这些理论假说可以分为 3 种：需求说、技术说和贸易说。

需求说以恩格尔定理和效用理论为基础，认为部门间需求收入弹性的差异引起了结构变动。近年来，Laitner（2000）、Kongsamut et al.（2001）、Meckl（2002）、Foellmi and Zweimuller（2008）、Echevarria（1997）、Bonatti and Felice（2008）、Buera and Kaboski（2009）等以新古典增长理论为基础，从不同角度研究了需求因素对结构变动的影响。这类文献通常的做法是：通过在模型中假设与恩格尔定律相一致的非位似偏好方式，来研究需求因素对结构变动的影响。伴随经济增长，各种产品的边际效用不成比例变化，引起产品的边际替代率出现变化，最终导致各种产品消费量的不平衡增长。市场均衡要求供给和需求相匹配，需求变化最终会影响产品供应量的结构变化，最终引起部门间的非平衡增长，即结构变动（陈体标，2012）。

技术说认为各部门的生产技术增长率所存在的差异，引起了各种产品生产技术水平的变动程度不同，从而使各种产品生产成本的变化程度存在差异，进而反映在市场相对价格上，最终引起各种产品的不平衡增长，产生结构变动（陈体标，2012）。Baumol（1967）、Ngai and Pissarides（2007）、Acemoglu and Guerrieri（2008）等从技术角度或供给角度，解释了结构变动的过程。

将需求说和技术说综合起来解释结构变动的研究，主要有两类。一类是以新古典增长理论为基础，如 Echevarria（1997）、Bonatti and Felice（2008）、Buera and Kaboski（2009）等；另一类是以现代演化增长理论为基础，如 Pasinetti（1981，1993）、Montobbio（2002）、Metcalfe et al.（2006）等。

贸易说认为外贸中比较优势的改变也可以引起结构变动。在

第五章 结构变动的影响因素分析

开放经济中,国家的进出口变化反映了比较优势的变化,进出口变化是经济结构变动的一个重要方面。西蒙·库兹涅茨(1989)、M. 赛尔奎因(1989)对多个国家的贸易和经济增长、结构变动进行了经验分析。

新古典增长理论和现代演化增长模型,都比较注重理论分析和数理推理。从经验分析的角度,对影响结构变动的因素进行的研究,主要是早期的 Fisher (1939)、Clark (1940)、H. 钱纳里等 (1989) 和 Syrquin (1988) 等,他们的研究主要是通过对多国长期历史资料的统计比较,总结结构变动的一般规律。除此之外,Fuchs (1980) 应用回归分析方法,研究了就业份额在三大部门间转移的影响因素,认为农业就业份额的下降主要是由需求收入弹性的差异引起的,服务业就业份额的提高主要是由劳动生产率的提高引起的。

国内一些学者也对工业结构变动的因素进行了研究。陈晓光和龚六堂(2005)构建了3个模型,对经济结构变动与经济增长的关系进行讨论,分别从理论上说明了需求收入弹性的差别是结构变动的一个重要原因,经济增长由工业部门驱动,以及城市化是经济增长的动力。陈体标(2012)从技术(或供给)的角度,在新古典框架下构建了一个多部门增长模型,较好地解释了经济增长中的卡尔多事实和库兹涅茨事实。戴魁早(2012)从中国工业结构合理化和高度化的角度,使用 1985~2010 年 33 个工业细分行业的数据,应用 VAR 模型,研究了自主创新能力、技术吸收能力、居民收入增长、国际贸易和市场化进程对中国工业结构变动的影响。

综上,本章将在借鉴已有理论研究和经验研究的基础上,从经验分析的角度,分别研究需求、技术和贸易三个方面的因素对中国工业结构变动的影响。

最后需要特别指出,本章研究技术和需求因素对工业结构变动的影响,与第三章、第四章分别基于供给视角、需求视角研究结构变动对工业生产率增长的影响,两者之间既有联系,又有区别。首先,第三章和第四章主要是从经验角度,研究要素投入结构变动和需求结构变动对工业生产率增长的影响,聚焦于结构变动对生产率增长的影响。其次,本章研究技术和需求因素对工业结构变动的影响,重点在于探求工业结构变动过程的机制,聚焦于技术因素中的生产率差异和需求因素中的非位似偏好如何影响结构变动。最后,如同结构变动会影响经济增长、经济增长对结构变动具有反馈影响一样,结构变动与生产率增长之间也存在反馈作用。结构变动会影响生产率增长,而行业间生产率增长的差异通过影响经济增长,进而影响结构变动。因此,本章选择劳动生产率作为影响结构变动的技术因素替代变量,研究其对工业结构变动的影响,在某种程度上也反映了生产率对结构变动的反馈效应。第三章、第四章和第五章研究内容之间的逻辑关系如图 5-1 所示。

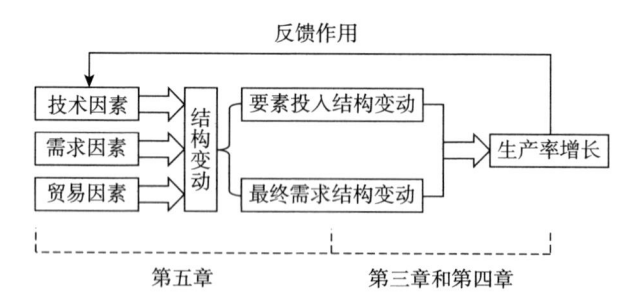

图 5-1 第三章、第四章和第五章研究内容的逻辑关系

第二节 中国工业结构变动的主要影响因素分析

一 变量选择和数据来源及处理

工业的结构变动,在数量上通常由工业的产值份额和工业的就业份额这两个变量表示。本章选择这两个变量的变化来表征工业的结构变动。具体而言,工业的产值份额由工业 GDP 占整个经济 GDP 的比重表示,工业的就业份额由工业从业人员占整个经济从业人员的比重表示。影响结构变动的需求因素,选择人均 GDP 作为其替代变量。影响结构变动的技术因素,选择劳动生产率作为其替代变量,具体考虑农业的劳动生产率、工业的劳动生产率和服务业的劳动生产率。影响结构变动的外贸因素,选择进出口总额占 GDP 的比重作为其替代变量。

样本数据,选择中国 1993~2011 年 31 个省份的相关数据。各省份的具体数据及其处理如下。第一,工业增加值和地区 GDP 两者相除,得到各份的工业产值份额。第二,规模以上工业全部职工年平均人数和三次产业总从业人员,两者相除,得到各省份的工业就业份额[①]。第三,人均 GDP 和人均地区 GDP 环比指数。

[①] 这样得到的工业就业份额存在低估。但是,如果用第二产业的从业人员除以三次产业的总从业人员,得到的就业份额则存在高估,并且因为包括建筑业,从业人员波动加大,若据此作为工业的就业份额,更不能准确反映工业就业份额的变化趋势。对两者加以权衡,最终选择以规模以上工业的全部职工年平均人数与总从业人员的比值,作为工业就业份额的替代变量。

首先将人均地区 GDP 环比指数换算成以 2000 年 = 100 的定基指数，然后将人均地区 GDP 定基指数作为价格平减指数，对人均 GDP 进行缩减，得到各省份的人均 GDP。第四，规模以上工业的增加值。其中，2008～2011 年各省份只有工业总产值的数据，没有工业增加值数据，因此对这几年的工业增加值数据进行估算。估算方法是：2008 年地区工业增加值，等于各地区工业总产值乘以 2005 年、2006 年、2007 年规模以上工业增加值率的平均值；2009～2011 年，假定各行业工业增加值与总产值的增长率相同，得到各地区工业增加值。第五，规模以上工业增加值的环比指数。首先将工业增加值的环比指数换算成以 2000 年 = 100 的定基指数；然后将工业增加值的定基指数作为价格平减指数，对规模以上工业增加值进行缩减，得到各省份可比的工业增加值；最后，可比的规模以上工业的增加值除以规模以上工业全部职工年平均人数，得到各省份工业的劳动生产率。第六，第一产业的 GDP、第一产业 GDP 环比指数和第一产业的从业人员。首先，将第一产业 GDP 环比指数换算成 2000 年 = 100 的定基指数；其次，将第一产业 GDP 定基指数作为价格平减指数，对第一产业的 GDP 进行缩减，得到各省份可比的第一产业 GDP；最后，可比的第一产业 GDP 除以第一产业的从业人员，得到第一产业的劳动生产率，即农业劳动生产率。第七，第三产业的 GDP、第三产业 GDP 环比指数和第三产业的从业人员。应用与农业劳动生产率的相同方法，可得到服务业的劳动生产率。第八，进出口总额和人民币汇率。根据人民币汇率将以美元表示的进出口总额，换算成与地区 GDP 单位一致的进出口总额，然后除以地区 GDP，得到各省份的进出口总额占 GDP 的比重。

上述数据中，各省份的工业相关数据来源于《中国工业统计年鉴》和《中国工业交通能源50年统计资料汇编》，各省份的其他数据来源于《新中国六十年统计资料汇编》和各省份历年的地方统计年鉴。

二 模型设定

理论模型设定为：

$$Y = f(X) \qquad (5-1)$$

根据影响结构变动的三种理论假说，分别验证收入变化对工业结构变动的需求效应，劳动生产率变化对工业结构变动的技术效应，以及收入、劳动生产率和进出口总额占GDP比重变化对工业结构变动的共同影响效应。据此，一共有两组模型，含10个子模型。

第一组以工业产值份额为被解释变量Y。子模型1：解释变量为可比的人均GDP，以GDPPC表示。子模型2：解释变量为工业的劳动生产率，以INDULP表示。子模型3：解释变量为农业的劳动生产率，以AGRILP表示。子模型4：解释变量为服务业的劳动生产率，以SERVLP表示。子模型5：解释变量为可比人均GDP（GDPPC）、工业劳动生产率（INDULP）和进出口总额占总GDP比重（以IMS表示）。第二组以工业就业份额为被解释变量Y。子模型6-10，解释变量分别与子模型1-5相同。

关于被解释变量与各个解释变量的理论关系，借鉴Fuchs（1980）的研究，采用半对数模型中的对数到线性模型，即：

$$Y = [\mathrm{LOG}(X)]'\beta + \varepsilon \qquad (5-2)$$

其中，Y 是被解释变量，$LOG(X)$ 是对应各个子模型的解释变量对数的向量（包括一个或多个解释变量对数的向量），ε 为随机干扰项。

表 5-1 为模型中各个被解释变量、解释变量对数及其样本数据的统计描述。图 5-2 和图 5-3 分别展示了工业产值份额和工业就业份额与各个解释变量对数的散点图、相关系数、相关系数显著性检验的 P 值。

表 5-1　变量和样本数据的统计描述

	均值	标准差	最大值	最小值	样本容量
GDPS：工业增加值份额（%）	37.36699	9.598873	55.73284	6.771314	589
LS：工业就业份额（%）	10.94532	7.445142	43.85655	0.878469	589
LOG（GDPPC）：可比人均 GDP 的对数（元/人）	8.968306	0.536951	10.52935	7.590852	589
LOG（AGRILP）：农业劳动生产率对数（万元/人）	-0.59606	0.569656	1.332464	-2.18398	589
LOG（INDULP）：工业劳动生产率对数（万元/人）	1.474439	0.4191	2.624129	0.485924	589
LOG（SERVLP）：服务业劳动生产率对数（万元/人）	0.708453	0.419886	2.002438	-0.48056	589
LOG（IMS）：进出口总额占总 GDP 比重	-1.78901	1.004902	0.789797	-3.44063	589

从图 5-2 和图 5-3 可以看出，工业产值份额和各个解释变量的对数都具有显著的正相关性；工业就业份额与工业劳动生产率对数的正相关性不显著，与其余解释变量的对数都具有显著的正相关性。

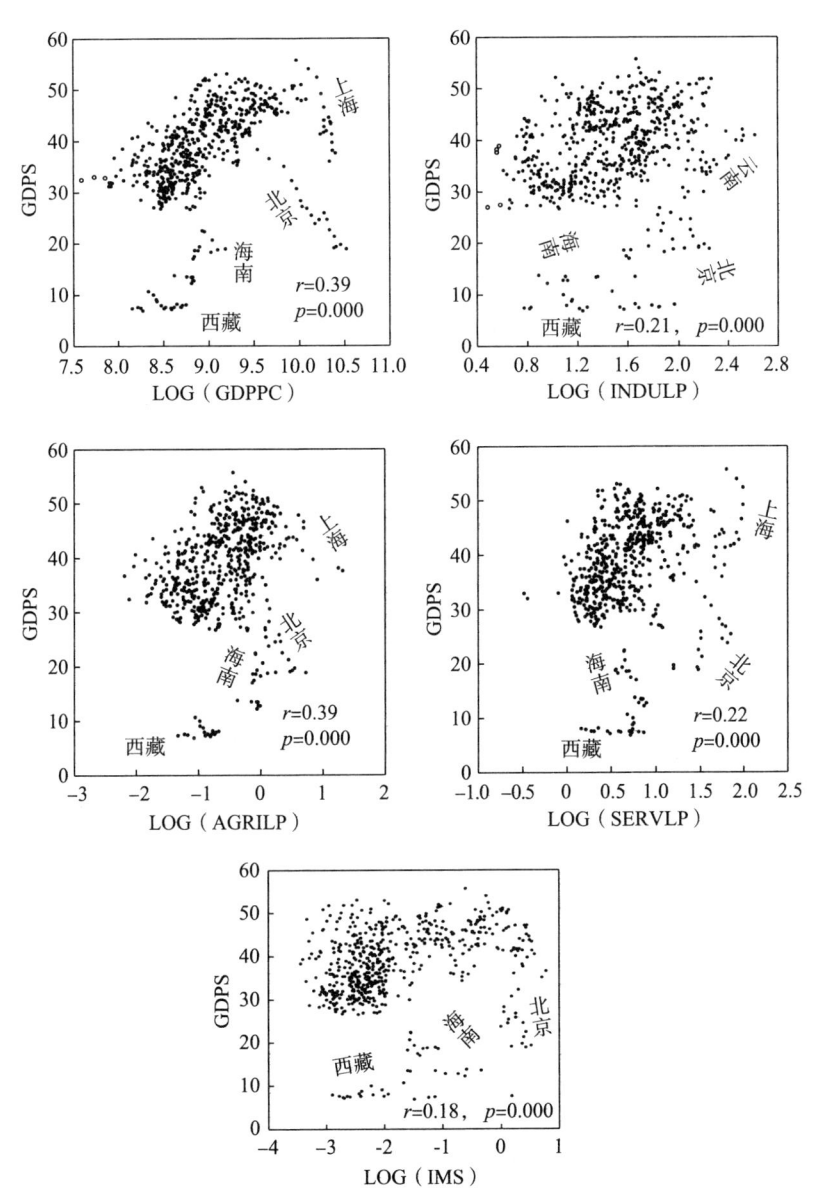

图 5-2 工业产值份额 GDPS（%）与各个解释变量对数的散点图

注：r 为相关系数，p 为相关系数显著性检验的 P 值，地区名为较明显的离群值地区名。

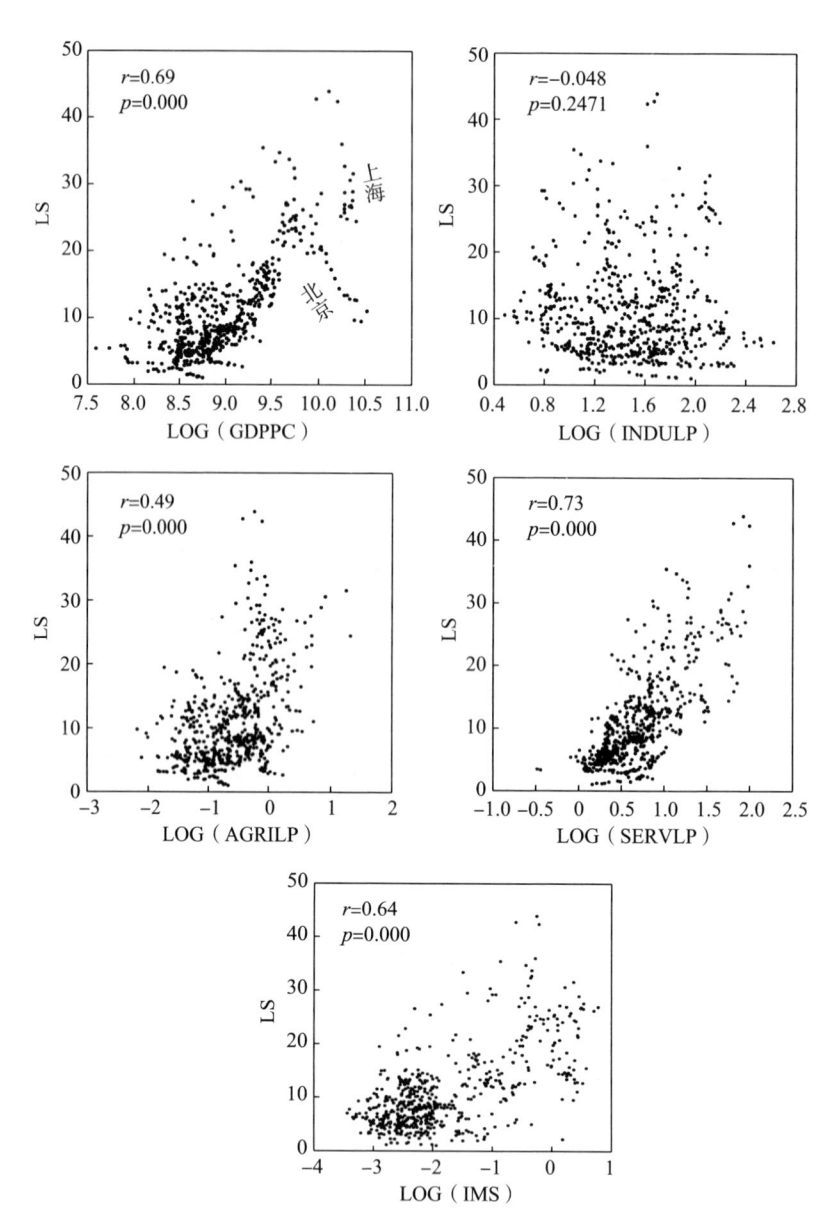

图 5-3　工业就业份额 LS（%）与各个解释
变量对数的散点图

注：r 为相关系数，p 为相关系数显著性检验的 P 值，地区名为较明显离群值的地区名。

三　参数估计方法

从图 5-2 和图 5-3 可以看出，被解释变量和各个解释变量对数的散点图分布中存在较多比较明显的离群值。在工业产值份额与各个解释变量对数的散点图中，离群值主要是上海、北京、海南和西藏各年度的对应值。其中，上海的数据主要表现为各解释变量对数的值和工业就业份额都较大；北京的数据主要表现为各解释变量对数的值也较大，但工业产值份额中等；海南和西藏的数据主要表现为被解释变量和各解释变量对数的值都较小。同时，从图 5-2 和图 5-3 还可以看出，对应某解释变量对数的所有取值，被解释变量的条件方差并不相等，即存在异方差。

鉴于此，对模型（5-2）的参数估计就不能使用传统的线性回归方法，而要采用分位数回归方法。因为线性回归方法的假设条件之一是同方差性，并且参数估计值对离群值高度敏感，离群值对回归函数会产生不良的后果。如果模型不满足同方差性假设，线性回归的参数估计值将不再是最佳线性无偏估计量（BLUE 估计量），必须采用相应的修正方法对参数进行估计。对于离群值的处理，线性回归的通常做法是删除这些离群值，但很可能同时也将离群值带有的重要不同数据信息丢失，进而破坏了研究结论的科学性。相比之下，分位数回归的参数估计值，则对违反同方差的假设和离群值的存在不敏感，参数估计值表现得更加稳健（Hao and Naiman，2007）。

而且，传统的线性回归模型只关注被解释变量的条件均值，而没有充分考虑被解释变量条件分布的完整特征。分位数回归模型，则可以分析被解释变量条件分布的完整特征。因为线性回归模型是通过利用被解释变量分布的均值来表示其集中趋势；而分位数回归,则可以分析各个解释变量的变化对被解释变量条件分布中各种不同分位数的影响,如 0.25 分位数、中位数、0.75 分位数等。如果不同分位数下的回归参数估计量显著不同,就表明解释变量的变化对不同水平的被解释变量的影响具有差异性。

表 5-2 和图 5-4 分别报告了被解释变量工业产值份额 GDPS 和就业份额 LS 的不同分位数数值和图形。对于工业产值份额 GDPS:中位数约为 38.45%,样本中间的 80%(约 471 个样本)在 27.24% ~ 48.12% 变动;样本中间的 60%(约 353 个样本)在 31.13% ~ 45.62% 变动;样本中间的 40%(约 236 个样本)在 33.46% ~ 43.16% 变动。对于工业就业份额 LS:中位数约为 8.83%,样本中间的 80%(约 471 个样本)在 3.59% ~ 22.60% 变动;样本中间的 60%(约 353 个样本)在3.59% ~ 15.50% 变动;样本中间的 40%(约 236 个样本)在 6.02% ~ 12.76% 变动。在不同分位数上,被解释变量工业产值份额 GDPS 和工业就业份额 LS 的分布差异较大,并且就业份额的离散程度大于产值份额。因此,选择分位数回归方法,估计各个解释变量对被解释变量 GDPS 和 LS 不同分位数的影响,是很有价值的。

表 5-2 工业产值份额 GDPS (%) 和就业
份额 LS (%) 的不同分位数值

分位数	GDPS	LS	分位数	GDPS	LS
0.10	27.2420	3.5898	0.60	41.2455	10.8728
0.20	31.1288	3.5898	0.70	43.1594	12.7605
0.30	33.4587	6.0249	0.80	45.6192	15.4966
0.40	35.8499	7.6163	0.90	48.1245	22.5986
0.50	38.4524	8.8272			

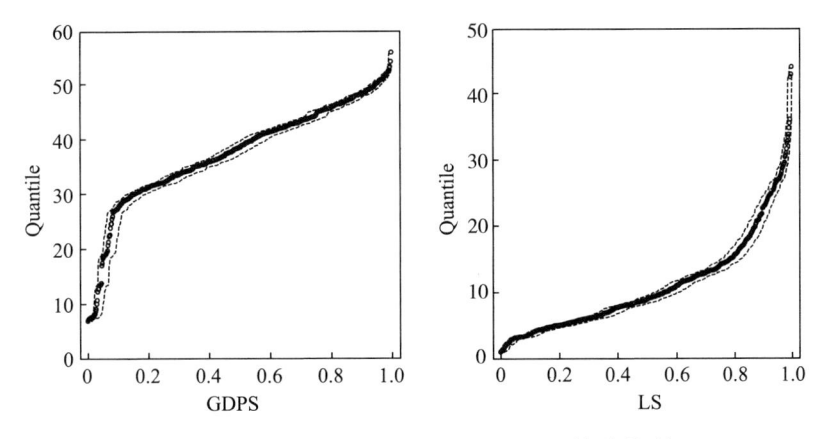

图 5-4 被解释变量 GDPS 和 LS 的分位数

四 实证结果和分析

1. 收入变化对工业结构变动的需求效应

人均 GDP 的对数 LOG（GDPPC）对工业产值份额 GDPS 和工业就业份额 LS 的分位数回归结果参见表 5-3。从表中可以看出，人均 GDP 对数对工业产值份额的分位回归中，只有 0.1 分位数的系数为负，且不显著；其余 8 个分位数的系数均为正，且都很显著。总体上，人均 GDP 对数对工业产值份额的回归系数，随着分位数的提高而增加，从 0.2 分位数的 6.40 增加到 0.9 分位数的 8.99。

同时，这些不同分位数上的回归系数到底有无显著性的差异，需要进行斜率相等性的 Wald 检验。附表 5-1 报告了该检验的结果，表明总体上 0.25、0.5 和 0.75 分位数回归函数的斜率之间，存在显著性的差异。具体而言，0.25 与 0.5 分位数回归函数的斜率之间，存在显著性差异；而 0.5 与 0.75 分位数回归函数的斜率之间，无显著性差异。这进一步说明，人均 GDP 的变化对不同水平工业产值份额的影响是存在差异的。当工业产值份额相对较低时，人均 GDP 对数的单位增加效应，随分位数的增加而增加；当工业产值份额达到一定的水平时，人均 GDP 对数的单位增加对工业产值份额的边际影响趋于一致。图 5-5 形象地描述了人均 GDP 对工业产值份额的需求效应：除 0.1 分位数之外，人均 GDP 所引致的需求效应对于其余所有分位数的工业产值份额的影响都是正向的；在 0.2~0.4 分位数时，随着分位数的增加，人均 GDP 对数的单位增加效应稳定上升，但在分位数 0.4 以上时，人均 GDP 对数的单位增加效应趋于稳定。具体来说，在工业产值份额的 0.2 分位数上，人均 GDP 增加 1% 时，平均来说工业产值份额（%）会增加 0.064，即工业产值份额平均会增加 0.064%[①]；在工业产值份额的 0.3 分位数上，人均 GDP 增加 1% 时，平均来说工业产值份额会增加 0.073%；而在工业产值份额的分位数在 0.4 以上时，人均 GDP 增加 1% 时，平均来说工业产值份额增加的范围为 0.084%~0.090%，没有显著性差异。因此，工业产值份额较低和比重较高的地区，提高人均 GDP 所引致的结构需求效应不同。在工业产值份额较低的地区，提高人均 GDP 所产生的结构效应差异较大；但在工业产值份额已经达到一定水平后，提高人均 GDP 所产生的结构效应就趋于稳定。

人均 GDP 对数对工业就业份额的分位回归中，9 个分位数的系数均为正，且都很显著。人均 GDP 对数对工业就业份额的回归系数，当分位数低于 0.6 时，随着分位数的提高而增加，从 0.1 分位数的 5.59 增加到 0.6 分位数的 10.24。当工业就业份额的分

---

① 因为原模型是对数到线性模型，所以 0.2 分位数的回归系数 6.4017，就表示解释变量变化 1% 时，被解释变量的绝对变化量为 6.4017/100 = 0.064017。然后，又因为被解释变量工业产值份额的单位是%，所以就有 0.064% 这个数字。以下类似分析同理。

位数高于 0.6 时，回归系数开始有下降的趋势。同样，对人均 GDP 对数与工业就业份额的分位回归进行斜率相等性检验（见附表 5-2），结果表明总体上分位数回归函数的斜率之间存在显著性的差异。具体来看，0.25 与 0.5 分位数回归函数的斜率之间，存在显著性差异；而 0.5 与 0.75 分位数回归函数的斜率之间，无显著性差异。所以，人均 GDP 的变化对不同水平工业就业份额的

表 5-3 GDPS 和 LS 与 LOG（GDPPC）的分位数回归结果

解释变量	分位数	被解释变量 GDPS 系数	标准差	P 值	被解释变量 LS 系数	标准差	P 值
LOG（GDPPC）	0.100	-1.0892	1.1899	0.3604	5.5886	0.6217	0.0000
	0.200	6.4017	0.9178	0.0000	7.3539	0.9224	0.0000
	0.300	7.3038	1.1805	0.0000	8.7788	0.8853	0.0000
	0.400	8.9841	0.8496	0.0000	9.6489	0.7205	0.0000
	0.500	8.8990	0.6422	0.0000	10.1395	0.6312	0.0000
	0.600	8.9958	0.5661	0.0000	10.2426	0.5419	0.0000
	0.700	8.4038	0.5643	0.0000	10.0968	0.4859	0.0000
	0.800	8.6960	0.7000	0.0000	9.9683	0.4904	0.0000
	0.900	8.9882	0.9761	0.0000	9.9389	0.4504	0.0000
截距 C	0.100	36.9685	10.0793	0.0003	-44.5894	5.4299	0.0000
	0.200	-24.3385	7.9741	0.0024	-59.0412	8.0979	0.0000
	0.300	-30.3116	10.2839	0.0033	-70.9208	7.8040	0.0000
	0.400	-42.9259	7.5754	0.0000	-77.9323	6.3739	0.0000
	0.500	-40.7567	5.7867	0.0000	-81.2643	5.5986	0.0000
	0.600	-39.9810	5.1092	0.0000	-80.8653	4.8790	0.0000
	0.700	-33.2279	5.0929	0.0000	-77.8183	4.4239	0.0000
	0.800	-34.1168	6.2743	0.0000	-74.5471	4.3691	0.0000
	0.900	-34.7365	8.7194	0.0001	-71.6062	3.9711	0.0000

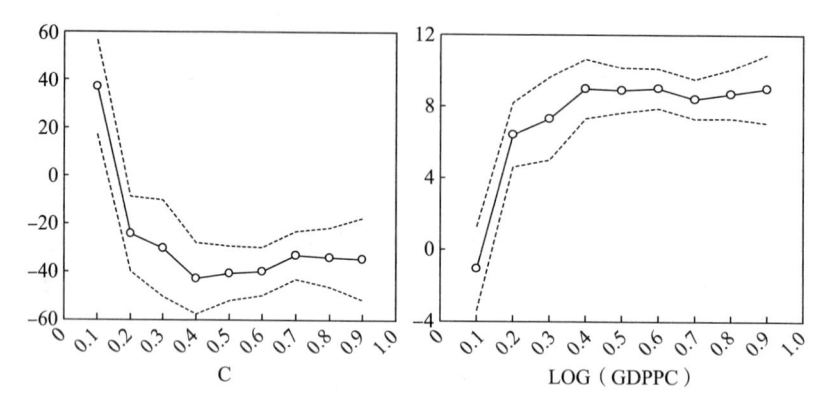

图 5-5 工业产值份额 GDPS 不同分位数下 C 和 LOG（GDPPC）回归系数的估计值及其置信区间（95%）

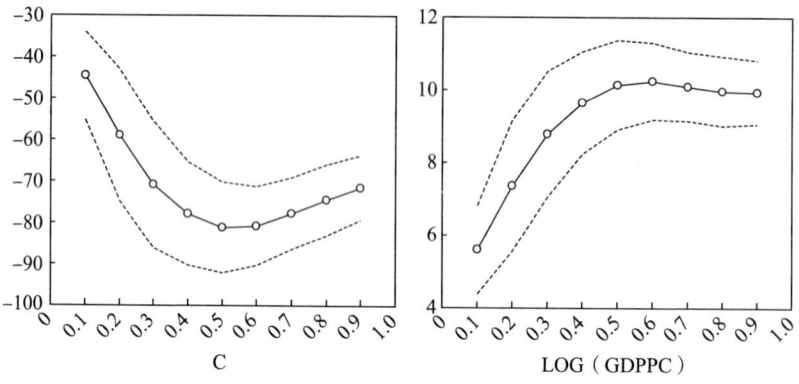

图 5-6 工业就业份额 LS 不同分位数下 C 和 LOG（GDPPC）回归系数的估计值及其置信区间（95%）

影响存在差异。当工业就业份额相对较低时，人均 GDP 对数的单位增加效应随之增加；当工业就业份额达到一定的水平时，人均 GDP 的提高对工业就业份额的边际影响趋于一致。图 5-6 形象地描述了人均 GDP 变化对工业就业份额的需求效应：这种效应对于工业就业份额的所有分位数数值都是正向的；并且在 0.1~0.6 分位数时，随着分位数的增加，人均 GDP 对数的单位增加效应稳定上升，但在分位数 0.6 以上时，人均 GDP 对数的单位增加效应趋于稳定。在工业就业份额的 0.1~0.6 分位数上，当人均 GDP 增加 1% 时，平均来说工业就业份额（%）会增加 0.056% ~ 0.102%；当工业就业份额的分位数在 0.6 以上，且人均 GDP 增加 1% 时，平均来说工业就业份额增加的范围为 0.099% ~ 0.102%，没有显著性差异。因此，工业就业份额不同的地区，提高人均 GDP 所引致的结构需求效应不同。当工业就业份额低于某水平时，提高人均 GDP 所产生的结构效应随工业就业份额的提高而增加；但在工业就业份额已经达到一定水平后，提高人均 GDP 所产生的结构效应就趋于稳定且有轻微的下降趋势。

2. 劳动生产率变化对工业结构变动的技术效应

在工业结构变动中，由劳动生产率变化所引致的技术效应，首先是由工业自身的劳动生产率变化所引发的。表 5-4 报告了工业劳动生产率的对数 LOG（INDULP）对工业产值份额 GDPS 和工业就业份额 LS 的分位数回归结果。从表中可以看出，工业劳动生产率对数对工业产值份额的分位回归中，只有 0.1 分位数的系数为负，且不显著；其余 8 个分位数的系数均为正，且都很显著。当工业产值份额的分位数在 0.2~0.6 时，工业劳动生产率对数的回归系数，随着分位数的提高而增加，从 0.2 分位数的 3.73 增加到 0.6 分位数的 6.40。当工业产值份额的分位数在 0.6 以上时，工业劳动生产率对数的回归系数，随着分位数的提高而下降。对分位数回归系数进行斜率相等性检验（见附表 5-3），结果表明：总体上分位数回归函数的斜率之间，存在显著性差异。具体来看，低分位数回归函数的斜率存在显著性差异；0.3 分位数以上的分位数回归函数的斜率之间无显著性差异。所以，劳动生产率的变化对不同水平的工业产值份额影响是存在差异的。图 5-7 形象地描述了劳动生产率对工业产值份额的技术效应：当工业产值份额相对较低时，劳动生产率对数的单位增加效应,随分位数的增加而增加;当工业产值份额达到一定的水平,劳动生产率对数的单位增加对工业产值份额的边际影响也趋于一致。在工业产值份额的 0.2 分位数上,劳动生产率每增加 1%,平均来说工业产值份额会增加 0.037%;在工业产值份额的 0.3 分位数上,劳动生产率增加 1%,平均来说工业产值份额会增加 0.058%;在工业产值份额的分位数在 0.4 分位以上时,劳动生产率增加 1%,平均来说工业产值份额增加的范围为 0.053%~0.064%,且没有显著性差异。因此,工业产值份额较低的地区与工业产值份额相对较高的地区,劳动生产率变化所引致的结构技术效应不同。在工业产值份额较低的地区,提高劳动生产率所产生的结构效应随工业产值份额的提高而增加,但在工业产值份额已经达到一定水平后,提高劳动生产率所产生的结构效应就趋于稳定且有轻微的下降趋势。

表 5-4　GDPS 和 LS 与 LOG(INDULP)的分位数回归结果

解释变量	分位数	被解释变量 GDPS 系数	标准差	P 值	被解释变量 LS 系数	标准差	P 值
LOG(INDULP)	0.100	-1.2305	2.5068	0.6237	-1.5243	0.6114	0.0129
	0.200	3.7310	0.9782	0.0002	-1.2306	0.6777	0.0699
	0.300	5.8125	0.8803	0.0000	-0.4345	0.6202	0.4838
	0.400	5.9201	0.9524	0.0000	-1.3332	0.5706	0.0198
	0.500	5.9289	1.1013	0.0000	-1.5199	0.5840	0.0095
	0.600	6.4005	1.1541	0.0000	-2.2286	0.6113	0.0003
	0.700	6.1576	1.0978	0.0000	-0.7660	1.1138	0.4919
	0.800	5.8637	0.9853	0.0000	0.5645	1.6732	0.7359
	0.900	5.3226	1.0905	0.0000	3.8965	1.6625	0.0194

续表

解释变量	分位数	被解释变量 GDPS 系数	标准差	P 值	被解释变量 LS 系数	标准差	P 值
截距 C	0.100	28.9770	2.6922	0.0000	6.1715	0.9159	0.0000
	0.200	26.5237	1.2545	0.0000	6.7356	1.0337	0.0000
	0.300	25.5230	1.2207	0.0000	6.6496	0.9914	0.0000
	0.400	27.3099	1.3680	0.0000	9.6207	0.9174	0.0000
	0.500	29.4948	1.6807	0.0000	11.1646	0.9492	0.0000
	0.600	31.2455	1.7864	0.0000	13.7332	0.9731	0.0000
	0.700	34.1705	1.7149	0.0000	13.8485	1.5136	0.0000
	0.800	36.5697	1.5343	0.0000	14.5247	2.3208	0.0000
	0.900	39.6925	1.7039	0.0000	16.5265	2.4541	0.0000

工业劳动生产率对数对工业就业份额的分位回归中，0.1～0.7分位数的回归系数均为负，0.8和0.9分位数的系数为正；在10%的显著性水平下，0.3、0.7和0.8分位数的系数不显著。总体上，工业劳动生产率的提高对工业就业份额具有负贡献，但并没有反映出一种持续的影响。对工业劳动生产率对数与工业就业份额的分位回归进行斜率相等性检验（见附表5-4），表明工业劳动生产率变化对不同水平的工业就业份额影响存在差异，并且这种影响并未呈现持续的稳定态势。图5-8形象地描述了工业劳动生产率变化对工业就业份额的影响效应：工业劳动生产率对数的单位增加对不同水平工业就业份额的影响具有波动性，并且有几个分位数回归系数的影响并不显著。该结果也与劳动生产率和就业之间的复杂理论关系相一致。在产出一定的条件下，劳动生产率的提高会降低就业份额，劳动生产率与就业份额之间呈负向关系。但如果劳动生产率的提高体现了技术进步，或者作为技术

进步的替代①，则在一个开放动态的经济中，技术进步又会趋向于创造出更多的就业。这种更多的就业要么在工业内部，要么延伸到其他部门。因此，作为工业整体而言，劳动生产率的提高对工业就业份额的影响是综合作用的结果。从研究的区间和分位回归模型的检验结果来看，总体上，工业劳动生产率的提高对工业就业份额的影响是负的，工业劳动生产率增加1%，平均来说工业就业份额下降0.015%。

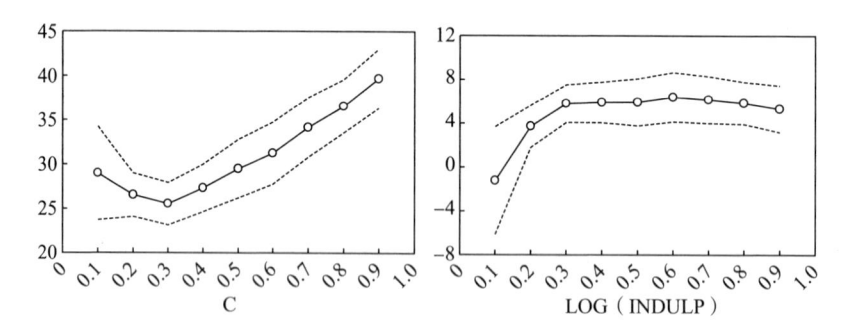

图5-7 工业产值份额GDPS不同分位数下C和LOG（INDULP）回归系数的估计值及其置信区间（95%）

按照产业转移的规律，除了工业自身的劳动生产率对工业结构有所影响，农业和服务业的劳动生产率也会对工业结构产生不容忽视的影响。为此，我们分别验证了农业劳动生产率AGRILP、服务业劳动生产率SERVLP对工业产值份额GDPS和工业就业份额LS的影响，相关的分位数回归系数估计结果见附表5-5和附表5-8，相关的斜率相等性检验见附表5-6、附表5-7、附表5-9和附表5-10。回归系数的估计和检验结果表明以下5点。第一，农业和服务业的劳动生产率对工业产值份额的影响都

---

① 在本章，劳动生产率是作为技术进步的一个替代变量。因为对于多年度、多地区的工业增长，寻找一个恰当的表征技术进步的指标并不是很容易。

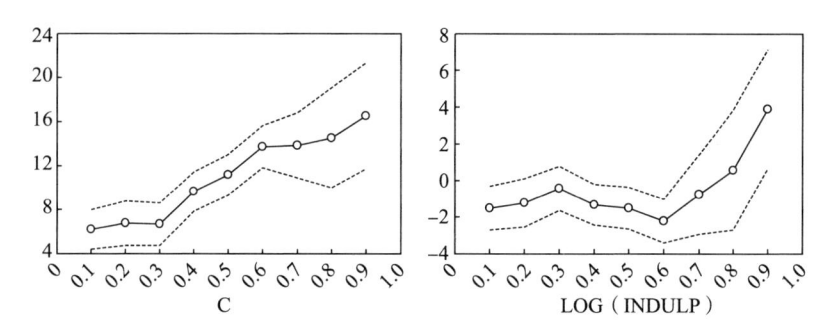

图 5-8　工业就业份额 LS 不同分位数下 C 和 LOG（INDULP）
回归系数的估计值及其置信区间（95%）

是正的，并且对不同水平的工业产值份额影响不同。第二，当工业产值份额分位数为 0.3~0.5 时，农业和服务业的劳动生产率对工业产值份额的影响随着分位数的增加而增加；在工业产值份额的高分位，劳动生产率的影响效应趋于下降。但高分位的回归系数与中位数的回归系数不存在显著性差异。第三，农业和服务业的劳动生产率对工业就业份额均具有正的显著性影响，并且对不同水平的工业就业份额影响不同。第四，总体上，农业和服务业的劳动生产率对工业就业份额的影响随着分位数的增加而增加，并且各个分位数的回归系数存在显著性差异。第五，服务业的劳动生产率对工业结构变动的影响，大于农业劳动生产率对工业结构变动的影响。

3. 收入、劳动生产率和进出口变化对工业结构变动的共同影响

在分别验证了影响工业结构变动的收入效应和需求效应之后，综合考虑收入、劳动生产率和进出口变化对工业结构变动的共同影响。表 5-5 报告了这 3 个因素对工业产值份额 GDPS 和就业份额 LS 的分位数回归结果。

人均 GDP 对数 LOG（GDPPC）对工业产值份额 GDPS 的分位回归系数中，所有分位数的回归系数都为正且都显著。当工业产

值份额的分位数在 0.1~0.3 时，人均 GDP 对数的回归系数随着分位数的提高而下降，从 0.1 分位数的 17.41 减少到 0.3 分位数的 9.28。当工业产值份额的分位数在 0.4 以上时，人均 GDP 对数的回归系数，随着分位数的提高先上升后下降再上升。但对分位数回归系数进行斜率相等性检验（见附表 5-11），表明低分位数回归函数的斜率存在显著性差异；0.5 分位数以上的分位数回归

表 5-5　GDPS 和 LS 与 LOG（GDPPC）、LOG（INDULP）、LOG（IMS）的分位数回归结果

解释变量	分位数	被解释变量 GDPS 系数	标准差	P 值	被解释变量 LS 系数	标准差	P 值
LOG（GDPPC）	0.100	17.4050	2.5327	0.0000	10.1644	1.0886	0.0000
	0.200	12.0527	3.9296	0.0023	10.5126	1.0163	0.0000
	0.300	9.2838	2.1011	0.0000	9.7508	0.9749	0.0000
	0.400	10.2435	1.6986	0.0000	10.4050	1.0064	0.0000
	0.500	12.3649	1.3254	0.0000	11.0402	1.0636	0.0000
	0.600	12.7959	1.0098	0.0000	10.9537	1.0348	0.0000
	0.700	12.5788	0.9145	0.0000	10.7124	0.7544	0.0000
	0.800	11.5663	0.8877	0.0000	11.2142	0.7555	0.0000
	0.900	11.8847	1.1867	0.0000	12.5658	0.9041	0.0000
LOG（INDULP）	0.100	-1.8984	2.6537	0.4746	-5.7929	0.9247	0.0000
	0.200	2.2118	1.4481	0.1272	-5.2174	0.6696	0.0000
	0.300	2.0592	0.9305	0.0273	-5.2476	0.4990	0.0000
	0.400	0.8300	0.7967	0.2979	-6.2965	0.5364	0.0000
	0.500	-0.2210	0.7347	0.7637	-7.0937	0.5119	0.0000
	0.600	-0.3888	0.7224	0.5906	-8.0623	0.4701	0.0000
	0.700	-0.0389	0.8400	0.9631	-8.5993	0.4368	0.0000
	0.800	0.4607	0.8911	0.6054	-9.6378	0.4610	0.0000
	0.900	0.9806	0.9955	0.3250	-11.1187	0.4912	0.0000

续表

解释变量	分位数	被解释变量 GDPS 系数	标准差	P值	被解释变量 LS 系数	标准差	P值
LOG(IMS)	0.100	-10.1247	0.9051	0.0000	-0.8179	0.2824	0.0039
	0.200	-4.4646	2.6437	0.0918	0.2494	0.3883	0.5209
	0.300	-2.1466	1.2143	0.0776	0.9980	0.2900	0.0006
	0.400	-0.8987	0.7255	0.2159	0.9838	0.2828	0.0005
	0.500	-1.8652	0.6105	0.0024	0.8886	0.3149	0.0049
	0.600	-2.4210	0.4504	0.0000	1.2704	0.3807	0.0009
	0.700	-2.5355	0.3887	0.0000	1.6865	0.3587	0.0000
	0.800	-2.2189	0.4004	0.0000	1.6000	0.4489	0.0004
	0.900	-2.7205	0.5778	0.0000	1.3106	0.6545	0.0457
截距 C	0.100	-146.249	21.6232	0.0000	-78.0151	8.6889	0.0000
	0.200	-87.2687	40.4305	0.0313	-78.2066	8.9402	0.0000
	0.300	-55.1459	20.6243	0.0077	-69.0668	8.8776	0.0000
	0.400	-56.9417	16.2054	0.0005	-72.6734	9.1572	0.0000
	0.500	-74.4247	12.7296	0.0000	-76.4340	9.6753	0.0000
	0.600	-77.6148	9.5483	0.0000	-72.5692	9.5196	0.0000
	0.700	-75.1397	8.3728	0.0000	-67.6907	6.9705	0.0000
	0.800	-65.0188	8.0290	0.0000	-69.6460	7.1021	0.0000
	0.900	-67.2154	10.8900	0.0000	-78.4925	8.8236	0.0000

函数的斜率之间无显著性差异。所以，人均GDP的变化对不同水平工业产值份额的影响效应，总体上呈现先下降后上升的趋势，并且当工业产值份额达到一定水平时，收入的影响效应趋于稳定。图5-9的第2幅图形象地描述了人均GDP对不同水平工业产值份额的影响效应。在工业产值份额的0.1~0.3分位数上，人均GDP增加1%，平均来说工业产值份额增加的范围为0.174%~0.093%；在工业产值份额的0.4分位数上，人均GDP增加1%，

结构变动与中国工业生产率增长

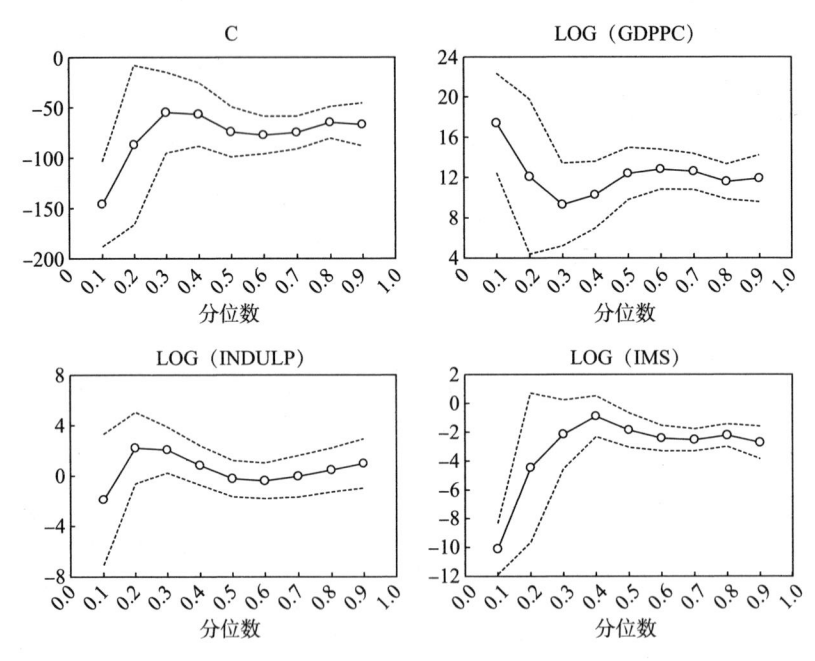

图 5-9　工业产值份额 GDPS 不同分位数下解释变量回归系数的估计值及其置信区间（95%）

平均来说工业产值份额会增加 0.102%；当工业产值份额的分位数在 0.5 分位以上时，人均 GDP 增加 1%，平均来说工业产值份额会增加 0.124%。

工业劳动生产率的对数 LOG（INDULP）对工业产值份额 GDPS 的分位回归系数中，几乎所有分位数的回归系数都不显著。只有在工业产值份额的 0.3 分位数上，工业劳动生产率的影响才是显著的，系数为 2.0592，表示当工业劳动生产率增加 1% 时，平均来说工业产值份额增加 0.021%。

进出口总额占 GDP 比重的对数 LOG（IMS）对工业产值份额 GDPS 的分位回归系数中，所有分位数的回归系数都为负；并且在 10% 的显著性水平下，除 0.4 分位数的回归系数不显著外，其余分位数的回归系数均显著。对分位数回归系数进行斜率相等性

第五章 结构变动的影响因素分析

检验（见附表 5-11），结果表明对于进出口总额占 GDP 比重的对数，所有分位数回归函数的斜率之间无显著性差异。所以，进出口总额占 GDP 比重的变化对不同水平的工业产值份额的影响是一样的，可以用中位数回归系数表示。当进出口总额占 GDP 比重增加 1% 时，平均来说工业产值份额会下降 0.019%。图 5-9 的第 4 幅图描述了进出口总额占 GDP 比重对工业产值份额的影响效应。

人均 GDP 对数 LOG（GDPPC）对工业就业份额 LS 的分位数回归系数中，9 个分位数的系数均为正，且都很显著。对分位数回归系数进行斜率相等性检验（见附表 5-12），结果表明对于人均 GDP 对数，所有分位数回归函数的斜率之间无显著性差异。所以，可以用中位数回归系数表示人均 GDP 变化对工业就业份额的影响。当人均 GDP 增加 1% 时，平均来说工业就业份额会增加 0.11%。图 5-10 的第 2 幅图描述了人均 GDP 对工业就业份额的影响效应。

工业劳动生产率对数 LOG（INDULP）对工业就业份额 LS 的分位回归系数中，9 个分位数的系数均为负，且都很显著。对分位数回归系数进行斜率相等性检验（见附表 5-12），结果表明对于工业劳动生产率对数，所有分位数回归函数的斜率之间都存在显著性差异。具体而言，当工业就业份额的分位数从 0.1 分位数上升到 0.2 分位数时，工业劳动生产率对数的回归系数从 -5.79 增加到 -5.22；当工业就业份额的分位数在 0.3 及以上时，工业劳动生产率对数的单位增加对工业就业份额的负影响随着分位数的增加而增加。图 5-10 的第 3 幅图形象地描述了工业劳动生产率变化对工业就业份额的影响效应：以工业劳动生产率的中位数回归系数为例，说明当工业劳动生产率增加 1% 时，平均来说工

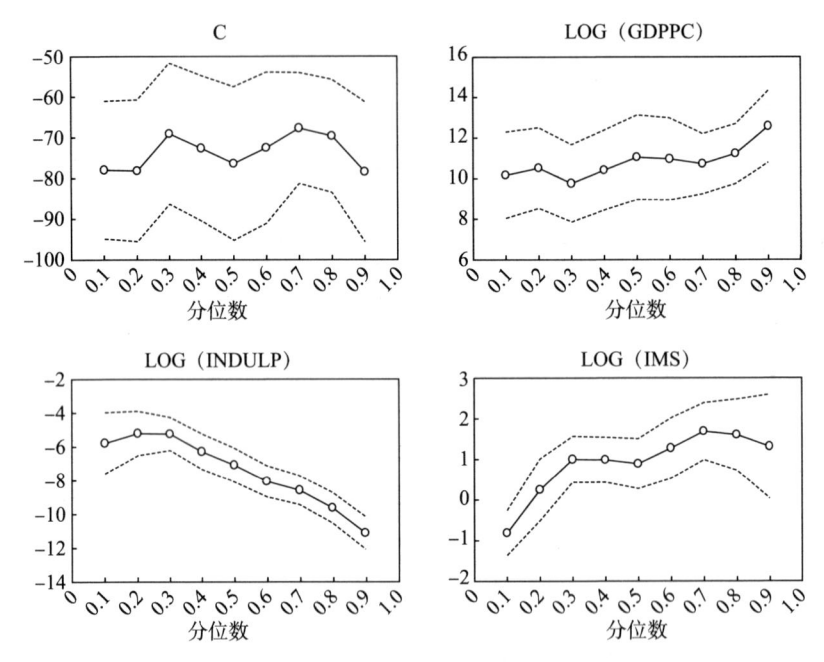

图 5-10　工业就业份额 LS 不同分位数下解释变量回归
系数的估计值及其置信区间（95%）

业就业份额会下降 0.071%。

进出口总额占 GDP 比重的对数 LOG（IMS）对工业就业份额 LS 的分位回归系数中，在 5% 的显著性水平下，除 0.2 分位数的回归系数不显著外，其他所有分位数的回归系数都显著。除了工业就业份额的 0.1 分位数之外，进出口总额占 GDP 比重对工业就业份额的影响都是正的。对分位数回归系数进行斜率相等性检验（见附表 5-12），结果表明对于进出口总额占 GDP 比重的对数，中位数之下的分位数回归函数的斜率之间无显著性差异，中位数之上的分位数回归函数的斜率之间存在显著性差异。所以，当工业就业份额较低时，进出口总额占 GDP 比重的变化对不同水平的工业就业份额的影响是一样的；当工业就业份额较高时，进出口总额占 GDP 比重的变化对不同水平的工业就业份额的影响存在差异。图 5-10 的第 4 幅图描述了进出口总额占 GDP 比重对工业就业份额的影响效应。总体上，进出口总额占 GDP 比重对工业就业份额的影响是正的。以中位数回归函数为例，当进出口总额占 GDP 比重增加 1% 时，平均来说工业就业份额增加 0.009%。

第三节 工业分行业结构变动的影响因素分析

从工业内部——工业分行业的角度，来分析技术进步、需求因素和外贸中比较优势的改变对结构变动的影响，是比较困难的。虽然不论是从生产还是需求来看，工业内部确实发生着实实在在的、明显的结构变动，但是由于行业层面的数据缺乏以及行业之间存在广泛的相互依赖性，使得从数量角度来探求各个因素对结构变动的影响效应显得不易。另外，从分行业的角度，对结构变动的影响因素进行研究，又是对总量分析的有益补充。正如库兹涅茨（1985）所指出的，其关于人均产值、生产率的增长率和生产结构的变动率之间的见解是无法加以直接"证明"的，只能通过讨论间接地表明[1]。基于此，下面主要从统计分析的角度，探索性地来验证技术进步、需求因素和外贸中比较优势的改变对工业内部结构变动所产生的影响。

一 各行业产出结构变动与技术进步的联系

首先，使用工业 36 个分行业的增加值份额在 1994~2011 年

---

[1] 〔美〕西蒙·库兹涅茨：《各国的经济增长》，常勋等译，商务印书馆，1985，第 344 页。

的增长率，来表示各行业产出结构的变动程度。其次，结构变动的快慢还与行业的初始状况有关，因而使用基期1994年各行业的增加值份额来表示各行业的初始产出规模。最后，做这两个变量序列的散点图，如图5-11所示。

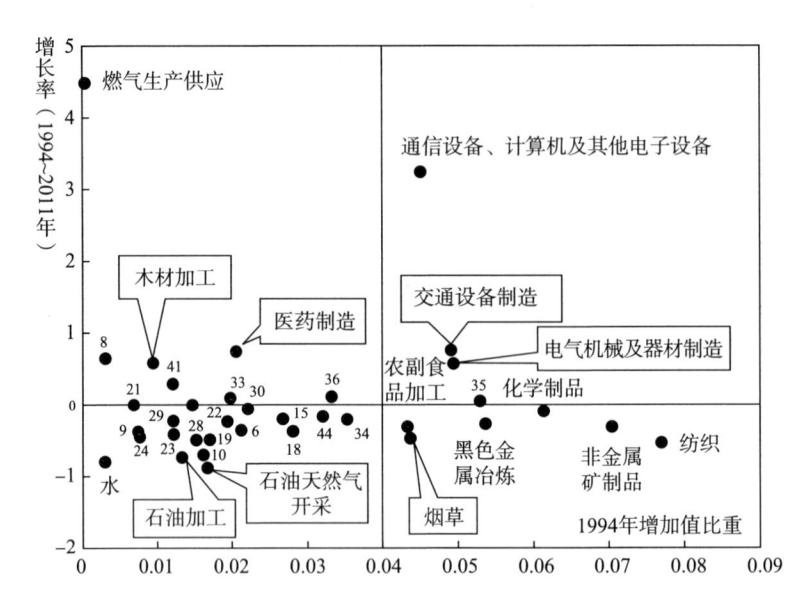

图5-11　36个工业行业增加值份额的增长率与基期增加值份额分布

注：图中数字为行业代码，具体行业名称参见表3-1。

根据各行业在散点图中的位置，可以将各行业分成四组：A组——基期增加值份额大于0.04，增加值份额的增长率大于0；B组——基期增加值份额小于0.04，增加值份额的增长率大于0；C组——基期增加值份额小于0.04，增加值份额的增长率小于0；D组——基期增加值份额大于0.04，增加值份额的增长率小于0。因为产出结构的变动是各个因素综合作用的结果，为了考察各行业产出结构变动的数量方面与技术进步的联系，下面主要分析A、B中那些具有较高产出结构变动率的行业。

第五章 结构变动的影响因素分析

A组中有3个行业的产出结构变动率较大：通信设备、计算机及其他电子设备制造业，交通设备制造业和电气机械及器材制造业。按照《高技术产业（制造业）分类（2013）》，通信设备、计算机及其他电子设备制造业中所有的子行业都属于高技术产业；交通设备制造中的航空航天器制造属于高技术产业，2008年其规模以上工业企业产值占所在行业的3.6%。电气机械及器材制造业的技术水平在一些领域已具备了与国际知名产品相竞争的水平，如电工类产品和日用电器产品都涌现出很多中国名牌产品和世界名牌产品，电力装备已出口到世界30多个国家和地区。

B组中有4个行业的产出结构变动率相对较大：燃气生产供应业、医药制造业、煤炭开采和洗选业、木材加工业。燃气生产供应业的增加值份额具有非常高的增长率，主要是由于其发展起步较晚、起点低，1994年的增加值份额仅有0.027%。1994~2011年，由于大量燃气项目的实施和城市化的发展等供需两方面的因素，该行业迅速成长，2011年其增加值份额达到了0.15%。燃气行业的剧烈产出结构变动，是城市化发展和技术进步等多种因素作用的结果。按照《高技术产业（制造业）分类（2013）》，医药制造业所有的子行业都属于高技术产业，2010年采用国际标准和国外先进标准生产的产品产值在90%以上。在煤炭开采和洗选业中，新产品销售收入占总销售收入的比重，由2003年为1.83%上升到2011年的3.94%，从一个侧面说明了该行业的技术进步状况。木材加工业，2010年采用国际标准和国外先进标准生产的产品产值达到90%以上。[1]

---

[1] 相关数据来源于国家质检总局发布的《2010年全国制造业质量竞争力指数》，具体参见 http://www.gov.cn/gzdt/2011-06/09/content_1880298.htm。

通过考察某些行业较高的增加值份额增长率与所在行业的技术水平之间的联系，我们粗略地观察到了分行业产出结构变动与技术进步之间存在的联系，是对从工业总量角度验证两者之间关系的一个补充。

二 食品工业、纺织服装业产出结构变动与需求变化的联系

为了从分行业的角度考察消费品需求收入弹性对结构变动的影响，就需要各行业的需求收入弹性和结构变动的数据。在我国的统计年鉴中，只有居民的 8 类消费性支出资料，即食品、衣着、居住、家庭设备用品及服务、医疗保健、文教娱乐用品及服务、交通通信和其他商品及服务。根据这 8 类消费支出的具体统计项目和含义，只有食品和衣着 2 类消费支出中能分离出隶属于工业的消费部分。具体做法是将食品消费支出中在外用餐费和食品加工服务费扣除，余下的部分可表示食品工业中的消费支出；将衣着消费支出中的衣着加工服务费扣除，余下的部分可表示纺织服装业中的消费支出。然后，计算出食品工业和纺织服装业的消费支出占全部消费支出的份额。最后，将 1994~2011 年消费支出份额的变动率，作为这两个行业需求收入弹性变动的近似替代。

基于上面的分析思路，做出全国 30 个省份 1994~2011 年食品工业的消费支出份额变动率与增加值份额变动率的散点图，如图 5-12。与此类似，图 5-13 是纺织服装业的消费支出份额变动率与增加值份额变动率的散点图[①]。

---

① 30 个省份中，重庆与四川的数据合并为一个省份的数据。食品工业包括农副食品加工业、食品制造业、饮料制造业和烟草制品业。纺织服装业包括纺织业、纺织服装鞋帽制造业和皮羽及其制品业。

第五章 结构变动的影响因素分析

A:城镇居民食品消费支出份额变动（％）　　B:农村居民食品消费支出份额变动率（％）

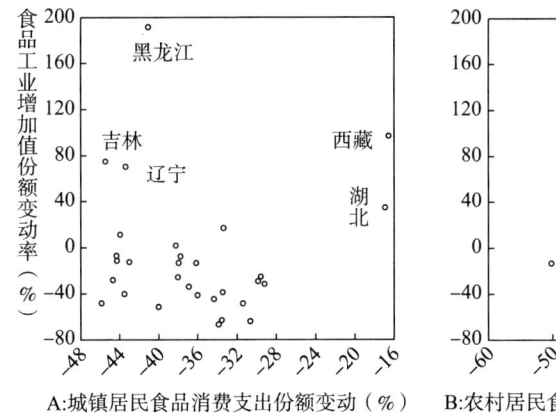

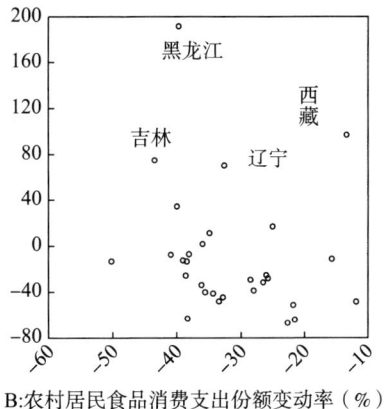

图 5-12　1994~2011 年全国各地区居民食品消费支出份额变动率与食品工业增加值份额变动率散点图

从图 5-12 可以看出，对于大多数省份而言，随着城镇或农村居民食品消费支出份额的降低，其食品工业增加值份额也在降低。其中，有几个省份属于图中的离群值，要进行具体的分析。黑龙江、吉林、辽宁和湖北这 4 个省份，食品工业的增加值份额并没有随着居民食品消费支出份额的下降而下降，而是有比较大的增加。这主要是因为这 4 个省份属于我国重要的粮食产地和加工地，其产出的绝大部分供应给了其他省份的居民①。西藏食品工业增加值份额变动率很高，主要是由于其工业发展的起点很低。

从图 5-13 可以看出，对于绝大多数省份而言，随着城镇或农村居民衣着消费支出份额的降低，其纺织服装业增加值份

---

① 从这个角度来讲，事实上，各省的食品工业增加值与居民食品消费支出之间也不是一对一的联系。但我们认为，在没有更好的资料情况下，对于大多数省份而言，食品工业增加值与居民食品消费支出之间应该存在一种比较强的对应关系。因此，这种变动在一定程度上可以反映这个行业产出变动与居民需求之间的联系。对于纺织服装加工业的分析也一样。

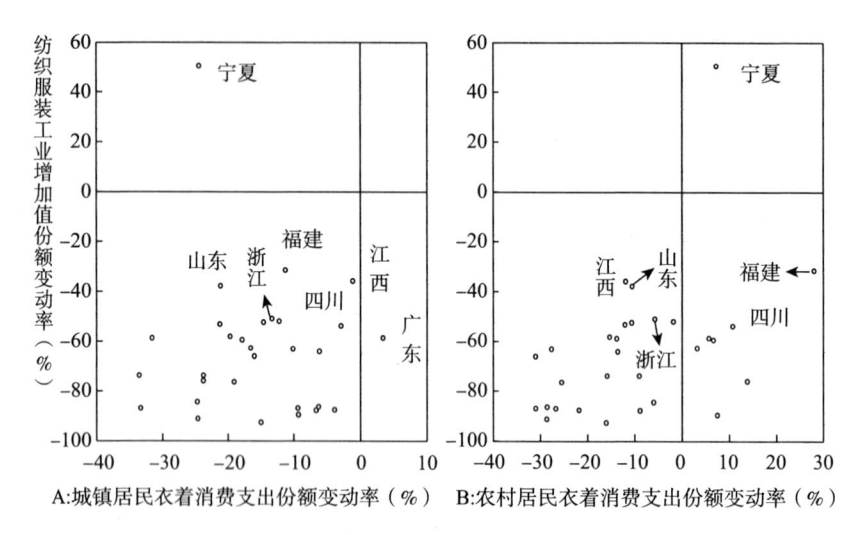

图 5-13　1994~2011 年全国各地区居民衣着消费支出份额
变动率与纺织服装工业增加值份额变动率散点图

额也在降低。其中，有几个省份属于图中的离群值，要进行具体的分析。广东、福建、四川、山东、浙江和江西这 6 个省份，纺织服装业的增加值份额相对下降较少，主要是由于这些省份是我国重要的纺织服装加工基地和出口基地，相对而言其产出份额的变动与本省居民消费支出份额变动之间的关系相对较弱。宁夏纺织服装业之所以有非常高的产值增长率，主要是起点低、起步晚和近年来民族服饰、羊绒产业的快速发展一起作用的结果。

三　各部门产出结构变动与外贸依存度的联系

为了分析各行业产出结构变动与外贸结构之间所存在的联系，以外贸依存度——（出口—进口）/GDP，表示工业各行业在外贸中的比较优势。然后，根据 1992 年和 2007 年《中国投入产出表》的数据，描绘了工业 24 个部门 1992~2007 年增加值份

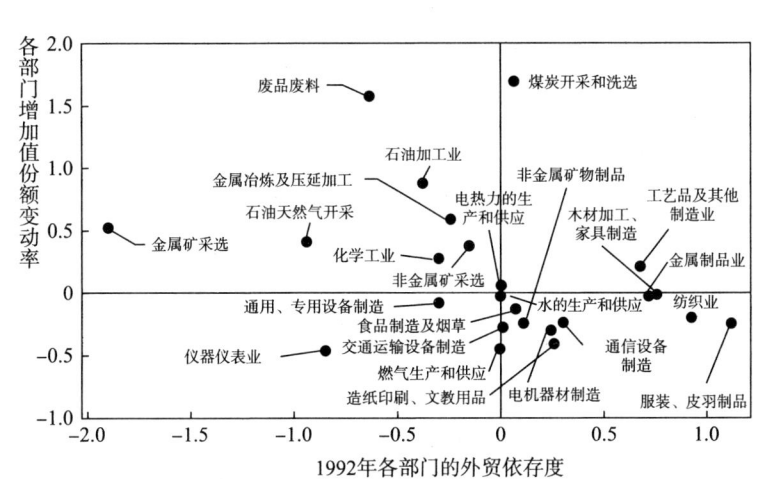

额变动率与 1992 年外贸依存度的散点图，如图 5-14 所示[①]。

图 5-14 1992~2007 年各部门增加值份额变动率与基期外贸依存度散点图

将图 5-14 按坐标轴分成 4 个象限，绝大多数部门分布在第 2 象限和第 4 象限。因为各部门产出结构的变动，不仅受外贸结构的影响，还受到技术和需求等因素的影响。所以在此为了考察部门产出结构与外贸结构的影响，主要分析进出口较不平衡的部门。第 2 象限的部门，增加值份额变动率为正，说明产值份额增加；外贸依存度为负，说明在外贸中进口量大于出口量，以进口为主。这些部门主要是资源密集型部门，通过进口我国短缺的原油和金属矿等基础原材料，在一定程度上缓解了经济增长中的资源约束，进而促进了产出增长。其中，废品废料部门有很高的产

---

① 在此，因为数据来源于投入产出表，加之行业分得比较粗，按照习惯，将行业称部门。我们同时也计算了 2007 年各部门的外贸依存度，结果显示：24 个部门中，除了煤炭开采和洗选部门、食品制造及烟草部门有较小的变化外（前者进口增多，后者出口减少），其余部门的外贸依存度相对地位几乎未变，所以在分析中，就以 1992 年外贸依存度为准进行分析。

出增长率和负的外贸依存度，一方面，是由于该部门是从20世纪90年代才开始统计和逐渐发展的一个行业，产值基数小；另一方面，是由于该部门的进口量相对很大且发展迅速，该部门进口量占GDP的比重，从2002年的3.59%上升到2007年的4.47%。第3象限的通用、专用设备部门和仪器仪表部门，进口量大于出口量，是我国进口高技术产品的主要部门，产值结构的变化反映了这些部门在整个工业体系中地位的变化。第4象限中，外贸依存度相对较高的部门是服装、皮羽制品业，纺织业，金属制品业，通信设备制造业，电机器材业和造纸印刷等部门。这些部门都是我国主要的出口部门，属于劳动力密集型产业，附加值较低。其中，外贸依存度较高的服装、皮羽制品业和纺织业，其增加值份额的相对下降，反映了这些部门在国际贸易中地位的变化和国内产业结构调整的综合影响。

总之，进出口状况的变化反映了各部门在对外贸易中比较优势的改变，进出口活动通过对国内要素结构及分配关系的影响，进而对各部门的经济结构变化产生不容忽视的作用。

第四节　小结

影响结构变动的因素主要有需求因素、技术因素和外贸因素。本章首先从工业总量经济的结构变动出发，研究了需求因素、技术因素和外贸因素对工业结构变动的影响。具体做法是：选择人均GDP、劳动生产率和进出口总量占GDP的比重分别作为收入（可引致需求变化）、技术因素和外贸因素的替代变量，采用半对数模型中的对数到线性模型，使用中国1993~2011年31

第五章　结构变动的影响因素分析

个省份的工业增长及其相关数据，应用分位数回归模型，分3个步骤研究了这3个因素对工业产值份额和工业就业份额的影响效应。

第一步，验证了收入变化对工业结构变动的需求效应。结果表明：人均GDP的提高对工业产值份额和工业就业份额都有比较显著的正影响，总体上人均GDP的提高对工业就业份额的影响效应更大。并且，在工业产值份额和工业就业份额的不同分位数上，人均GDP提高所引致的结构需求效应存在显著差异。大约在工业产值份额的0.4分位数以上和工业就业份额的0.6分位数以上时，人均GDP对工业产值和就业结构的影响效应趋于稳定。

第二步，验证了劳动生产率变化对工业结构变动的技术效应。结果表明以下4点。第一，工业劳动生产率对工业产值份额的影响为正，对工业就业份额的影响为负，总体上工业劳动生产率的提高对工业产值份额的影响更大。第二，在工业产值份额的低分位上，工业劳动生产率的结构效应存在显著性差异，当工业就业份额达到一定水平后，工业劳动生产率的结构效应趋于稳定。第三，在工业就业份额的0.9分位数上，劳动生产率对其的影响显著为正；在工业就业份额的0.1、0.2、0.4、0.5和0.6分位数上，劳动生产率对其的影响显著为负。总体上，工业劳动生产率变化对不同水平的工业就业份额的影响存在显著差异。第四，农业和服务业的劳动生产率对工业产值份额和工业就业份额的影响都是正的，并且对不同水平的工业产值份额和工业就业份额的影响不同。并且，服务业的劳动生产率对工业结构变动的影响，大于农业劳动生产率对工业结构变动的影响。

第三步，验证了收入、劳动生产率和进出口变化对工业结构变动的共同影响。结果表明以下3点。第一，人均GDP对不同水平的工业产值份额都具有显著的正影响,当工业产值份额达到一定水平时,收入的影响效应趋于稳定。工业劳动生产率对工业产值份额的总体影响不显著。进出口总额占 GDP 的比重对工业产值份额的影响为负,且对不同水平的工业产值份额的影响不存在显著性差异。第二,人均 GDP 对不同水平的工业就业份额具有显著的正影响,但不同分位数的回归系数不具有显著性差异。工业劳动生产率对不同水平的工业就业份额都具有显著的负影响,且不同分位数的回归系数之间具有显著性差异。进出口总额占 GDP 比重总体上对工业就业份额的影响为正,对低分位(0.25~0.5)的工业就业份额的影响一样,对高分位的工业就业份额的影响存在差异。第三,当同时考虑结构变动的需求和技术效应时,两者相互作用,对工业就业份额变动的影响效应均增大。需求效应对工业产值份额变动的影响效应增大,而技术效应对工业产值份额变动的影响总体上不显著。并且,总体上收入所引致的结构需求效应大于劳动生产率所引致的技术效应。

其次,从工业分行业的角度,选择可获得相关数据的部分行业,应用统计分析方法,探索性地分析了技术进步、需求因素和外贸中比较优势的改变对结构变动的影响。这是对工业总量经济结构变动影响因素分析的有益补充。

第六章
结论与建议

第一节 研究结论

经济的中长期增长必然伴随着结构变动，这是经济增长和发展中最突出的典型化事实之一。大量经验研究表明，结构变动是生产率增长中非常重要的组成部分。结构变动是供给方有差异的技术水平和需求因素相互作用的结果。但在结构变动影响生产率增长的经验研究中，绝大多数研究是从要素投入的供给视角展开的，从需求视角对此进行研究的比较少，而且需求视角的研究仅涉及结构变动对劳动生产率增长的影响。1992～2011年，中国工业增长经历了剧烈的结构变动。具体表现为：在供给方面，工业及其内部各行业的产出结构和要素投入结构的变动；在需求方面，工业及其内部各行业的最终需求及其各部分组成——消费、资本形成总额和净出口等的变动。本书立足于中国工业经济增长中结构变动的现实，在结构变动与生产率相关理论研究和经验研究的基础上，分别基于供给和需求视角，研究了结构变动对工业劳动生产率、资本生产率和全要素生产率增长的影响，及其影响工业结构变动的因素。

首先，基于供给视角，使用1994~2011年中国工业36个行业的样本数据，分别采用偏离份额法、赛尔奎因多国模型及其扩展模型，测度了结构变动对单要素生产率和全要素生产率增长的影响，得出了如下主要研究结论。

第一，1994~2011年，工业劳动生产率持续增长，行业间的劳动投入结构变动对劳动生产率增长的贡献率为12.23%，具有明显的"结构红利"特征，主要表现为更多的劳动要素转移到了劳动生产率增长较快的行业。从时间趋势上来看，劳动要素在行业间的转移对劳动生产率的作用不断提高，劳动要素的"结构红利"效应增大，劳动要素的配置趋向更加合理。

第二，1994~2011年，工业资本生产率增长相对较小，并且具有波动性，行业间的资本投入结构变动对资本生产率增长的贡献率为29.58%，具有明显的"结构红利"特征，主要表现为更多的资本转移到基期具有较高资本生产率的行业。从时间趋势上来看，资本要素在行业间的转移对资本生产率增长的贡献大小具有很大的波动性，作用不稳定，根本原因在于资本要素在行业间的流动性低于劳动要素在行业间的流动性，并且资本要素相对劳动要素缺乏，受到的政策约束多。

第三，1994~2011年，工业全要素生产率持续增长，资本和劳动要素在行业间的结构变动对工业TFP增长具有显著的正影响。具体而言，基于资源再配置角度的研究表明：结构变动对工业TFP增长的贡献率为23.09%；基于资源错配角度的研究表明：结构变动对工业TFP增长的贡献率为31.42%。其中，资本的结构变动对工业TFP增长具有更大的正贡献。分行业来看，资本错

第六章 结论与建议

配对工业 TFP 增长影响较大的行业主要分布在资本相对缺乏、资本使用成本较高的行业；劳动错配对工业 TFP 增长影响较大的行业，则既分布在劳动投入不足的行业，也分布在劳动使用过量的行业。从时间趋势上来看，资本、劳动投入要素的配置效应对工业 TFP 增长的影响呈上升趋势，产出份额变动对工业 TFP 增长的贡献具有波动性。

其次，基于需求视角，使用中国 1992 年、1997 年、2002 年和 2005 年 4 个年份的可比价投入产出表，采用结构分解方法，测度了需求结构变动对工业单要素生产率和全要素生产率增长的影响，得出了如下主要研究结论。

第一，1992～2005 年，工业劳动生产率持续增长，劳动投入的节约是引起劳动生产率增长的主导性因素，而最终需求系数的变动和各类最终需求总量的变动对劳动生产率增长具有较小的负影响。从时间趋势上分析，劳动投入节约的影响作用呈增强趋势，最终需求系数变动的作用呈上升趋势，各类最终需求总量变动的作用具有波动性。

具体而言，最终需求系数的变动对劳动生产率增长的贡献率是 -5.99%，各类最终需求总量的变动对劳动生产率增长的贡献率是 -2.23%。其中，固定资本形成总额、净出口和城镇居民消费的需求系数变动，以及固定资本形成总额和城镇居民消费的总量变动对劳动生产率增长具有相对较大的负影响。

第二，1992～2005 年，工业资本生产率呈现较慢的增长趋势，资本投入的节约是促进资本生产率增长的最重要因素；各类最终需求总量的变动对资本生产率增长具有较小的正影响；最终需求系数的变动对资本生产率增长具有较大的负影响。从时间趋势上分析，资本投入的节约和最终需求系数变动的影响作用存在波动性，各类最终需求总量变动的作用增强。

具体而言，各类最终需求总量变动对资本生产率增长的贡献率为5.21%，最终需求系数的变动对资本生产率增长的贡献率为-20.06%。其中，固定资本形成总额的总量变动对资本生产率增长的负影响最大，贡献率为-12.96%；净出口和固定资本形成总额的需求系数变动对资本生产率增长具有显著的负影响，贡献率分别是-15.57%和-7.86%。

第三，以1992年为基期，1997~2005年工业总TFP的增长率增长了46.1%，主要是由于部门TFP增长率的增长引起的；总需求结构变动——总最终需求水平、最终需求系数和各类最终需求总量的变动，对TFP增长率的提高具有较小的负影响。其中，各类最终需求总量和最终需求系数的变动对TFP增长率的提高具有显著的正影响，且前者的影响作用更大。从时间趋势上分析，部门内部TFP增长率变化的影响作用增强，各类最终需求总量的变动作用呈上升趋势，最终需求系数变动的作用存在很大的波动性。

其中，对TFP增长率的提高，影响较为显著的因素是固定资本形成总额、城镇居民消费和净出口的总量变动，以及固定资本形成总额、存货增加和净出口的需求系数变动。

最后，从工业总量经济和工业分行业两个角度，研究了需求、技术和贸易三方面的因素对中国工业结构变动的影响。其中，使用中国1993~2011年31个省份的工业增长及其相关数据，应用分位数回归模型，重点研究了影响工业总量结构变动的因素，得出了如下主要研究结论。

第一，在工业的结构变动中，存在显著的以人均GDP提高所引致的需求效应和以劳动生产率提高所引致的技术效应。并且，对于不同水平的工业产值份额和工业就业份额，结构的需求效应和技术效应总体上存在显著性的差异。

第二，在影响工业产值份额的因素中，人均GDP对不同水平的工业产值份额都具有显著的正影响，当工业产值份额达到一定水平时，收入的影响效应趋于稳定；工业劳动生产率对工业产值份额的总体影响不显著；进出口总额占GDP的比重对工业产值份额的影响为负，且对不同水平的工业产值份额的影响不存在显著性差异。

第三，在影响工业就业份额的因素中，人均GDP对不同水平的工业就业份额具有显著的正影响，但不同分位数的回归系数不具有显著性差异；工业劳动生产率对不同水平的工业就业份额都具有显著的负影响，且不同分位数的回归系数之间具有显著性差异；进出口总额占GDP比重总体上对工业就业份额的影响为正，且对不同水平的工业就业份额的影响存在显著性差异。

第四，当同时考虑结构变动的需求和技术效应时，两者相互作用，对工业就业份额变动的影响效应均增大。需求效应对工业产值份额变动的影响效应增大，而技术效应对工业产值份额变动的影响总体上不显著。总体上，收入所引致的结构需求效应大于劳动生产率所引致的技术效应。

第二节 政策建议

基于上述研究结论，本书提出如下政策性建议。

第一，消除阻碍劳动力跨部门流动的制度障碍，加强人力资本投资，优化劳动力结构。

本研究发现，1994~2011年，行业间的劳动投入结构变动对劳动生产率增长具有明显的"结构红利"特征；并且，劳动错配对工业TFP增长影响较大的行业，主要分布在劳动力过剩的劳动密集型行业和劳动力不足的技术密集型行业。由此可见，劳动投入对工业生产率增长的正配置效应，既可以表现为劳动力从生产率增长较低的行业转移到生产率增长较高的行业；又可以表现为增加人力资本投资，优化劳动力结构，提高劳动生产率。如果过剩的劳动力不能成功地转移到其他行业，以及高技术人才缺乏，都将降低劳动力对生产率增长的配置效应。另外，目前中国劳动要素的供给状态也发生了根本性的变化，总劳动力供给总量的增长空间越来越有限，农村劳动力老龄化程度已经很高，可供转移的年轻劳动力有限。因此，在劳动要素供给约束逐渐增强和劳动成本上升的条件下，通过优化劳动力配置，提升工业生产率显得尤为重要。优化劳动力配置的关键，一是引导劳动力有序自由流动；二是注重人力资本投资，提高教育质量，加强劳动力转移过程中的再就业职业培训等。虽然，随着户籍制度的改革，中国劳动力流动的自由程度日益增强，劳动配置效率逐渐提高，但由于城乡二元结构的持续存在，劳动力的跨部门流动还存在诸多障碍。这有赖于户籍制度、土地制度和社会保障制度等方面的进一步深化改革和城镇化的深入推进。当劳动力可以无障碍地在行业间流动时，同时加强人力资本投资，就可真正实现由市场配置劳动要素，改变劳动错配状况，进而提高劳动要素对生产率增长的配置效应。

第二，健全投融资体制，完善资本市场，通过市场配置更多的金融资源，引导资本流向资本生产率增长较快的行业和资本边际生产率较高的资本短缺行业。

第六章 结论与建议

本书研究表明，1994~2011年，虽然行业间的资本投入结构变动对资本生产率增长具有明显的"结构红利"特征，但资本投入的结构变动主要表现为更多的资本转移到了基期具有较高资本生产率的行业，而没有表现为从生产率增长较慢的行业转移到生产率增长较快的行业。从时间趋势上分析，资本投入结构的生产率增长效应波动性很大。因此，行业间资本要素配置的优化空间很大。另外，资本使用严重不足的行业，资本错配程度降低对TFP增长的正效应大，错配状况加剧对TFP增长的负效应也大。因为资本使用严重不足的行业，资本的边际生产率较高。如果增加资本，新增资本的边际产出较高；反之亦然。如果资本能够按照其边际报酬进行配置，资本使用严重不足的行业就会吸引到所需的资本。但中国工业长期发展的现实是过度投资行业和投资不足行业并存，资本生产率的行业结构和资本份额的行业结构存在较大反差[1]。原因是中国资本市场的市场化程度不高，利率长期受到管制，绝大部分金融资产集中在商业银行，资本配置效率不高。Wurgler（2000）研究发现，金融市场越发达，其在"上升"行业追加的投资越大，在"下降"行业减少的投资也越大，因而资本配置效率越高。中国目前进行的利率市场化、投资主体多元化、发展多层次资本市场等金融体制改革，是提高资本市场化程度的关键。借此可以让更多的金融资源通过资本市场配置，引导资本从生产率增长较慢的行业转移到生产率增长较快的行业，由投资过度的行业向投资严重不足的行业转移，让更多的民营资本进入资本生产率增长较快的行业和资本匮乏行业，优化资本配置，降低资本错配程度，提高资本配置对工业增长率的贡献。

---

[1] 对此，具体可参见第106页的讨论。

第三，优化需求结构，提高农村居民收入，缩小城乡居民收入差距，释放农村居民的巨大消费潜力。

最终需求由消费、资本形成和净出口构成。消费和资本形成是内需，是总需求的主体部分，是我国经济增长的基础；净出口是外需，是总需求中的辅助部分，是推动我国经济增长的重要力量。其中，消费需求的变化对工业结构变动有着重要的影响，消费需求因素主要通过消费需求结构的变化和需求收入弹性的差异影响工业结构变动。工业投资的总量和构成不仅决定工业的增长速度，而且决定着工业发展的质量和结构。净出口在调节国内要素结构失衡、增加就业、提高劳动者收入、缓解国内资源约束等方面有着不可替代的作用。本书的研究表明，1992~2005年，最终需求的结构变动[①]对劳动生产率和TFP增长率增长具有很小的负贡献，对资本生产率增长具有相对较高的负向作用。与要素投入的结构变动对生产率增长的作用相比，最终需求结构的变动对提高工业生产率的作用十分有限或有负的影响。可能的原因之一是工业最终需求中，消费率的增长一直低于资本形成率。因此，通过优化最终需求结构，进而推动工业结构变动，提高工业生产率的潜力很大。并且，实证分析的结果也表明，在最终需求的各个组成部分的结构变动中，相对而言，对劳动生产率增长影响最大的因素是固定资本形成总额和城镇居民消费的结构变动；对资本生产率增长影响最大的因素是固定资本形成总额和净出口；对TFP增长率影响最大的因素是固定资本形成总额、城镇居民消费和净出口。由此可见，在最终需求的构成中，固定资本形成、城

---

① 最终需求的结构变动，对单要素生产率而言，包括最终需求系数和各类最终需求总量的变动；对TFP而言，包括总最终需求水平、最终需求系数和各类最终需求总量的变动。

第六章 结论与建议

镇居民消费和净出口的结构变动是影响工业生产率增长的最主要因素，而农村居民消费和存货增加的结构变动影响很小。

农村居民消费的结构变动对工业生产率增长的影响很小，一是由于相对城镇居民消费，农村居民消费占工业最终需求的比重较低，二是农村居民对大部分工业行业的产品消费需求随时间在降低[1]。究其原因，除了城乡生活方式的差异，农村居民的收入相对较低、消费能力较低是重要原因[2]。因此，在调整最终需求结构以提升工业生产率时，不仅要重视固定资本形成总额、城镇居民消费和净出口的结构调整；而且要重视农村居民消费对工业生产率增长的影响。其中重要的途径之一是提高农村居民收入，增强农村居民消费能力。提高农村居民收入的关键：一是增加农村居民的教育、就业机会，实现选择机会上的平等；二是要加快城镇化过程中基础设施的建设，健全教育、医疗和社会保障体系等，使进城就业的农业人口能够成为永久的城镇居民，进而真正参与到工业化的进程中，拥有稳定的收入来源，成为工业劳动力的供给来源和工业产品的消费群体。消费者收入的增长可以使原来消费不起的产品成为可能的消费品，如果能将农村居民这一数量众多的潜在消费群体抓住，农村居民将成为未来推动工业化进程的重要需求力量。

第四，依据不同的工业化水平，制定有差异的工业发展政策。

本书的研究表明，在中国工业的结构变动中，存在显著的结

---

[1] 具体对比，请参见图 4-3 和图 4-4。
[2] 根据国家统计局公布的数据，2014 年全国基尼系数是 0.469，为 10 年来的最低水平；全国基尼系数从 2008 年的 0.491 持续下降到 2014 年的 0.469。由此可见，居民收入差距虽有缩小，但仍然很大。城乡居民之间的收入差距是中国居民收入差距的重要表现之一。

构需求效应和技术效应，并且对于不同水平的工业产值份额和工业就业份额，收入所引致的结构需求效应和劳动生产率所引致的技术效应存在显著性的差异。具体来说，当工业产值份额较低时，结构需求效应和技术效应，随着工业产值份额分位数的增加而增加，所以在这种情形下，收入增加对工业增长具有递增的正影响。当工业产值份额或工业就业份额达到一定水平时，收入和技术进步对结构变动的影响趋于稳定，这时，收入增加和技术进步对工业增长的边际效应较小，经济发展进入以服务业为主的阶段。另外，研究结果表明：进出口总额占 GDP 比重对不同水平的工业就业份额具有正影响。因此，在我国工业发展的各个阶段，对外贸易在增加就业中都扮演着积极的促进作用。未来，仍然要大力发展对外贸易，推动工业增长和结构调整。

第五，构建以创新为核心的科技体制，推动工业"要素驱动型"增长方式向"创新驱动型"增长方式转变。

经济增长方式由粗放式向集约式转变的过程，就是要素驱动型的增长模式向生产率不断提高的集约式增长模式转变的过程。驱动生产率增长的两种途径是技术进步和结构调整。本书的研究表明，虽然劳动和资本在行业间的投入结构变动是生产率增长中重要的组成部分；但是，促进工业单要素生产率和 TFP 增长的主导性因素仍然是各行业内部单要素生产率和 TFP 增长率的提高。另外，M. 赛尔奎因（1989）通过多国模型指出，总 TFP 增长中要素总配置效应的大小随着工业化的推进而增加，在工业化的加速阶段达到最高水平，随后开始减弱并逐步消失。因此，随着工业化的向前推进，技术进步和创新是推动工业 TFP 增长的根本力量，也是增长方式转变的关键力量。

创新是报酬递增的源泉，创新活动具有外部性（舒尔茨，

2001)。以创新为核心的科技体制，重点之一是将创新活动的外部性收益内部化，最大限度地激发企业、个人的创新积极性和潜力释放，促进技术进步和创新。具体表现在三方面。一是完善以专利制度为核心的知识产权保护法律体系。专利制度通过赋予发明者在规定期限内的垄断权，将外部性收益内部化，提高了企业和个人从事创新的激励。按照专利法的规定，对发明人的奖励和回报，重点不是在技术发明后，而是转移至技术发明市场化以后，从其创造的利润中提取。这极大地调动了专利权人推广应用其成果的积极性。二是增加从事研究开发工作的专业人力资本的投资。研究开发是技术进步的主要源泉，而从事研究开发工作需要有专业的人力资本。专业人力资本具有报酬递增的特性，能够促进技术的创新、应用和扩散，扩大技术外溢效应，提高全要素生产率。三是完善工资制度，让专业人力资本的报酬与市场业绩联系起来。通过专门的奖励资金，对核心技术上的自主创新活动加大奖励力度。

第三节 研究不足及展望

首先，本书在结构变动与生产率相关理论的基础上，以中国工业的结构变动为对象，重点研究了结构变动对生产率增长的影响，以及影响结构变动的因素，以经验分析为主。因此，获得的研究结论与所使用的样本数据及其处理方法密切相关，这是经验分析方法的重要特征。为了检验相关结论的稳健性，未来的一个重要研究方向是采用不同的数据来源和处理方法进行再验证，以加深对结构变动与生产率之间关系的认识和理解。其次，在研究影响结构变动的需求因素和技术因素时，仅选择了最为重要的单一变量来表征需求因素或技术因素。为了更深入地分析结构变动的过程，未来还需进一步细化影响结构变动的因素。除此之外，关于结构变动与生产率增长之间的反馈作用，涉及复杂的理论和经验分析的问题，有待于未来在此方面做进一步的深入分析。具体而言，包括以下4个方面。

第一，基于供给视角，使用中国工业企业调查数据库，从微观层面，研究结构变动对生产率增长的影响。

基于供给视角，本书应用中国工业36个行业层面的数据，研究了结构变动对单要素生产率和全要素生产率增长的影响。但是，行业层面的原始数据，尤其是统计口径相对一致、时间序列较长的数据比较缺乏，一般都要经过较繁杂的统计处理过程。因此，在经验分析中，研究者都要花费大量精力收集处理适合研究的样本数据，并且不同研究者的数据处理方式不同，结论也不同。

最近10年，随着微观计量经济学的发展和微观数据库的不断出现，在工业增长与生产率研究方面，国际和国内经济学界都越来越多地使用微观层面的数据进行研究。中国工业企业调查数据库，是国家统计局从1998开始每年对规模以上工业企业的数据进行采集统计整理而成，统计口径上较为一致，资本投入等变量更容易度量，包含了更丰富的数据信息和观测值。

后续研究中，如果能够获得该数据库的样本数据，从微观层面研究结构变动对生产率增长的影响，将是对本研究的补充和进一步深化，可以检验相关结论的稳健性。

第二，基于需求视角，使用更多年份的中国投入产出表，研究结构变动对生产率增长的影响。

基于需求视角，本书主要使用了1992年、1997年、2002年和2005年可比价投入产出表中23个工业部门所对应的数据，研究了结构变动对中国工业生产率增长的影响。因为可比价投入产出表的编制比较复杂，需要专业的研究人员和研究机构经过比较长的时间完成，目前我国正式出版的可比价投入产出表仅有两个系列，本书采用了部门分类较多、年份较近的一个系列。后续研究中，如果能够得到经过相同口径处理的可比价 2007 年、2012 年的全国投入产出表，就可以延长投入产出表的时间序列长度。这将有助于分析需求结构对工业生产率增长的影响趋势，以及验证结论的稳健性和方法的可靠性。

第三，细化或引入其他影响结构变动的因素，更深入地分析结构变动的机制。

解释结构变动过程的理论假说主要有需求说、技术说和贸易说。本书在分析工业总的结构变动影响因素时，分别使用人均 GDP、劳动生产率和进出口总额占 GDP 比重来表征这三种因素，进行了实证分析。另外，一个国家或区域的工业及其内部行业的结构变动，还受到资源禀赋、初始结构及其产业政策的影响。因此，后续研究中，为了更深入地理解结构变动的过程，一方面有必要对需求因素和技术因素做进一步的细化，另一方面需要引入其他因素来考察结构变动的过程。

第四，结构变动与生产率增长之间的反馈作用，有待于更深入地探讨。

虽然从理论上来说结构变动与生产率增长之间存在反馈作用，但大量的理论和经验研究都考虑的是结构变动对生产率增长的影响，关于生产率增长对结构变动的影响研究则较为鲜见。第五章研究了工业劳动生产率对工业结构变动的影响，在某种程度上反映了生产率变化对结构变动的反馈效应，但这只是一种探索性的尝试，对此问题还需从理论和方法上进行更加深入的探讨。

参考文献

[1] 白重恩、钱震杰：《谁在挤占居民的收入——中国国民收入分配格局分析》，《中国社会科学》2009年第5期，第99~115页。

[2] 白重恩、张琼：《中国经济减速的生产率解释》，《比较》2014年第4期，第1~26页。

[3] 柏培文：《中国劳动要素配置扭曲程度的测量》，《中国工业经济》2012年第10期，第19~31页。

[4] 蔡昉、王德文：《中国经济增长可持续性与劳动贡献》，《经济研究》1999年第10期，第62~68页。

[5] 曹玉书、楼东玮：《资源错配、结构变迁与中国经济转型》，《中国工业经济》2012年第10期，第5~18页。

[6] 陈诗一：《中国工业分行业统计数据估算：1980—2008》，《经济学》（季刊）2011年第3期，第735~776页。

[7] 陈体标：《技术进步、结构变化和经济增长》，格致出版社、上海三联书店、上海人民出版社，2012。

[8] 陈锡康、杨翠红等编著《投入产出技术》，科学出版社，2011。

[9] 陈晓光、龚六堂：《经济结构变化与经济增长》，《经济学（季刊）》2005年第2期，第583~604页。

[10] 陈永伟、胡伟民：《价格扭曲、要素错配和效率损失：理论和应用》，《经济学》（季刊）2011年第1期，第1401~1422页。

[11] 戴魁早：《中国工业结构变迁的驱动因素：1985~2010》，《当代经济科学》2012年第6期，第1~14页。

[12] 〔美〕D. W. 乔根森、F. M. 戈洛普、B. M. 弗劳梅尼等：《生产率与美国经济增长》，李京文、汪同三等译，经济科学出版社，1989。

[13] 方甲主编《产业结构问题研究》，中国人民大学出版社，1997。

[14] 干春晖、郑若谷：《改革开放以来产业结构演进与生产率增长研究——对中国1978~2007年"结构红利假说"的检验》，《中国工业经济》2009年第3期，第55~65页。

[15] 郭克莎：《轻重工业增长因素比较与工业资源总配置效应分析》，《中国工业经济研究》1992年第9期，第39~47页。

[16] 郭克莎：《我国资源总配置效应分析》，《经济研究》1992年第9期，第30~37。

[17] 韩立岩、蔡红艳：《我国资本配置效率及其与金融市场关系评价研究》，《管理世界》2002年第1期，第65~70页。

[18] 胡永泰：《中国全要素生产率：来自农业部门劳动力再配置的首要作用》，《经济研究》1998年第3期，第33~41页。

[19] 〔美〕H. 钱纳里、S. 鲁宾逊、M. 塞尔奎因：《工业化和经济增长的比较研究》，吴奇、王松宝等译，上海三联书店，1989。

[20] 解栋栋：《中国经济结构变动与要素再配置研究》，复旦大学博士学位论文，2010。

[21] 金碚：《中国工业的转型升级》，《中国企业竞争力报告——产业变迁与企业竞争力》，社会科学文献出版社，2011。

[22] 李稻葵、刘霖林、王红领：《GDP中劳动份额演变的U型

规律》,《经济研究》2009 年第 1 期,第 70~82 页。

[23] 李京文、D. 乔根森、郑友敬、黑田昌裕等:《生产率与中美日经济增长研究》,中国社会科学出版社,1993。

[24] 李景华:《SDA 模型的加权平均分解法及在中国第三产业经济发展分析中的应用》,《系统工程》2004 年第 9 期,第 69~73 页。

[25] 李小平、陈勇:《劳动力流动、资本转移和生产率增长——对中国工业"结构红利假说"的实证检验》,《统计研究》2007 年第 7 期,第 22~28 页。

[26] 李小平、卢现祥:《中国制造业的结构变动和生产率增长》,《世界经济》2007 年第 5 期,第 52~64 页。

[27] 李小平:《中国制造业劳动生产率增长的源泉及其特征——基于"结构红利假说"的实证检验》,《当代财经》2008 年第 3 期,第 21~23 页。

[28] 李玉红、王皓、郑玉歆:《企业演化:中国工业生产率增长的重要途径》,《经济研究》2008 年第 6 期,第 12~24 页。

[29] 李治国、唐国兴:《资本形成路径与资本存量调整模型——基于中国转型时期的分析》,《经济研究》2003 年第 2 期,第 34~42 页。

[30] 〔美〕理查德·R. 纳尔逊、悉尼·G. 温特:《经济变迁的演化理论》,胡世凯译,商务印书馆,1997。

[31] 刘保珺:《我国产业结构演变与经济增长成因的实证分析》,《经济与管理研究》2007 年第 2 期,第 57~60 页。

[32] 刘起运、彭志龙:《中国 1992~2005 年可比价投入产出序列表及分析》,中国统计出版社,2010。

[33] 刘伟、张辉:《中国经济增长中的产业结构变迁和技术进

步》,《经济研究》2008年第11期,第4~15页。

[34] 楼东伟:《资源错配与产业结构失衡的经济影响效应研究》,浙江大学博士学位论文,2013。

[35] 吕光明:《中国劳动收入份额的测算研究:1993~2008》,《统计研究》2011年第12期,第22~28页。

[36] 吕铁:《制造业结构变化对生产率增长的影响研究》,《管理世界》2002年第2期,第87~94页。

[37] 罗德明、李晔、史晋川:《要素市场扭曲、资源错置与生产率》,《经济研究》2012年第3期,第4~14页。

[38] 〔美〕M. 赛尔奎因:《生产率增长和要素再配置》,《工业化和经济增长的比较研究》,上海三联书店,1989,第313~359页。

[39] 聂辉华、贾瑞雪:《中国制造业企业生产率与资源误置》,《世界经济》2011年第7期,第27~42页。

[40] 任若恩、岳希明、郑海涛等:《中国全要素生产率的行业分析与国际比较——中国KLEMS项目》,科学出版社,2013。

[41] 〔日〕石川秀:《结构变化》,《新帕尔格雷夫经济学大辞典》(第四卷),仇启华译,经济科学出版社,1996,第565~567页。

[42] 舒元、张莉、徐现祥:《中国工业资本收益率和配置效率测算及分解》,《经济评论》2010年第1期,第27~35页。

[43] 孙晓华:《理论及实证技术创新与产业演化》,中国人民大学出版社,2012。

[44] 王颂吉、白永秀:《城乡要素错配与中国二元经济结构转化滞后:理论与实证研究》,《中国工业经济》2013年第7期,第31~43页。

[45] 温杰、张建华:《中国产业结构变迁的资源再配置效应》,

《中国软科学》2010年第6期，第57~67页。

[46] 〔美〕西奥多·W. 舒尔茨：《报酬递增的源泉》，姚志勇、刘群艺译，北京大学出版社，2001。

[47] 〔美〕西蒙·库兹涅茨：《各国的经济增长》，常勋等译，商务印书馆，1985。

[48] 〔美〕西蒙·库兹涅茨：《现代经济增长：速度、结构与扩展》，戴睿、易诚译，北京经济学院出版社，1989。

[49] 徐建荣：《转型期中国制造业结构变动研究》，南京航空航天大学博士学位论文，2008。

[50] 徐现祥、舒元：《中国经济增长中的劳动结构效应》，《世界经济》2001年第5期，第17~23页。

[51] 杨凌：《产业结构变迁对区域经济增长差异的影响研究》，西安交通大学博士学位论文，2010。

[52] 姚战琪：《生产率增长与要素再配置效应：中国的经验研究》，《经济研究》2009年第11期，第130~143页。

[53] 姚战琪：《中国生产率增长与要素结构变动的关系研究》，《社会科学辑刊》2011年第4期，第99~103页。

[54] 袁志刚、解栋栋：《中国劳动力错配对TFP的影响分析》，《经济研究》2011年第7期，第4~17页。

[55] 〔美〕约瑟夫·熊彼特著：《经济发展理论》，何畏等译，商务印书馆，1990。

[56] 曾先峰、李国平：《资源再配置与中国工业增长：1985~2007年》，《数量经济技术经济研究》2011年第9期，第3~18页。

[57] 张军、陈诗一、H. Jefferson Gary：《结构改革与中国工业增长》，《经济研究》2009年第7期，第4~20页。

[58] 张军、陈诗一、张熙:《中国工业部门的生产率变化与要素配置效应:1993~2006》,《东岳论丛》2010年第10期,第70~82页。

[59] 郑玉歆:《80年代中国制造业生产率变动及其来源》,《体制转换中的中国工业生产率》,社会科学文献出版社,1993,第111~129页。

[60] 中国2007年投入产出表分析应用课题组:《基于2007年投入产出表的我国投资乘数测算和变动分析》,《统计研究》2011年第3期,第3~7页。

[61] 中国投入产出学会课题组:《最终需求对国民经济及其各部门的诱发分析——2002年投入产出表系列分析报告之四》,《统计研究》2007年第2期,第9~15页。

[62] 朱喜、史清华、盖庆恩:《要素配置扭曲与农业全要素生产率》,《经济研究》2011年第5期,第86~98页。

[63] 〔美〕兹维.格里利切斯:《生产率:测算问题》,《新帕尔格雷夫经济学大辞典》(第三卷),钟学义译,经济科学出版社,1996,第1079~1082页。

[64] Acemoglu, D., Guerrieri, V., "Capital Deepening and Non-balanced Economic Growth", *Journal of Political Economy*, 116(3), 2008, pp. 467-498.

[65] Andréosso-O'Callaghan, Yue, B. G., "Sources of Output Change in China: 1987-1997: Application of a Structural Decomposition Analysis", *Applied Economics*, 34 (17), 2002, pp. 2227-2237.

[66] Aoki, S., "A Simple Accounting Framework for the Effect of Resource Misallocation on Aggregate Productivity", *Journal of*

the *Japanese and International Economies*, 26 (4), 2012, pp. 473 -494.

[67] Aoki, S., "A Simple Accounting Framework for the Effect of Resource Misallocation on Aggregate Productivity", *MPRA Paper*, No. 11511, 2008, pp. 1 -31.

[68] Baily, M. N., Charles Hulten, David Campbell, "Productivity Dynamics in Manufacturing Plants", *Brookings Papers on Economic Activity*, 1992, 1992, pp. 187 -267.

[69] Banerjee, A. V., Duflo, E., "Chapter 7 Growth Theory Through the Lens of Development Economics", *Handbook of Economic Growth*, ed. Aghion and Steven N. Philipp. e (Amsterdam: Elsevier, 2005), pp. 473 -552.

[70] Bartelsman, E., Haltiwanger, J., Scarpetta, S., "Cross - country Differences in Productivity: The Role of Allocation and Selection", *The American Economic Review*, 103 (1), 2013, pp. 305 -334.

[71] Bartelsman, E. J., Doms, M., "Understanding Productivity: Lessons from Longitudinal Microdata", *Journal of Economic Literature*, 38 (3), 2000, pp. 569 -594.

[72] Baumol, W. J., Blackman, S. A. B., Edward N. Wolff, *Productivity and American Leadership: The Long View* (Massachusetts: MIT Press, 1989).

[73] Baumol, W. J., Blackman, S. A. B., Wolff, E. N., "Unbalanced Growth Revisited: Asymptotic Stagnancy and New Evidence", *The American Economic Review*, 75 (4), 1985, pp. 806 -817.

[74] Baumol, W. J., "Macroeconomics of Unbalanced Growth: The Anatomy of Urban Crisis", *The American Economic Review*, 57 (3), 1967, pp. 415–426.

[75] Bonatti, L., Felice, G., "Endogenous Growth and Changing Sectoral Composition in Advanced Economies", *Structural Change and Economic Dynamics*, 19 (2), 2008, pp. 109–131.

[76] Buera, F. J., Kaboski, J. P., "Can Traditional Theories of Structural Change Fit the Data?" *Journal of the European Economic Association*, 7 (2–3), 2009, pp. 469–477.

[77] Busso, M., Madrigal, L., Pages, C., "Productivity and Resource Misallocation in Latin America", *The B. E. Journal of Macroeconomics*, 13 (1), 2013, pp. 1–30.

[78] Carlaw, K. I., Lipsey, R. G., "Productivity, Technology and Economic Growth: What Is the Relationship?" *Surveys in Economic Growth: Theory and Empirics*, ed. Donald A. R. George, Les Oxley, Kenneth I. Carlaw (Malden: Blackwell Publishing, 2004), pp. 231–269.

[79] Cass, D., "Optimum Growth in an Aggregative Model of Capital Accumulation", *The Review of Economic Studies*, 32 (3), 1965, pp. 233–240.

[80] Caves, D. W., Christensen, L. R., Diewert, W. E., "Multilateral Comparisons of Output, Input, and Productivity Using Superlative Index Numbers", *The Economic Journal*, 92 (365), 1982, pp. 73–86.

[81] Caves, D. W., Christensen, L. R., Diewert, W. E., "The Economic Theory of Index Numbers and the Measurement of Input,

Output, and Productivity", *Econometrica*, 50 (6), 1982, pp. 1393 – 1414.

[82] Chari, V. V. , Kehoe, P. J. , McGrattan, E. R. , "Accounting for the Great Depression", *The American Economic Review*, 92 (2), 2002, pp. 22 – 27.

[83] Chari, V. V. , Kehoe, P. J. , McGrattan, E. R. , "Business Cycle Accounting", *Econometrica*, 75 (3), 2007, pp. 781 – 836.

[84] Chenery, H. , M. Syrquin, *Patterns of Development*, 1950 – 70 (London: Oxford University Press, 1975).

[85] Chenery, H. , Robinson, S. , Syrquin, M. , *Industrialization and Growth: A Comparative Study* (Washington D. C. : The Worldbank, 1986), pp. 37 – 83.

[86] Clark, C. , *The Conditions of Economic Progress* (London: Macmillan, 1940).

[87] Coelli, T. J. , Prasada Rao, D. S. , Christopher J. O'Donnell, George E. Battese, *An Introduction to Efficiency and Productivity Analysis* (New York: Springer, 2005).

[88] Copeland, M. A. , "Concepts of National Income", *National Bureau of Economic Research Working Paper Series*, 1, 1937, pp. 3 – 63.

[89] Copeland, M. A. , Martin, E. M. , "The Correction of Wealth and Income Estimates for Price Changes", *National Bureau of Economic Research Working Paper Series*, 2, 1938, pp. 85 – 135.

[90] Del Gatto, M. , Di Liberto, A. , Petraglia, C. , "Measuring Productivity", *Journal of Economic Surveys*, 25 (5), 2011, pp. 952 – 1008.

[91] Denison, E., *Trends in American Economic Growth, 1929 – 1982* (Washington, DC: Brookings Institution Press, 1985).

[92] Dietzenbacher E., Hoen, A. R., Los B., "Labor Productivity in Western Europe 1975 – 1985: An Intercountry, Interindustry Analysis", *Journal of Regional Science*, 40 (3), 2000, pp. 425 – 452.

[93] Diewert, E. W., "Fisher Ideal Output, Input, and Productivity Indices Revisited", *The Journal of Productivity Analysis*, 3 (3), 1992, pp. 211 – 248.

[94] Dollar, D., Wei, S., "Das (Wasted) Kapital: Firm Ownership and Investment Efficiency in China", *National Bureau of Economic Research Working Paper Series*, No. 13103, 2007, pp. 1 – 40.

[95] Eberhardt, M., "It's Not Technical Progress: Empirical TFP Determination and Structural Change", *Oxonomics*, 3 (1), 2008, pp. 10 – 15.

[96] Echevarria, C., "Changes in Sectoral Composition Associated with Economic Growth", *International Economic Review*, 38 (2), 1997, pp. 431 – 452.

[97] Fisher, A. G. B., "Production, Primary, Secondary and Tertiary", *Economic Record*, 15 (1), 1939, pp. 24 – 38.

[98] Foellmi, R., Zweimüller, J., "Structural Change, Engel's Consumption Cycles and Kaldor's Facts of Economic Growth", *Journal of Monetary Economics*, 55 (7), 2008, pp. 1317 – 1328.

[99] Fontela, E., "Industrial Structures and Economic Growth: An Input – Output Perspective", *Economic Systems Research*, 1

(1), 1989, pp. 45 – 52.

[100] Foster, L., Haltiwangerc, J., Krizan, C. J., "Aggregate Productivity Growth: Lessons from Microeconomic Evidence", *New Developments in Productivity Analysis*, ed. Charles R. Hulten, Edwin R. Dean, Michael J. Harper (Chicago: University of Chicago Press, 2001), pp. 303 – 372.

[101] Färe, R., Grosskopf, S., Norris, M., Zhang, Z., "Productivity Growth, Technical Progress, and Efficiency Change in Industrialized Countries", *The American Economic Review*, 84 (1), 1994, pp. 66 – 83.

[102] Fuchs, V. R., "Economic Growth and the Rise of Service Employment", *National Bureau of Economic Research Working Paper Series*, No. 486, 1980, pp. 1 – 30.

[103] Galatin, M., "Technical Change and the Measurement of Productivity in an Input – output Model", *Journal of Macroeconomics*, 10 (4), 1988, pp. 613 – 632.

[104] Gowdy, J. M., Miller, J. L., "Harrod—Robinson—Read Measures of Primary Input Productivity: Theory and Evidence from U. S. Data", *Journal of Post Keynesian Economics*, 12 (4), 1990, pp. 591 – 604.

[105] Griliches, Z., Regev, H., "Firm Productivity in Israeli Industry 1979 – 1988", *Journal of Econometrics*, 65 (1), 1995, pp. 175 – 203.

[106] Grossman, G. M., Helpma, E., *Innovation and Growth in the Global Economy* (Cambridge Mass: MIT Press, 1991).

[107] Guner, N., Ventura, G., Xu, Y., "Macroeconomic Impli-

cations of Size – dependent Policies", *Review of Economic Dynamics*, 11 (4), 2008, pp. 721 – 744.

[108] Hall, R. E., Jones, C. I., "Why Do Some Countries Produce so much more Output per Worker than Others?" *The Quarterly Journal of Economics*, 114 (1), 1999, pp. 83 – 116.

[109] Hao, L., Naiman, D. Q., *Quantile Regression* (California: Sage Publications, 2007).

[110] Hsieh, C., Klenow, P. J., "Misallocation and Manufacturing TFP in China and India", *The Quarterly Journal of Economics*, 124 (4), 2009, pp. 1403 – 1448.

[111] Hu, B., McAleer, M., "Input – Output Structure and Growth in China", *Mathematics and Computers in Simulation*, 64 (1), 2004, pp. 193 – 202.

[112] Jacob, J., "Structural Change, Liberalization and Growth: The Indonesian Experience in an Input – Output Perspective", http://www.druid.dk/conferences/winter2003/Paper/jacob.pd, 2003, pp. 1 – 20.

[113] Jones, C. I., "Misallocation, Economic Growth, and Input – Output Economics", *National Bureau of Economic Research Working Paper Series*, No. 16742, 2011, pp. 1 – 47.

[114] Jorgenson, D. W., Griliches, Z., "The Explanation of Productivity Change", *The Review of Economic Studies*, 34 (3), 1967, pp. 249 – 283.

[115] Kalemli – Ozcan, S., Sorensen, B. E., "Misallocation, Property Rights, and Access to Finance: Evidence from Within and Across Africa", *National Bureau of Economic Research*

Working Paper Series, No. 18030, 2012, pp. 1 –35.

[116] Klenow, P. , Andrés Rodríguez – Clare, "The Neoclassical Revival in Growth Economics: Has It Gone Too Far?" *NBER Macroeconomics Annual 1997*, Volume 12, ed. Ben S. Bernanke, Julio J. Rotemberg (Massachusetts: MIT Press, 1997), pp. 73 –114.

[117] Kongsamut, P. , Rebelo, S. , Xie, D. , "Beyond Balanced Growth", *The Review of Economic Studies*, 68 (4), 2001, pp. 869 –882.

[118] Krüger, J. J. , "Productivity and Structural Change: A Review of the Literature", *Journal of Economic Surveys*, 22 (2), 2008, pp. 330 –363.

[119] Kumbhakar, S. C. , Knox Lovell, C. A. , *Stochastic Frontier Analysis* (New York: Cambridge University Press, 2000).

[120] Kuznets, S. , *Economic Growth of Nations: Total Output and Production Structure* (Cambridge: Harvard University Press, 1971).

[121] Kuznets, S. , Goldsmith, R. W. , *On Comparative Study of Economic Structure and Growth of Nations: The Comparative Study of Economic Growth and Structure* (Cambridge, NBER, 1959), pp. 162 –176.

[122] Kuznets, S. , "Modern Economic Growth: Findings and Reflections", *The American Economic Review*, 63 (3), 1973, pp. 247 –258.

[123] Laitner, J. , "Structural Change and Economic Growth", *The Review of Economic Studies*, 67 (3), 2000, pp. 545 –561.

[124] Lucas Jr. R. E. , "On the Mechanics of Economic Development", *Journal of Monetary Economics*, 22 (1), 1988, pp. 3 –42.

[125] Maddison, A. , *Monitoring the World Economy*, 1820 –1992 (Paris: Organisation for Economic Co – operation and Development, 1995).

[126] Maddison, A. , "Productivity in an Expanding Economy", *The Economic Journal*, 62 (247), 1952, pp. 584 –594.

[127] Malmquist, S. , "Index Numbers and Indifference Surfaces", *Trabajos de Estadistica*, 4 (2), 1953, pp. 209 –242.

[128] Massell, Benton F. , "A Disaggregated View of Technical Change", *Journal of Political Economy*, 69 (6), 1961, pp. 547 –557.

[129] Matsuyama, K. , "Structural Change", *The New Palgrave Dictionary of Economics (Volume 8)*, ed. Steven N. Durlauf, Lawrence E. Blume (London: Palgrave Macmillan, 2008), pp. 52 –55.

[130] Meckl, J. , "Structural Change and Generalized Balanced Growth", *Journal of Economics*, 77 (3), 2002, pp. 241 –266.

[131] Meng, B. , Chao, Q. , "App. lication of the Input – Output Decomposition Technique to China's Regional Economies", *IDE Discussion Paper*, No. 102, 2007, pp. 1 –26.

[132] Metcalfe, J. S. , "Competition, Fisher's Principle and Increasing Returns in the Selection Process", *Journal of Evolutionary Economics*, 4 (4), 1994, pp. 327 –346.

[133] Metcalfe, J. S. , Foster, J. , Ramlogan, R. , "Adaptive Economic Growth", *Cambridge Journal of Economics*, 30 (1),

2006, pp. 7 – 32.

[134] Miller, R. E., Blair, P. D., *Input – Output Analysis: Foundations and Extension* (New York: Cambridge University Press, 2009).

[135] Montobbio, F., "An Evolutionary Model of Industrial Growth and Structural Change", *Structural Change and Economic Dynamics*, 13 (4), 2002, pp. 387 – 414.

[136] Ngai, L. R., Pissarides, C. A., "Structural Change in a Multisector Model of Growth", *The American Economic Review*, 97 (1), 2007, pp. 429 – 443.

[137] Nordhaus, W. D., "Alternative Methods for Measuring Productivity Growth", *National Bureau of Economic Research Working Paper Series*, No. 8095, 2001, pp. 1 – 19.

[138] OECD, *Measuring Capital OECD Manual—Measurement of Capital Stocks, Consumption of Fixed Capital and Capital Services* (Paris: OECD Publishing, 2001a).

[139] OECD, *Measuring Productivity – OECD Manual: Measurement of Aggregate and Industry – level Productivity Growth* (Paris: OECD Publishing, 2001b).

[140] Olley, G. S., Pakes, A., "The Dynamics of Productivity in the Telecommunications Equipment Industry", *Econometrica*, 64 (6), 1996, pp. 1263 – 1297.

[141] Pasinetti, L. L., *Structural Change and Economic Growth: A Theoretical Essay on the Dynamics of the Wealth of Nations* (Cambridge: Cambridge University Press, 1981).

[142] Pasinetti, L. L., *Structural Economic Dynamics: A Theory of*

the Economic Consequences of Human Learning (Cambridge: Cambridge University Press, 1993).

[143] Peneder, M., "Industrial Structure and Aggregate Growth", *Structural Change and Economic Dynamics*, 14 (4), 2003, pp. 427 – 448.

[144] Restuccia, D., "Factor Misallocation and Development", *The New Palgrave Dictionary of Economics* (Online edition), ed. Macmillan Publishers Ltd. (London: Palgrave Macmillan, 2013).

[145] Restuccia, D., Rogerson R., "Policy Distortions and Aggregate Productivity with Heterogeneous Establishments", *Review of Economic Dynamics*, 11 (4), 2008, pp. 707 – 720.

[146] Robinson, J., "The Production Function and the Theory of Capital", *The Review of Economic Studies*, 21 (2), 1953, pp. 81 – 106.

[147] Romer, P. M., "Endogenous Technological Change", *Journal of Political Economy*, 98 (5), 1990, pp. S71 – S102.

[148] Romer, P. M., "Increasing Returns and Long – run Growth", *Journal of Political Economy*, 94 (5), 1986, pp. 1002 – 1037.

[149] Rostow, W. W., *The Stages of Economic Growth* (Cambridge: Cambridge University Press, 1971).

[150] Saviotti, P. P., Pyka, A., "Economic Development by the Creation of New Sectors", *Journal of Evolutionary Economics*, 14 (1), 2004, pp. 1 – 35.

[151] Shephard, R. W., *Cost and Production Functions* (Princeton: Princeton University Press, 1953).

[152] Shionoya, Y., "Patterns of Industrial Growth in the United States and Sweden – A Critique of Hoffmann's Hypothesis", *Hitotsubashi Journal of Economics*, 5, 1964, pp. 52 – 89.

[153] Shionoya, Y., "Reply to Professor Hoffmann", *Hitotsubashi Journal of Economics*, 11 (1), 1970, pp. 117 – 121.

[154] Silva, E. G., Teixeira, A. A. C., "Surveying Structural Change: Seminal Contributions and a Bibliometric Account", *Structural Change and Economic Dynamics*, 19 (4), 2008, pp. 273 – 300.

[155] Solow, R., "A Contribution to the Theory of Economic Growth", *Quarterly Journal of Economics*, 70 (1), 1956, pp. 65 – 94.

[156] Solow, R., "Technical Change and the Aggregate Production Function", *The Review of Economics and Statistics*, 39 (3), 1957, pp. 312 – 320.

[157] Stigler, G. J., *Trends in Output and Employment* (New York: National Bureau of Economic Research, 1947).

[158] Stiroh, K. J., "Information Technology and the U. S. Productivity Revival: What Do the Industry Data Say?" *American Economic Review*, 92 (5), 2002, pp. 1559 – 1576.

[159] Syrquin, M., "Patterns of Structural Change", *Handbook of Development Economics*, ed. Chenery and T. N. Hollis (Amsterdam: Elsevier, 1988), pp. 205 – 209.

[160] Ten Raa, T., "A Neoclassical Analysis of Total Factor Productivity Using Input – Output Prices", *Wassily Leontief and Input Output Economics*, ed. Erik Dietzenbacher, Michael L. Lahr (New York:

Cambridge University Press, 2004), pp. 151 – 165.

[161] Timmer, M. P. , Szirmai, A. , "Productivity Growth in Asian Manufacturing: The Structural Bonus Hypothesis Examined", *Structural Change and Economic Dynamics*, 11 (4), 2000, pp. 371 – 392.

[162] Tinbergen, J. , "Theorie der Langfristigen Wirtschaftsentwicklung (on the Theory of Long – term Economic Growth) ", *Weltwirtschaftliches Archiv*, 55, 1942, pp. 511 – 549.

[163] Van Beveren, I. , "Total Factor Productivity Estimation: A Practical Review", *Journal of Economic Surveys*, 26 (1), 2012, pp. 98 – 128.

[164] Vollrath, D. , "How Important Are Dual Economy Effects for Aggregate Productivity?" *Journal of Development Economics*, 88 (2), 2009, pp. 325 – 334.

[165] Wolff, E. N. , "Industrial Composition, Interindustry Effects, and the U. S. Productivity Slowdown", *The Review of Economics and Statistics*, 67 (2), 1985, pp. 268 – 277.

[166] Wolff, E. N. , "Productivity Measurement Within an Input – Output Framework", *Regional Science and Urban Economics*, 24 (1), 1994, pp. 75 – 92.

[167] Wurgler, J. , "Financial Markets and the Allocation of Capital", *Journal of Financial Economics*, 58 (1 – 2), 2000, pp. 187 – 214.

[168] XiKang, C. , Jue, G. , "Chinese Economic Structure and SDA Model", *Journal of Systems Science and Systems Engineering*, 9 (2), 2000, pp. 142 – 148.

[169] Yang, L., Lahr, M. L., "Labor Productivity Differences in China 1987 – 1997: An Interregional Decomposition Analysis", *Review of Regional Studies*, 38 (3), 2008, pp. 319 – 341.

[170] Yang, L., Lahr, M. L., "Sources of Chinese Labor Productivity Growth: A Structural Decomposition Analysis, 1987 – 2005", *China Economic Review*, 21 (4), 2010, pp. 557 – 570.

附 录

附表3-1 1994~2011年36个工业行业的分阶段就业份额变动率

单位：%

行业	1994~2001年	2001~2007年	2007~2011年	1994~2011年
煤炭开采和洗选	-1.74	-19.99	-12.05	-30.86
石油天然气开采	-20.63	-0.92	9.35	-14.00
黑色矿采选	0.96	20.19	15.30	39.91
有色矿采选	-6.81	-3.63	-11.93	-20.91
非金属矿采选	-22.38	-36.74	-5.58	-53.64
农副食品加工	25.07	4.57	18.25	54.66
食品制造业	-10.77	1.52	15.18	4.33
饮料制造业	-6.12	-16.34	21.77	-4.37
烟草制品业	-18.46	-41.03	-4.66	-54.16
纺织业	-13.64	-8.97	-18.11	-35.62
服装业	29.88	17.58	-20.46	21.47
皮羽制品业	11.17	26.31	-13.69	21.19
木材加工业	-4.95	18.40	-3.34	8.78
家具制造业	-5.54	50.08	-3.33	37.04
造纸业	0.62	-16.94	-10.02	-24.80
印刷业	-4.82	4.98	-16.58	-16.65
文体用品	14.83	21.69	-21.52	9.66
石油加工业	4.08	-2.97	1.57	2.58

续表

行业	1994~2001年	2001~2007年	2007~2011年	1994~2011年
化学制品业	6.91	-8.63	3.19	0.80
医药制造业	23.07	2.49	13.25	42.86
化纤制造业	-12.21	-20.34	-8.84	-36.25
橡胶制品业	4.18	-3.97	-6.10	-6.06
塑料制品业	32.72	15.18	-5.33	44.72
非金属矿制品	-11.43	-23.01	-3.56	-34.24
黑色金属冶炼	-12.93	-16.44	-4.35	-30.41
有色金属冶炼	-0.41	2.19	8.90	10.82
金属制品业	-4.09	2.79	-2.58	-3.95
通用设备制造	-5.10	6.67	2.18	3.43
专用设备制造	-16.61	3.42	13.31	-2.28
交通设备制造	5.73	4.05	24.52	36.98
电机器材制造	8.85	32.17	15.87	66.69
通信设备制造	48.04	95.98	20.47	249.50
仪器仪表业	12.94	16.32	0.96	32.63
电热力生产供应	57.21	-11.98	-6.44	29.47
燃气生产供应业	-10.48	-20.92	21.64	-13.89
水生产供应业	61.34	-8.82	-4.30	40.78
平均变动率	4.40	2.36	0.64	10.45

附表3-2 1994~2011年36个工业行业的分阶段资本份额变动率

单位：%

行业	1994~2001年	2001~2007年	2007~2011年	1994~2011年
煤炭开采和洗选	-28.22	-28.05	-15.13	-56.17
石油天然气开采	-21.90	-12.93	-32.58	-54.16
黑色矿采选	-29.11	21.07	24.48	6.83
有色矿采选	-33.59	1.21	26.84	-14.74
非金属矿采选	-32.27	-6.35	41.68	-10.13
农副食品加工	-22.72	26.34	10.24	7.63
食品制造业	0.48	40.33	13.92	60.64

续表

行业	1994~2001年	2001~2007年	2007~2011年	1994~2011年
饮料制造业	-4.25	-11.41	-2.75	-17.51
烟草制品业	7.76	-40.78	-40.80	-62.22
纺织业	-34.74	-2.61	-10.84	-43.33
服装业	64.06	180.90	59.43	634.69
皮羽制品业	-4.32	94.05	42.04	163.71
木材加工业	-1.66	93.06	40.62	166.98
家具制造业	10.88	241.25	82.48	590.43
造纸业	40.25	-4.88	-17.47	10.10
印刷业	-6.63	38.36	20.14	55.21
文体用品	-21.73	92.68	50.53	127.01
石油加工业	31.03	-18.79	-18.27	-13.03
化学制品业	6.14	-12.60	-8.69	-15.29
医药制造业	37.15	42.88	-4.23	87.68
化纤制造业	-22.44	-29.40	-31.20	-62.33
橡胶制品业	-1.13	18.12	1.20	18.19
塑料制品业	35.61	87.99	32.51	237.80
非金属矿制品	-14.30	15.55	38.47	37.12
黑色金属冶炼	-13.13	-5.35	-30.26	-42.66
有色金属冶炼	-15.25	15.48	0.74	-1.41
金属制品业	-7.85	124.03	70.63	252.28
通用设备制造	-34.39	18.99	43.86	12.31
专用设备制造	-28.53	18.16	34.29	13.41
交通设备制造	25.45	6.02	30.53	73.61
电机器材制造	3.20	39.82	70.61	146.17
通信设备制造	26.97	22.18	9.96	70.57
仪器仪表业	-25.93	29.82	49.96	44.20
电热力生产供应	51.98	-12.00	-24.19	1.39
燃气生产供应业	-13.81	-1.51	13.55	-3.60
水生产供应业	40.83	-2.58	9.40	50.08
平均变动率	-1.00	29.97	16.16	68.65

附表3-3 1994~2011年36个工业行业的分阶段产出份额变动率

单位：%

行业	1994~2001年	2001~2007年	2007~2011年	1994~2011年
煤炭开采和洗选	-21.53	-16.12	-4.29	-37.00
石油天然气开采	-47.56	-61.13	-39.62	-87.69
黑色矿采选	1.31	29.20	25.42	64.18
有色矿采选	-11.51	-25.53	-16.35	-44.88
非金属矿采选	-42.42	-41.74	-12.37	-70.60
农副食品加工	-24.12	-12.94	0.99	-33.29
食品制造业	5.90	-7.97	1.98	-0.62
饮料制造业	-3.25	-25.65	10.19	-20.73
烟草制品业	-20.93	-29.15	-7.16	-47.99
纺织业	-30.53	-12.27	-24.55	-54.02
服装业	-14.58	-17.91	-12.82	-38.88
皮羽制品业	-31.49	-11.86	-16.44	-49.54
木材加工业	45.80	1.78	6.75	58.42
家具制造业	-7.19	8.19	-0.83	-0.42
造纸业	-7.62	-10.17	-8.51	-24.08
印刷业	-14.34	-20.69	-14.48	-41.90
文体用品	0.82	-19.13	-26.41	-40.00
石油加工业	-22.45	-51.42	-29.51	-73.44
化学制品业	-4.29	-7.00	0.53	-10.51
医药制造业	66.12	-8.81	14.52	73.48
化纤制造业	-18.44	-16.29	-26.18	-49.60
橡胶制品业	-7.56	-10.17	-9.45	-24.81
塑料制品业	20.40	-14.00	-8.95	-5.72
非金属矿制品	-24.70	-14.59	6.19	-31.70
黑色金属冶炼	-23.88	8.61	-12.83	-27.93
有色金属冶炼	3.05	7.89	-2.13	8.81
金属制品业	-4.83	-12.67	-5.84	-21.74
通用设备制造	-16.89	18.62	6.66	5.15
专用设备制造	-25.47	23.65	19.68	10.29

续表

行业	1994~2001年	2001~2007年	2007~2011年	1994~2011年
交通设备制造	18.46	26.11	17.85	76.06
电机器材制造	31.97	6.19	12.44	57.57
通信设备制造	192.98	44.27	0.74	325.81
仪器仪表业	6.30	25.55	-4.81	27.03
电热力生产供应	18.36	-20.42	-11.95	-17.06
燃气生产供应业	210.58	39.73	26.70	449.86
水生产供应业	-46.90	-51.08	-25.91	-80.76
平均变动率	4.15	-7.75	-4.74	6.16

附表3-4　1994~2011年36个工业行业劳动生产率的年均增长率

单位：%

行业	1994~2001年	2001~2007年	2007~2011年	1994~2011年
煤炭开采和洗选	9.21	19.09	15.73	14.15
石油天然气开采	6.30	1.10	-2.33	2.37
黑色矿采选	12.84	19.59	15.72	15.86
有色矿采选	11.95	13.19	11.86	12.36
非金属矿采选	8.07	16.55	11.21	11.74
农副食品加工	5.01	14.60	8.92	9.24
食品制造业	15.58	16.24	9.91	14.45
饮料制造业	13.27	15.86	10.51	13.52
烟草制品业	12.29	21.83	12.56	15.63
纺织业	9.33	17.43	11.01	12.53
服装业	6.23	11.29	15.93	10.23
皮羽制品业	5.25	11.28	12.39	9.01
木材加工业	19.89	15.22	16.15	17.34
家具制造业	12.50	11.89	14.03	12.64
造纸业	11.41	19.71	13.78	14.84
印刷业	11.10	12.76	14.01	12.37
文体用品	10.71	10.38	11.50	10.78
石油加工业	8.14	5.29	3.42	6.01

续表

行业	1994~2001年	2001~2007年	2007~2011年	1994~2011年
化学制品业	11.01	18.51	12.57	13.98
医药制造业	17.72	15.88	13.62	16.10
化纤制造业	11.60	19.14	7.49	13.20
橡胶制品业	10.87	16.85	12.28	13.28
塑料制品业	11.22	12.54	12.21	11.92
非金属矿制品	10.20	20.22	16.07	15.03
黑色金属冶炼	10.64	23.44	10.71	15.01
有色金属冶炼	13.33	19.23	10.32	14.65
金属制品业	12.66	14.99	12.35	13.40
通用设备制造	10.67	20.27	14.53	14.89
专用设备制造	10.99	21.73	14.87	15.60
交通设备制造	14.63	22.01	11.76	16.48
电机器材制造	15.93	13.93	12.46	14.40
通信设备制造	24.33	12.28	8.35	16.12
仪器仪表业	11.81	19.67	11.65	14.49
电热力生产供应	8.30	16.19	11.60	11.81
燃气生产供应业	34.72	29.92	14.47	28.00
水生产供应业	-3.78	6.51	6.28	2.10

附表3-5 1994~2011年36个工业行业资本生产率的年均增长率

单位：%

行业	1994~2001年	2001~2007年	2007~2011年	1994~2011年
煤炭开采和洗选	1.45	16.39	2.33	6.71
石油天然气开采	-5.38	-0.82	-3.40	-3.32
黑色矿采选	5.41	14.69	-0.51	7.13
有色矿采选	4.35	7.79	-10.51	1.81
非金属矿采选	-2.13	4.82	-11.94	-2.19
农副食品加工	-0.10	6.62	-2.85	1.55
食品制造业	0.92	5.75	-3.41	1.54

续表

行业	1994~2001年	2001~2007年	2007~2011年	1994~2011年
饮料制造业	0.31	10.18	2.45	4.21
烟草制品业	-4.17	16.89	11.12	6.43
纺织业	1.06	11.49	-4.76	3.18
服装业	-8.75	-7.58	-14.61	-9.76
皮羽制品业	-4.50	-0.53	-13.03	-5.23
木材加工业	5.96	1.97	-7.31	1.29
家具制造业	-2.35	-6.32	-14.74	-6.79
造纸业	-5.64	12.37	1.89	2.19
印刷业	-1.06	3.40	-8.79	-1.41
文体用品	3.85	-1.83	-16.97	-3.41
石油加工业	-7.07	4.14	-4.30	-2.59
化学制品业	-1.31	14.63	1.72	4.79
医药制造业	2.94	5.27	3.84	3.97
化纤制造业	0.89	16.72	1.07	6.26
橡胶制品业	-0.79	8.39	-3.42	1.71
塑料制品业	-1.52	-0.41	-9.59	-3.10
非金属矿制品	-1.67	7.88	-7.07	0.26
黑色金属冶炼	-1.71	16.08	5.00	5.87
有色金属冶炼	3.00	12.17	-1.41	5.06
金属制品业	0.63	-3.04	-14.41	-4.39
通用设备制造	3.60	13.39	-7.85	4.05
专用设备制造	0.77	14.31	-3.52	4.28
交通设备制造	-0.65	16.78	-3.20	4.54
电机器材制造	3.74	8.37	-10.53	1.75
通信设备制造	12.87	16.64	-2.85	10.23
仪器仪表业	5.47	12.82	-11.36	3.68
电热力生产供应	-3.35	11.56	3.09	3.23
燃气生产供应业	20.29	20.26	2.06	15.72
水生产供应业	-12.87	1.14	-9.92	-7.44

附表 3-6 1994~2011 年 36 个工业行业劳动生产率增长率的详细分解

行业	1994~2001 年 内部增长效应	1994~2001 年 静态转移效应	1994~2001 年 动态转移效应	2001~2007 年 内部增长效应	2001~2007 年 静态转移效应	2001~2007 年 动态转移效应
煤炭开采和洗选	0.0187	-0.0006	-0.0005	0.0317	-0.0036	-0.0066
石油天然气开采	0.0092	-0.0037	-0.0020	0.0006	-0.0002	0.0000
黑色矿采选	0.0041	0.0000	0.0000	0.0060	0.0006	0.0011
有色矿采选	0.0094	-0.0006	-0.0007	0.0075	-0.0003	-0.0003
非金属矿采选	0.0120	-0.0038	-0.0028	0.0144	-0.0036	-0.0054
农副食品加工	0.0182	0.0107	0.0044	0.0426	0.0012	0.0015
食品制造业	0.0266	-0.0017	-0.0031	0.0235	0.0001	0.0001
饮料制造业	0.0384	-0.0019	-0.0026	0.0376	-0.0046	-0.0065
烟草制品业	0.0561	-0.0086	-0.0107	0.0801	-0.0147	-0.0334
纺织业	0.0687	-0.0113	-0.0098	0.0888	-0.0054	-0.0088
服装业	0.0152	0.0083	0.0044	0.0221	0.0040	0.0036
皮羽制品业	0.0076	0.0018	0.0008	0.0108	0.0030	0.0027
木材加工业	0.0247	-0.0006	-0.0014	0.0187	0.0024	0.0032
家具制造业	0.0090	-0.0004	-0.0006	0.0062	0.0031	0.0030
造纸业	0.0226	0.0000	0.0000	0.0356	-0.0033	-0.0063
印刷业	0.0138	-0.0007	-0.0008	0.0114	0.0004	0.0004
文体用品	0.0079	0.0011	0.0011	0.0062	0.0016	0.0013
石油加工业	0.0100	0.0004	0.0003	0.0039	-0.0004	-0.0002
化学制品业	0.0681	0.0038	0.0041	0.1064	-0.0057	-0.0102
医药制造业	0.0452	0.0047	0.0100	0.0497	0.0005	0.0007
化纤制造业	0.0182	-0.0020	-0.0023	0.0238	-0.0027	-0.0050
橡胶制品业	0.0133	0.0004	0.0004	0.0178	-0.0006	-0.0009
塑料制品业	0.0253	0.0072	0.0080	0.0283	0.0038	0.0040

续表

行业	1994~2001年 内部增长效应	1994~2001年 静态转移效应	1994~2001年 动态转移效应	2001~2007年 内部增长效应	2001~2007年 静态转移效应	2001~2007年 动态转移效应
非金属矿制品	0.0705	-0.0088	-0.0085	0.1095	-0.0129	-0.0261
黑色金属冶炼	0.0568	-0.0075	-0.0077	0.1060	-0.0072	-0.0183
有色金属冶炼	0.0285	-0.0002	-0.0003	0.0390	0.0002	0.0005
金属制品业	0.0473	-0.0018	-0.0023	0.0450	0.0006	0.0008
通用设备制造	0.0562	-0.0032	-0.0033	0.0912	0.0025	0.0051
专用设备制造	0.0367	-0.0059	-0.0063	0.0570	0.0006	0.0014
交通设备制造	0.0808	0.0025	0.0040	0.1368	0.0018	0.0041
电机器材制造	0.0921	0.0041	0.0074	0.0791	0.0206	0.0244
通信设备制造	0.1667	0.0217	0.0781	0.1356	0.1270	0.1275
仪器仪表业	0.0147	0.0015	0.0018	0.0253	0.0020	0.0038
电热力生产供应	0.0246	0.0184	0.0138	0.0566	-0.0050	-0.0073
燃气生产供应业	0.0020	0.0000	-0.0002	0.0033	-0.0002	-0.0007
水生产供应业	-0.0007	0.0018	-0.0004	0.0007	-0.0002	-0.0001
工业	1.2185	0.0252	0.0721	1.5589	0.1056	0.0532

行业	2007~2011年 内部增长效应	2007~2011年 静态转移效应	2007~2011年 动态转移效应	1994~2011年 内部增长效应	1994~2011年 静态转移效应	1994~2011年 动态转移效应
煤炭开采和洗选	0.0113	-0.0018	-0.0014	0.1861	-0.0071	-0.0602
石油天然气开采	-0.0003	0.0003	0.0000	0.0085	-0.0027	-0.0013
黑色矿采选	0.0032	0.0006	0.0005	0.0347	0.0011	0.0128
有色矿采选	0.0029	-0.0006	-0.0003	0.0487	-0.0018	-0.0110
非金属矿采选	0.0029	-0.0003	-0.0002	0.0934	-0.0091	-0.0510
农副食品加工	0.0118	0.0052	0.0021	0.1557	0.0229	0.0800
食品制造业	0.0067	0.0022	0.0010	0.1354	0.0003	0.0029

续表

行业	2007~2011年 内部增长效应	2007~2011年 静态转移效应	2007~2011年 动态转移效应	1994~2011年 内部增长效应	1994~2011年 静态转移效应	1994~2011年 动态转移效应
饮料制造业	0.0096	0.0042	0.0021	0.2102	-0.0018	-0.0135
烟草制品业	0.0150	-0.0012	-0.0007	0.4854	-0.0248	-0.2676
纺织业	0.0247	-0.0087	-0.0045	0.5097	-0.0293	-0.1885
服装业	0.0161	-0.0041	-0.0033	0.1224	0.0055	0.0231
皮羽制品业	0.0062	-0.0015	-0.0009	0.0588	0.0033	0.0109
木材加工业	0.0116	-0.0005	-0.0004	0.1367	0.0006	0.0088
家具制造业	0.0048	-0.0003	-0.0002	0.0461	0.0024	0.0158
造纸业	0.0110	-0.0017	-0.0011	0.1899	-0.0053	-0.0501
印刷业	0.0058	-0.0014	-0.0010	0.0792	-0.0023	-0.0146
文体用品	0.0033	-0.0013	-0.0007	0.0357	0.0006	0.0026
石油加工业	0.0007	0.0001	0.0000	0.0234	0.0001	0.0001
化学制品业	0.0336	0.0016	0.0010	0.5206	-0.0008	-0.0070
医药制造业	0.0211	0.0041	0.0027	0.2466	0.0084	0.0982
化纤制造业	0.0035	-0.0010	-0.0003	0.1139	-0.0059	-0.0428
橡胶制品业	0.0061	-0.0007	-0.0004	0.0921	-0.0010	-0.0074
塑料制品业	0.0137	-0.0013	-0.0008	0.1322	0.0095	0.0551
非金属矿制品	0.0374	-0.0018	-0.0015	0.7109	-0.0258	-0.2533
黑色金属冶炼	0.0226	-0.0021	-0.0011	0.5400	-0.0176	-0.1722
有色金属冶炼	0.0107	0.0019	0.0009	0.1876	0.0017	0.0159
金属制品业	0.0176	-0.0009	-0.0005	0.2714	-0.0022	-0.0163
通用设备制造	0.0381	0.0010	0.0007	0.5219	0.0007	0.0064
专用设备制造	0.0230	0.0040	0.0030	0.3668	-0.0015	-0.0160
交通设备制造	0.0417	0.0179	0.0100	0.6254	0.0172	0.2131
电机器材制造	0.0421	0.0109	0.0065	0.4491	0.0321	0.2836

续表

行业	2007~2011年 内部增长效应	静态转移效应	动态转移效应	1994~2011年 内部增长效应	静态转移效应	动态转移效应
通信设备制造	0.0731	0.0388	0.0147	0.5421	0.1123	1.3122
仪器仪表业	0.0090	0.0001	0.0001	0.1110	0.0037	0.0331
电热力生产供应	0.0168	-0.0021	-0.0011	0.1865	0.0088	0.0498
燃气生产供应业	0.0009	0.0003	0.0002	0.0184	0.0000	-0.0029
水生产供应业	0.0002	0.0000	0.0000	0.0013	0.0011	0.0005
工业	0.5585	0.0597	0.0248	8.1976	0.0933	1.0494

附表3-7 1994~2011年36个工业行业资本生产率增长率的详细分解

行业	1994~2001年 内部增长效应	静态转移效应	动态转移效应	2001~2007年 内部增长效应	静态转移效应	动态转移效应
煤炭开采和洗选	0.0023	-0.0062	-0.0007	0.0254	-0.0048	-0.0071
石油天然气开采	-0.0056	-0.0038	0.0012	-0.0004	-0.0012	0.0001
黑色矿采选	0.0014	-0.0009	-0.0004	0.0040	0.0007	0.0008
有色矿采选	0.0027	-0.0026	-0.0009	0.0039	0.0001	0.0001
非金属矿采选	-0.0023	-0.0054	0.0008	0.0031	-0.0006	-0.0002
农副食品加工	-0.0003	-0.0102	0.0001	0.0158	0.0090	0.0042
食品制造业	0.0010	0.0001	0.0000	0.0064	0.0065	0.0026
饮料制造业	0.0006	-0.0012	0.0000	0.0209	-0.0030	-0.0023
烟草制品业	-0.0116	0.0034	-0.0009	0.0547	-0.0143	-0.0222
纺织业	0.0061	-0.0276	-0.0021	0.0504	-0.0013	-0.0012
服装业	-0.0137	0.0184	-0.0087	-0.0092	0.0445	-0.0168
皮羽制品业	-0.0049	-0.0008	0.0002	-0.0004	0.0113	-0.0004
木材加工业	0.0048	-0.0002	-0.0001	0.0017	0.0131	0.0016

续表

行业	1994~2001 年 内部增长效应	1994~2001 年 静态转移效应	1994~2001 年 动态转移效应	2001~2007 年 内部增长效应	2001~2007 年 静态转移效应	2001~2007 年 动态转移效应
家具制造业	-0.0011	0.0008	-0.0001	-0.0021	0.0157	-0.0051
造纸业	-0.0067	0.0080	-0.0027	0.0186	-0.0009	-0.0009
印刷业	-0.0009	-0.0008	0.0001	0.0024	0.0042	0.0009
文体用品	0.0023	-0.0017	-0.0005	-0.0008	0.0071	-0.0007
石油加工业	-0.0055	0.0043	-0.0017	0.0029	-0.0020	-0.0005
化学制品业	-0.0056	0.0038	-0.0003	0.0763	-0.0075	-0.0095
医药制造业	0.0048	0.0078	0.0018	0.0126	0.0151	0.0055
化纤制造业	0.0010	-0.0035	-0.0002	0.0195	-0.0037	-0.0057
橡胶制品业	-0.0007	-0.0002	0.0000	0.0072	0.0021	0.0013
塑料制品业	-0.0023	0.0081	-0.0008	-0.0007	0.0242	-0.0006
非金属矿制品	-0.0081	-0.0104	0.0012	0.0312	0.0086	0.0049
黑色金属冶炼	-0.0063	-0.0073	0.0008	0.0604	-0.0022	-0.0031
有色金属冶炼	0.0047	-0.0031	-0.0007	0.0207	0.0033	0.0033
金属制品业	0.0016	-0.0029	-0.0001	-0.0058	0.0427	-0.0072
通用设备制造	0.0153	-0.0188	-0.0053	0.0506	0.0087	0.0097
专用设备制造	0.0019	-0.0098	-0.0005	0.0311	0.0047	0.0057
交通设备制造	-0.0023	0.0128	-0.0006	0.0914	0.0037	0.0057
电机器材制造	0.0149	0.0016	0.0005	0.0413	0.0267	0.0166
通信设备制造	0.0619	0.0125	0.0166	0.2051	0.0303	0.0460
仪器仪表业	0.0056	-0.0032	-0.0015	0.0139	0.0039	0.0042
电热力生产供应	-0.0070	0.0171	-0.0036	0.0359	-0.0046	-0.0042
燃气生产供应业	0.0007	0.0000	-0.0001	0.0018	0.0000	0.0000
水生产供应业	-0.0019	0.0012	-0.0008	0.0001	0.0000	0.0000
工业	0.0471	-0.0206	-0.0102	0.8900	0.2402	0.0254

续表

行业	2007~2011年 内部增长效应	2007~2011年 静态转移效应	2007~2011年 动态转移效应	1994~2011年 内部增长效应	1994~2011年 静态转移效应	1994~2011年 动态转移效应
煤炭开采和洗选	0.0014	-0.0021	-0.0002	0.0442	-0.0123	-0.0247
石油天然气开采	-0.0004	-0.0011	0.0001	-0.0076	-0.0093	0.0041
黑色矿采选	-0.0001	0.0010	0.0000	0.0069	0.0002	0.0005
有色矿采选	-0.0018	0.0014	-0.0005	0.0028	-0.0011	-0.0004
非金属矿采选	-0.0022	0.0023	-0.0009	-0.0052	-0.0016	0.0005
农副食品加工	-0.0032	0.0031	-0.0003	0.0134	0.0037	0.0011
食品制造业	-0.0019	0.0021	-0.0003	0.0045	0.0093	0.0028
饮料制造业	0.0020	-0.0005	0.0000	0.0280	-0.0047	-0.0048
烟草制品业	0.0130	-0.0101	-0.0053	0.0847	-0.0278	-0.0525
纺织业	-0.0084	-0.0050	0.0009	0.0556	-0.0341	-0.0239
服装业	-0.0093	0.0120	-0.0056	-0.0238	0.1843	-0.1522
皮羽制品业	-0.0045	0.0045	-0.0019	-0.0105	0.0291	-0.0174
木材加工业	-0.0037	0.0058	-0.0015	0.0024	0.0163	0.0040
家具制造业	-0.0033	0.0058	-0.0027	-0.0049	0.0418	-0.0291
造纸业	0.0013	-0.0028	-0.0002	0.0089	0.0021	0.0010
印刷业	-0.0026	0.0017	-0.0005	-0.0027	0.0071	-0.0015
文体用品	-0.0032	0.0031	-0.0016	-0.0034	0.0097	-0.0043
石油加工业	-0.0008	-0.0009	0.0001	-0.0050	-0.0017	0.0006
化学制品业	0.0039	-0.0046	-0.0003	0.0768	-0.0094	-0.0114
医药制造业	0.0051	-0.0012	-0.0002	0.0199	0.0188	0.0176
化纤制造业	0.0005	-0.0033	-0.0001	0.0284	-0.0098	-0.0177
橡胶制品业	-0.0013	0.0002	0.0000	0.0042	0.0024	0.0008
塑料制品业	-0.0077	0.0077	-0.0026	-0.0095	0.0548	-0.0227
非金属矿制品	-0.0117	0.0179	-0.0046	0.0032	0.0274	0.0012

续表

行业	2007~2011年			1994~2011年		
	内部增长效应	静态转移效应	动态转移效应	内部增长效应	静态转移效应	动态转移效应
黑色金属冶炼	0.0097	-0.0135	-0.0029	0.0903	-0.0234	-0.0382
有色金属冶炼	-0.0012	0.0003	0.0000	0.0267	-0.0002	-0.0002
金属制品业	-0.0138	0.0212	-0.0098	-0.0194	0.0922	-0.0492
通用设备制造	-0.0148	0.0235	-0.0066	0.0525	0.0070	0.0068
专用设备制造	-0.0041	0.0108	-0.0014	0.0355	0.0048	0.0050
交通设备制造	-0.0091	0.0231	-0.0028	0.0569	0.0377	0.0424
电机器材制造	-0.0252	0.0500	-0.0180	0.0174	0.0749	0.0256
通信设备制造	-0.0211	0.0201	-0.0022	0.1965	0.0332	0.1404
仪器仪表业	-0.0062	0.0082	-0.0031	0.0105	0.0056	0.0047
电热力生产供应	0.0040	-0.0073	-0.0009	0.0235	0.0006	0.0005
燃气生产供应业	0.0001	0.0002	0.0000	0.0031	0.0000	-0.0001
水生产供应业	-0.0003	0.0001	0.0000	-0.0022	0.0015	-0.0011
工业	-0.1211	0.1738	-0.0762	0.8023	0.5290	-0.1921

附表3-8 2001~2011年36个工业行业产出的年均增长率和资本的年均增长率

单位：%

行业	产出的年均增长率		资本的年均增长率	
	2001~2007年	2007~2011年	2001~2007年	2007~2011年
煤炭开采和洗选	19.55	15.24	2.72	12.62
石油天然气开采	5.17	2.71	6.04	6.32
黑色矿采选	28.48	23.30	12.03	23.93
有色矿采选	17.21	11.43	8.73	24.52
非金属矿采选	12.51	12.73	7.33	28.01

续表

行业	产出的年均增长率 2001~2007年	产出的年均增长率 2007~2011年	资本的年均增长率 2001~2007年	资本的年均增长率 2007~2011年
农副食品加工	20.30	16.80	12.83	20.23
食品制造业	21.42	17.08	14.82	21.22
饮料制造业	17.17	19.37	6.34	16.52
烟草制品业	16.24	14.37	-0.56	2.92
纺织业	20.45	8.59	8.04	14.01
服装业	19.12	12.58	28.90	31.84
皮羽制品业	20.54	11.40	21.19	28.09
木材加工业	23.47	18.43	21.09	27.77
家具制造业	24.73	16.27	33.15	36.37
造纸业	20.93	13.95	7.61	11.83
印刷业	18.44	12.04	14.55	22.84
文体用品	18.83	7.91	21.05	29.97
石油加工业	9.15	6.76	4.81	11.56
化学制品业	21.63	16.67	6.11	14.69
医药制造业	21.23	20.53	15.16	16.07
化纤制造业	19.51	8.00	2.40	6.86
橡胶制品业	20.93	13.66	11.57	17.68
塑料制品业	20.05	13.82	20.55	25.89
非金属矿制品	19.91	18.28	11.16	27.28
黑色金属冶炼	24.81	12.58	7.52	7.22
有色金属冶炼	24.68	15.89	11.15	17.55
金属制品业	20.36	14.77	24.13	34.10
通用设备制造	26.66	18.41	11.70	28.50
专用设备制造	27.54	21.86	11.57	26.31

续表

行业	产出的年均增长率		资本的年均增长率	
	2001~2007年	2007~2011年	2001~2007年	2007~2011年
交通设备制造	27.96	21.40	9.58	25.41
电机器材制造	24.35	19.98	14.75	34.10
通信设备制造	30.86	16.73	12.20	20.15
仪器仪表业	27.87	15.09	13.34	29.84
电热力生产供应	18.51	12.87	6.23	9.48
燃气生产供应业	30.17	23.61	8.24	21.12
水生产供应业	9.28	8.10	8.04	20.00

附表3-9 1994~2011年工业TFP增长率中资本转移效应的详细分解

行业	$\dot{K}_{iT}$ (A)	$f_{KiT} - f_{KT}$ (B)	$\dot{K}_{iT}/Y_T$ (C)	B×C	各行业对工业资本转移效应的贡献率
电热力生产供应	19620.515	-0.217	1.839	-0.399	-0.226
石油天然气开采	3890.100	-0.221	0.365	-0.081	-0.046
煤炭开采和洗选	2807.337	-0.224	0.263	-0.059	-0.033
水生产供应业	2567.127	-0.226	0.241	-0.054	-0.031
化学制品业	7724.479	-0.054	0.724	-0.039	-0.022
黑色金属冶炼	4607.509	-0.085	0.432	-0.037	-0.021
燃气生产供应业	1121.376	-0.278	0.105	-0.029	-0.017
黑色矿采选	997.487	-0.180	0.093	-0.017	-0.010
石油加工业	2216.178	-0.080	0.208	-0.017	-0.009
有色矿采选	1101.311	-0.104	0.103	-0.011	-0.006
有色金属冶炼	2674.585	-0.027	0.251	-0.007	-0.004
化纤制造业	469.798	0.020	0.044	0.001	0.000
专用设备制造	3906.930	0.015	0.366	0.005	0.003

续表

行业	$\dot{K}_{iT}$ (A)	$f_{KiT}-f_{KT}$ (B)	$\dot{K}_{iT}/Y_T$ (C)	B×C	各行业对工业资本转移效应的贡献率
非金属矿采选	851.372	0.156	0.080	0.012	0.007
造纸业	1728.804	0.137	0.162	0.022	0.013
食品制造业	2294.280	0.105	0.215	0.023	0.013
纺织业	3051.841	0.083	0.286	0.024	0.013
橡胶制品业	878.719	0.309	0.082	0.025	0.014
仪器仪表业	838.779	0.364	0.079	0.029	0.016
饮料制造业	1730.008	0.186	0.162	0.030	0.017
通用设备制造	5600.469	0.065	0.525	0.034	0.019
印刷业	1019.196	0.396	0.096	0.038	0.021
烟草制品业	276.131	1.467	0.026	0.038	0.022
木材加工业	1598.651	0.286	0.150	0.043	0.024
文体用品	396.808	1.164	0.037	0.043	0.025
农副食品加工	3495.261	0.216	0.328	0.071	0.040
非金属矿制品	8422.943	0.103	0.789	0.081	0.046
医药制造业	2359.360	0.391	0.221	0.086	0.049
交通设备制造	6908.628	0.158	0.647	0.102	0.058
皮羽制品业	850.583	1.425	0.080	0.114	0.065
家具制造业	1051.017	1.354	0.099	0.133	0.076
通信设备制造	4933.215	0.297	0.462	0.137	0.078
塑料制品业	2321.076	1.066	0.218	0.232	0.132
金属制品业	4199.073	0.798	0.394	0.314	0.178
电机器材制造	4599.221	0.743	0.431	0.320	0.182
服装业	1960.317	3.001	0.184	0.551	0.313

注：根据样本数据，按照式（3-10）中资本转移效应的构成部分计算；行业按照对工业资本转移效应的贡献率从小到大排列。

附表 3-10　1994~2011 年工业 TFP 增长率中劳动转移效应的详细分解

行业	$\dot{L}_{iT}$ (A)	$f_{LiT} - f_{LT}$ (B)	$\dot{L}_{iT}/Y_T$ (C)	B×C	各行业对工业劳动转移效应的贡献率
烟草制品业	-18.901	0.764	-0.002	-0.0014	-0.040
塑料制品业	144.848	-0.044	0.014	-0.0006	-0.018
黑色矿采选	36.093	-0.145	0.003	-0.0005	-0.015
木材加工业	39.688	-0.130	0.004	-0.0005	-0.014
黑色金属冶炼	-97.952	0.044	-0.009	-0.0004	-0.012
化纤制造业	-20.117	0.208	-0.002	-0.0004	-0.012
食品制造业	36.499	-0.103	0.003	-0.0004	-0.010
家具制造业	54.612	-0.052	0.005	-0.0003	-0.008
非金属矿采选	-112.990	0.019	-0.011	-0.0002	-0.006
文体用品	26.310	-0.060	0.002	-0.0001	-0.004
水生产供应业	23.892	-0.047	0.002	-0.0001	-0.003
电热力生产供应	96.588	-0.006	0.009	-0.0001	-0.002
金属制品业	35.056	-0.014	0.003	0.0000	-0.001
通用设备制造	101.248	-0.002	0.009	0.0000	-0.001
有色矿采选	-9.533	0.014	-0.001	0.0000	0.000
石油加工业	13.483	0.005	0.001	0.0000	0.000
橡胶制品业	6.515	0.013	0.001	0.0000	0.000
印刷业	-8.743	-0.020	-0.001	0.0000	0.000
燃气生产供应业	-0.861	-0.278	0.000	0.0000	0.001
专用设备制造	41.223	0.007	0.004	0.0000	0.001
石油天然气开采	-3.884	-0.082	0.000	0.0000	0.001
饮料制造业	14.045	0.027	0.001	0.0000	0.001
有色金属冶炼	43.037	0.030	0.004	0.0001	0.004

续表

行业	$\dot{L}_{iT}$ (A)	$f_{LiT}-f_{LT}$ (B)	$\dot{L}_{iT}/Y_T$ (C)	B×C	各行业对工业劳动转移效应的贡献率
皮羽制品业	83.368	0.016	0.008	0.0001	0.004
造纸业	-37.717	-0.047	-0.004	0.0002	0.005
化学制品业	68.511	0.048	0.006	0.0003	0.009
纺织业	-278.712	-0.015	-0.026	0.0004	0.012
服装业	139.300	0.045	0.013	0.0006	0.017
仪器仪表业	52.545	0.173	0.005	0.0009	0.025
医药制造业	74.544	0.132	0.007	0.0009	0.027
交通设备制造	249.501	0.067	0.023	0.0016	0.046
农副食品加工	219.397	0.089	0.021	0.0018	0.054
煤炭开采和洗选	-153.626	-0.169	-0.014	0.0024	0.072
电机器材制造	339.134	0.101	0.032	0.0032	0.095
非金属矿制品	-328.693	-0.116	-0.031	0.0036	0.105
通信设备制造	662.010	0.364	0.062	0.0226	0.666

注：根据样本数据，按照式（3-10）中劳动转移效应的构成部分计算；行业按照对工业劳动转移效应的贡献率从小到大排列。

附表 5-1 分位数回归的斜率相等性检验 1

模型设定：GDPS C LOG（GDPPC）

Test Summary	Chi-Sq. Statistic	Chi-Sq. d.f.	Prob.
Wald Test	9.700481	2	0.0078

Restriction Detail: b(tau_h) - b(tau_k) = 0

Quantiles	Variable	Restr. Value	Std. Error	Prob.
0.25, 0.5	LOG（GDPPC）	-2.258037	0.786482	0.0041
0.5, 0.75		0.819608	0.574667	0.1538

附表 5-2 分位数回归的斜率相等性检验 2

模型设定：LS C LOG（GDPPC）

Test Summary	Chi-Sq. Statistic	Chi-Sq. d.f.	Prob.
Wald Test	8.066852	2	0.0177

Restriction Detail: b（tau_h）- b（tau_k）= 0

Quantiles	Variable	Restr. Value	Std. Error	Prob.
0.25, 0.5	LOG（GDPPC）	-2.107789	0.753634	0.0052
0.5, 0.75		0.402228	0.527273	0.4456

附表 5-3 分位数回归的斜率相等性检验 3

模型设定：GDPS C LOG（INDULP）

Test Summary	Chi-Sq. Statistic	Chi-Sq. d.f.	Prob.
Wald Test	14.85756	8	0.0620

Restriction Detail: b（tau_h）- b（tau_k）= 0

Quantiles	Variable	Restr. Value	Std. Error	Prob.
0.1, 0.2	LOG（INDULP）	-4.961499	2.023497	0.0142
0.2, 0.3		-2.081469	0.652544	0.0014
0.3, 0.4		-0.107588	0.582984	0.8536
0.4, 0.5		-0.008799	0.645731	0.9891
0.5, 0.6		-0.471636	0.685986	0.4917
0.6, 0.7		0.242878	0.711613	0.7329
0.7, 0.8		0.293880	0.723675	0.6847
0.8, 0.9		0.541123	0.853097	0.5259

附表 5-4 分位数回归的斜率相等性检验 4

模型设定：LS C LOG（INDULP）

Test Summary	Chi-Sq. Statistic	Chi-Sq. d.f.	Prob.
Wald Test	31.09512	8	0.0001

续表

Restriction Detail: b (tau_h) - b (tau_k) = 0

Quantiles	Variable	Restr. Value	Std. Error	Prob.
0.1, 0.2	LOG (INDULP)	-0.293727	0.530000	0.5794
0.2, 0.3		-0.796052	0.451258	0.0777
0.3, 0.4		0.898700	0.378285	0.0175
0.4, 0.5		0.186649	0.349986	0.5938
0.5, 0.6		0.708700	0.363668	0.0513
0.6, 0.7		-1.462619	0.741025	0.0484
0.7, 0.8		-1.330488	1.093510	0.2237
0.8, 0.9		-3.331974	1.365704	0.0147

附表 5-5 GDPS 和 LS 与 LOG (AGRILP) 的分位数回归结果

解释变量	分位数	被解释变量 GDPS 系数	标准差	P 值	被解释变量 LS 系数	标准差	P 值
LOG (AGRILP)	0.100	-4.5028	0.8561	0.0000	2.2323	0.5341	0.0000
	0.200	-0.5357	1.5407	0.7282	2.9261	0.4888	0.0000
	0.300	3.0399	0.9147	0.0009	3.3856	0.4838	0.0000
	0.400	4.6609	0.6468	0.0000	3.8018	0.5437	0.0000
	0.500	5.1656	0.5729	0.0000	5.3160	0.7345	0.0000
	0.600	5.6703	0.5526	0.0000	6.5773	0.5699	0.0000
	0.700	5.7187	0.6106	0.0000	6.3382	0.5625	0.0000
	0.800	5.3858	0.6353	0.0000	7.8779	0.6457	0.0000
	0.900	5.1883	0.7316	0.0000	7.9481	0.5423	0.0000
截距 C	0.100	24.0385	1.1293	0.0000	5.7586	0.4874	0.0000
	0.200	30.5774	1.7759	0.0000	7.2815	0.4244	0.0000
	0.300	36.3718	1.0530	0.0000	8.7882	0.4383	0.0000
	0.400	39.9945	0.7058	0.0000	9.8966	0.5206	0.0000

续表

解释变量	分位数	被解释变量 GDPS			被解释变量 LS		
		系数	标准差	P值	系数	标准差	P值
	0.500	41.9702	0.6061	0.0000	12.8141	0.7769	0.0000
	0.600	44.2714	0.5283	0.0000	15.4428	0.5971	0.0000
	0.700	46.3035	0.5045	0.0000	16.8313	0.5559	0.0000
	0.800	47.7859	0.4761	0.0000	20.8677	0.7944	0.0000
	0.900	49.8957	0.5283	0.0000	24.3693	0.6956	0.0000

附表5-6 分位数回归的斜率相等性检验5

模型设定：GDPS C LOG（AGRILP）

Test Summary	Chi-Sq. Statistic	Chi-Sq. d.f.	Prob.
Wald Test	15.35142	2	0.0005

Restriction Detail：b（tau_h）- b（tau_k）= 0

Quantiles	Variable	Restr. Value	Std. Error	Prob.
0.25, 0.5	LOG（AGRILP）	-3.178370	0.818226	0.0001
0.5, 0.75		-0.312896	0.561106	0.5771

附表5-7 分位数回归的斜率相等性检验6

模型设定：LS C LOG（AGRILP）

Test Summary	Chi-Sq. Statistic	Chi-Sq. d.f.	Prob.
Wald Test	25.95019	2	0.0000

Restriction Detail：b（tau_h）- b（tau_k）= 0

Quantiles	Variable	Restr. Value	Std. Error	Prob.
0.25, 0.5	LOG（AGRILP）	-2.016557	0.608793	0.0009
0.5, 0.75		-1.453801	0.661178	0.0279

附录

附表 5-8 GDPS 和 LS 与 LOG（SERVLP）的分位数回归结果

解释变量	分位数	被解释变量 GDPS 系数	标准差	P 值	被解释变量 LS 系数	标准差	P 值
LOG（SERVLP）	0.100	-2.6624	1.1945	0.0262	7.8502	1.1912	0.0000
	0.200	3.0847	1.9558	0.1153	7.6632	0.5516	0.0000
	0.300	5.9277	0.8615	0.0000	8.6174	0.5960	0.0000
	0.400	6.6310	0.8500	0.0000	9.8597	0.6688	0.0000
	0.500	8.6689	1.0212	0.0000	11.6812	0.9294	0.0000
	0.600	8.5598	0.9453	0.0000	13.2337	0.5903	0.0000
	0.700	8.4170	0.9296	0.0000	14.5259	0.6007	0.0000
	0.800	7.6294	1.1469	0.0000	15.4092	0.5675	0.0000
	0.900	5.4450	1.4423	0.0002	17.7216	1.7502	0.0000
截距 C	0.100	29.1404	0.6542	0.0000	-0.3250	0.9425	0.7303
	0.200	29.6029	0.8904	0.0000	1.8725	0.3045	0.0000
	0.300	30.6100	0.5840	0.0000	2.2761	0.3122	0.0000
	0.400	32.1095	0.5926	0.0000	2.1687	0.3490	0.0000
	0.500	32.9966	0.6888	0.0000	1.9464	0.4346	0.0000
	0.600	34.8625	0.7416	0.0000	2.1411	0.3100	0.0000
	0.700	36.3172	0.7830	0.0000	2.5872	0.3219	0.0000
	0.800	39.1454	1.0246	0.0000	3.4863	0.3719	0.0000
	0.900	43.4572	1.3086	0.0000	4.2841	0.7633	0.0000

附表 5-9 分位数回归的斜率相等性检验 7

模型设定：GDPS C LOG（SERVLP）

Test Summary	Chi-Sq. Statistic	Chi-Sq. d.f.	Prob.
Wald Test	12.84196	2	0.0016

Restriction Detail：b (tau_h) - b (tau_k) = 0

Quantiles	Variable	Restr. Value	Std. Error	Prob.
0.25, 0.5	LOG（SERVLP）	-4.120226	1.169222	0.0004
0.5, 0.75		0.871035	0.963236	0.3658

附表5-10 分位数回归的斜率相等性检验8

模型设定：LS C LOG（SERVLP）

Test Summary	Chi-Sq. Statistic	Chi-Sq. d.f.	Prob.
Wald Test	121.1210	2	0.0000

Restriction Detail：b（tau_h）- b（tau_k）= 0

Quantiles	Variable	Restr. Value	Std. Error	Prob.
0.25, 0.5	LOG（SERVLP）	-3.586794	0.760729	0.0000
0.5, 0.75		-3.490340	0.762317	0.0000

附表5-11 分位数回归的斜率相等性检验9

模型设定：GDPS C LOG（GDPPC）LOG（INDULP）LOG（IMS）

Test Summary	Chi-Sq. Statistic	Chi-Sq. d.f.	Prob.
Wald Test	31.68454	6	0.0000

Restriction Detail：b（tau_h）- b（tau_k）= 0

Quantiles	Variable	Restr. Value	Std. Error	Prob.
0.25, 0.5	LOG（GDPPC）	-3.141410	1.727552	0.0690
	LOG（INDULP）	3.182514	0.770240	0.0000
	LOG（IMS）	-0.498564	1.044488	0.6331
0.5, 0.75	LOG（GDPPC）	-0.311312	1.118486	0.7808
	LOG（INDULP）	-0.252677	0.750849	0.7365
	LOG（IMS）	0.689256	0.506154	0.1733

附表5-12 分位数回归的斜率相等性检验10

模型设定：LS C LOG（GDPPC）LOG（INDULP）LOG（IMS）

Test Summary	Chi-Sq. Statistic	Chi-Sq. d.f.	Prob.
Wald Test	76.67831	6	0.0000

Restriction Detail：b（tau_h）- b（tau_k）= 0

Quantiles	Variable	Restr. Value	Std. Error	Prob.

续表

Restriction Detail: b (tau_h) - b (tau_k) = 0				
0.25, 0.5	LOG (GDPPC)	-0.871412	0.930909	0.3492
	LOG (INDULP)	2.102650	0.471466	0.0000
	LOG (IMS)	-0.282370	0.309231	0.3612
0.5, 0.75	LOG (GDPPC)	0.677950	0.919809	0.4611
	LOG (INDULP)	1.904463	0.442361	0.0000
	LOG (IMS)	-1.139114	0.331034	0.0006

图书在版编目(CIP)数据

结构变动与中国工业生产率增长 / 韩国珍著. -- 北京：社会科学文献出版社，2019.6
ISBN 978 - 7 - 5201 - 4726 - 2

Ⅰ.①结… Ⅱ.①韩… Ⅲ.①工业生产 - 劳动生产率 - 研究 - 中国　Ⅳ.①F424

中国版本图书馆 CIP 数据核字（2019）第 080458 号

结构变动与中国工业生产率增长

著　　者 / 韩国珍

出 版 人 / 谢寿光
组稿编辑 / 高　雁
责任编辑 / 颜林柯

出　　版 / 社会科学文献出版社·经济与管理分社（010）59367226
　　　　　　地址：北京市北三环中路甲29号院华龙大厦　邮编：100029
　　　　　　网址：www.ssap.com.cn

发　　行 / 市场营销中心（010）59367081　59367083
印　　装 / 三河市龙林印务有限公司

规　　格 / 开　本：787mm × 1092mm　1/16
　　　　　　印　张：18.75　字　数：225千字
版　　次 / 2019年6月第1版　2019年6月第1次印刷
书　　号 / ISBN 978 - 7 - 5201 - 4726 - 2
定　　价 / 89.00元

本书如有印装质量问题，请与读者服务中心（010 - 59367028）联系

▲ 版权所有 翻印必究